ヴォイス トレーニング大全

「声」を仕事にする人のための 実践と知識の本

福島 英 著

RittorMusic

はじめに

　本書の特徴は次の3点に集約できます。

　第1に、掲載しているトレーニング内容は、さまざまなジャンルのトレーナーが共通してレッスンに取り入れている要素から客観性を重視して抽出しました。最大公約数的なものを厳選したので、初心者に最適な基礎教材となっています。

　第2に、長期的に持続した上達に役立つことを目的としています。そのため、基礎的な説明に関して単にわかりやすくするだけでなく、その本質的な意味や目的を詳しく丁寧に解説しました。プロや指導者にも使えるようにしています。最後に「知識編」も設けました。

　第3に、「ことば（話すこと）」と「歌唱（歌うこと）」を総合的に扱っている点です。従来、せりふの声と歌の声は別ものとして考えられ、トレーニング方法や指導機関もわかれていました。しかし、声の基本トレーニングという視点で言えば、本来は相手もジャンルも選ばないものというコンセプトのもとに本書はまとめています。ただし、本書をお使いになる方がわかりやすいように、「ことば」と「歌唱」は章を分けて解説しています。その上で、ことばと歌唱をつなぐトレーニングのコラムを加えました。

　今や声の仕事もボーダーレスの時代です。現代の声のマルチタレントは、語りも歌もできるお笑いタレントです。そうした需要にも対応できる内容を心がけました。

　私は、これまでヴォイストレーニングに関して、多くの本を執筆してきましたが、本書は「これ1冊で十分に役立つ」ということを念頭に編纂しています。ぜひ本書を活用して、より魅力的な声のためのトレーニングに励んでいただければ幸いです。

福島 英
（ブレスヴォイストレーニング研究所所長）

目次

PART I
準 備 編

CHAPTER 1
呼吸・発声

PART II
ことば 編

CHAPTER 2
発音

CDの使い方

- 付属CDは「DISC 1」と「DISC 2」の2枚で構成されています。
- 「DISC 1」はCHAPTER 2からCHAPTER 4の「ことば編」で使用します。
- 「DISC 2」はCHAPTER 5からCHAPTER 9の「歌唱編」で使用します。

サンプルのセリフ／歌唱について

　各トラックには、サンプルとなるセリフあるいは歌唱が入っており、それらは男声もしくは女声のいずれかで収録しています。同一フレーズを男女で収録しているのではなく、どちらかの声のみです。その理由は後述いたしますが、サンプル歌唱とあなたの性別が異なる場合は下記を参照してトレーニングしてください。

□サンプル歌唱が男声で、女性が使う場合は、1オクターヴ高い音域にします。
□サンプル歌唱が女声で、男性が使う場合は、1オクターヴ低い音域にします。
□声域は性差によって決まるとは限りません。同性であっても個人差があるため、ご自分の音域に合わせてオクターヴを自ら選択してください。

サンプルの性別について

　ヴォイストレーニングのレッスンでは、同性（同じ声質や声域）のトレーナーを見本にするとわかりやすいのは確かです。しかし、異性（異なる声質や声域）のトレーナーが教えることも一般的に行われています。

　同性によるレッスンでは、わかりやすくマネしやすい分、良くない部分や実は自分の個性に合わないところもマネしてしまい、不要なクセを付けてしまうリスクがあります。

　一方、異性のトレーナーによるレッスンでは、声そのものをマネしづらいため、客観的に発声や共鳴といった人間に共通の原理を学べるメリットがあります。

　そのため、本書でもサンプルを任意に男声もしくは女声のいずれかに限定しました。

　なお、各トラックの音域は練習フレーズによって異なります。ほとんどは、女性が地声か裏声かのどちらかで歌える1オクターヴほどを中心としました。もちろん、子供でも使えます。とはいえ、人によって低すぎたり高すぎたりするところもあるでしょう。中には、とても広い音域や極端な高音、低音まで収録しているトレーニングメニューもあります。すべての音域で練習する必要はありません。声が出ないところはカットするか聞くだけにとどめてください。途中で1オクターヴ上げたり下げたりして使っても構いません。

CDに対応した楽譜の使い方

「歌唱編」のDISC 2に収録した音源は下記の構成となっています。

イントロ → サンプル歌唱＋トレーニング用伴奏

　音源によっては、トレーニング用伴奏の部分で、1フレーズだけでなく、同じ音型を繰り返しながら、音を徐々に低くしたり、高くしていったりするものがあります。トレーニングの際は、伴奏に従って繰り返していきましょう。楽譜と共に音域も示していますので、参考にしてください。例えば、「CD2 TRACK 01」は最高音が「ミ（E5）」に届くまで、半音ずつ変えていきます。なお、「E5」などは音名を表します。アルファベット部分に関してはP183をご参照ください。

● 〔ハミングのトレーニング〕　DISC 2 | TRACK 01

▶ 音域 ↗ E5

　また数字に関しては「C4」から「B4」までが、ピアノの鍵盤の中央の「ド」から「シ」までを表しています。数字が大きくなれば高くなり、小さくなれば低くなります。つまり「C4〜B4」より1オクターヴ低くなると「C3〜B3」、1オクターヴ高くなると「C5〜B5」となります。

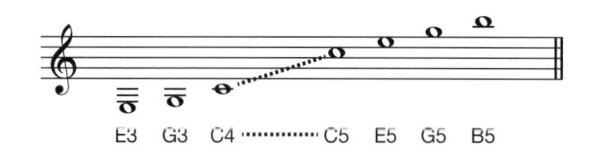

準備編

声は「体」という生体楽器から出る

私たちの声とは、体の一部である声帯から生じ、体に共鳴して出てくるものです。体全体が声を出す楽器ともいえます。となると、体が変わると、その楽器の音源としての声帯やそのまわりも変わるのです。声は他の楽器のように買い替えできなければ、部品の交換もできません。ですから、「発声」とは生まれ授かった「体」という楽器を、どのようにうまく使いこなして声にするのかを学んでいくことになります。「ヴォイストレーニング（ヴォイトレ）」は、そのためのトレーニングなのです。

1

呼吸・発声

§1 │ ウォーミングアップと柔軟体操

01 │ ウォーミングアップ

▨▨▨ なぜ体作りが必要なのか

発声には、そのための体作りが必要です。その理由を以下に挙げます。

- 1　体や呼吸は、感覚、感情、思考に比べ、捉えやすく意識的にコントロールしやすい
- 2　体作りは達成度がわかりやすい。しかも、その動きから感覚を磨くことができる
- 3　外側から動かされるのでなく、自分から発することが自覚できる。自分への信頼感が高まり自信になる

　表現においては、発声も最小限の力で最大の効果を出すことが最終的には求められます。そのために、楽器である体とメンタル面を完全にコントロールしていきます。

　ヴォイストレーニングという新しい体験は、いろんな変化を楽しみ味わうことができるでしょう。しかし、身に付けるには十分な時間が必要です。急がずに何度も繰り返していきましょう。次ページにそのためのアドバイスを記します。

HINT 　体の感覚で変化を感じとろう

　発声のトレーニングとは、「力を入れるのでなく、ムダな力を少しでも抜いていくことを覚えていくこと」です。そのためには、心身の良い条件を作り、良い状態を取り出せるようになることが必要です。

　例えば、トレーニングでは呼吸が機械的になるようなことが起こりがちですが、これは頭で考えてやってしまうからです。心身から入り、呼吸を深めるように努めましょう。そのためには体の感覚で変化を感じることがベースとなります。

▶ 〔感覚のウォーミングアップ〕

歩く、跳ねる、その浮遊感を感じる、歩くスピードを上げる、ゆっくり歩く、足裏で感じる、こうした動きの中に心身の統一性を感じてください。重心を上下に移動してみましょう。こうすることで体のセンサーが働きやすくなります。

▶ 〔体の感覚を鋭くする〕

体の感覚を研ぎ澄ますヒントを挙げておきます。こういう動作を通じて、手先から足先まで、全身の末端の神経を感じてみてください。

① 人の動きのものまねをする、振りつけをまねてみる
② パントマイムをしてみる
③ コップに目一杯の水をお盆で運ぶ

02 | 柔軟体操

▨▨▨ ベーシックな柔軟体操の例

柔軟体操の目的は、心身の状態を整え、集中し、呼吸や発声に入りやすい体の状態を用意することです。特にヴォイトレでは、呼吸を意識することが大切です。吐いたり吸ったりして、呼吸を止めずに行い、体本来のしなやかな動きを取り戻してください。ヴォイトレを行う際は、柔軟体操を伴わせるようにしてください。ヴォイトレの途中にも入れるとよいでしょう。

▶ 〔基本の柔軟体操〕

一連の動きの中で、自分の体、筋肉、その動きの連携を意識していきましょう。

① 呼吸をしながら上体を曲げ、伸ばします
② 片手をあげ、体を反対方向に曲げる（左右交互に）
③ 首と肩の間や胸筋（わきの近く）をほぐす
④ 肩甲骨を狭める、背側の筋肉を意識して動かす
⑤ 手を左右に伸ばし、背中を広げる

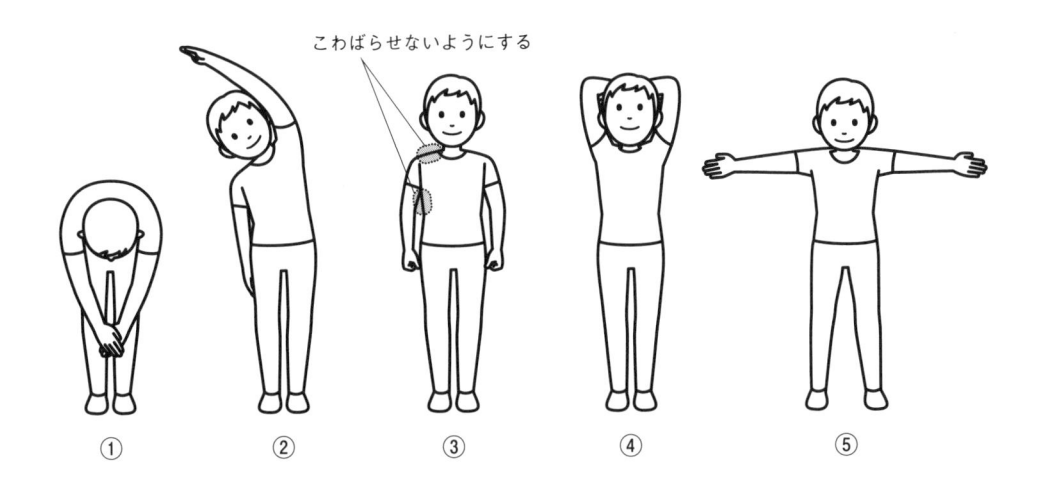

こわばらせないようにする

▶［体の状態を整える］

関節を動かしてみましょう。

① 首を軽く回す

② 腰を回す

③ 頭頂やこめかみを揉む（ヘッドマッサージ）

④ 手首を回す（指のマッサージ）

⑤ 足首を回す（足指のマッサージ）

▶ 〔胸の柔軟体操〕

体がほぐれるまで、次の動作を繰り返しましょう。

①肩を上げて落とす

②肩を後方へ引いて胸を広げる

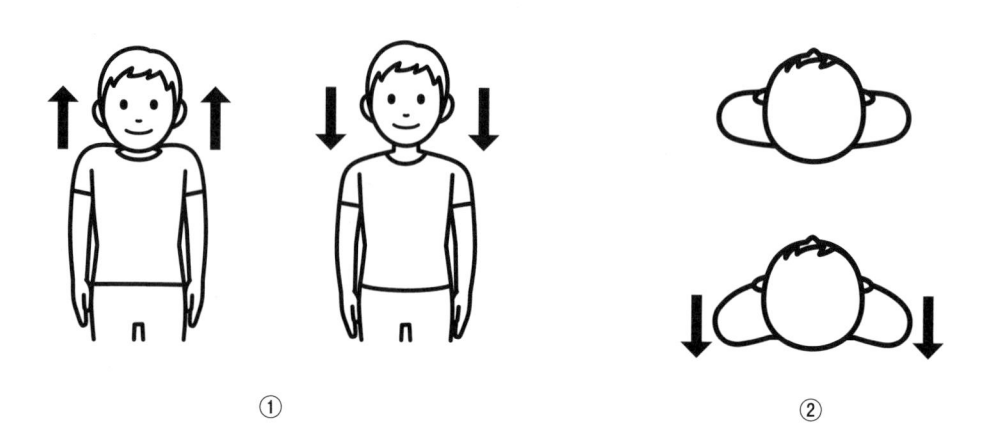

① ②

////// 体のクセをとる

発声のためには体のクセをとることも大切です。常に首や肩を中心とした上半身の余計な力を抜くようにします。肩に力が入らず、胸が不必要に動かないような姿勢を心がけてください（胸をやや高めにキープしましょう）。

日常の声でも、うまく使えている人は少ないのですから、声をコントロールするのに足る体の力をつけるには、体力、筋力も含め、かなりのトレーニングを必要とします。アスリートなみの体が理想です。

リラクゼーション

　心身ともにリラックスすることも重要です。トレーニング中に体が硬くこわばってしまう人がいます。そんなときは次の体操を試みてください。トレーニングの合間に行うのも効果的です。

▶〔余計な力を抜く〕

　以下の動作を呼吸しながら繰り返してください。

① お腹をへこませ、肩や首も縮こませ、小さくなります

② 脱力して元に戻します

③ 手足を伸ばし、背伸びして大きくなります

④ 脱力して元に戻します

▶〔肩の力を抜く〕

　肩関節の運動を行ってみましょう。

① 左手を前回し、右手を後回しにします

② 次に逆方向に回します

▶ 〔股関節をやわらかくする〕

① 上体を脱力して背中が丸まらないように注意しながらそんきょします。腕はだらりと下げます（相撲で向かい合うときの姿勢がそんきょです）

② 無理のない範囲で股割り（開脚）をしてみましょう

①   ②

§2 ┃ ストレッチと筋肉強化

▨▨▨ ストレッチ

　ストレッチは、運動生理学に基づき、アスリートの筋肉の性能維持を目的に開発されたものです。リラックスした状態を作るのに有効です（ただし即効性は期待できません）。声は肉体が資本、せりふや歌は肉体芸術ですから、ストレッチもまた有効なトレーニングとなります。

▶〔ストレッチの方法〕

① 手足を伸ばす

② 横腹、脇を伸ばす

③ 胸とお腹を広く伸ばす

④ 足先から太ももにかけて伸ばす

⑤ 背中側を伸ばす

⑥ 全身を伸ばす

⑦ 首を左右に傾け伸ばす

⑧ 膝を曲げて伸ばす

⑨ つま先立ちして、そのまま両手を高く伸ばす

⑩ 胸を反らして伸ばす、回す

① ② ③ ④ ⑤

⑥ ⑦ ⑧ ⑨ ⑩

無理して一気に伸ばさないようにしましょう。毎日、少しずつ行うようにしてください。痛みを感じる場合は中止してください。最初は、疲れるわりに必ずしも成果は思うほど出ないかもしれませんが、いずれはトレーニングにプラスになると思っておけば十分です。

▨▨ 筋肉強化トレーニング～胸筋・腹筋・背筋の強化

▶〔胸筋のトレーニング〕

　ダンベルで胸の筋肉を鍛えましょう。ペットボトルに水を入れて代用してもよいでしょう。

▶〔腹筋・背筋のトレーニング〕

　発声の支えには、腹筋や背筋が大切です。ただし、お腹の前の方の筋肉は、あまり硬くしないのが理想です。以下のトレーニングでは下腹部の筋肉が鍛えられます。これと併せて腕立て伏せ、上体起こしも行うと効果的です。
①仰向けに寝て、両足を20～30センチ持ち上げます。つま先は伸ばした状態にしましょう
②片足ずつ、胸の方をひきつけてください（10回）
③両足を一緒に引きつけてみましょう（10回）

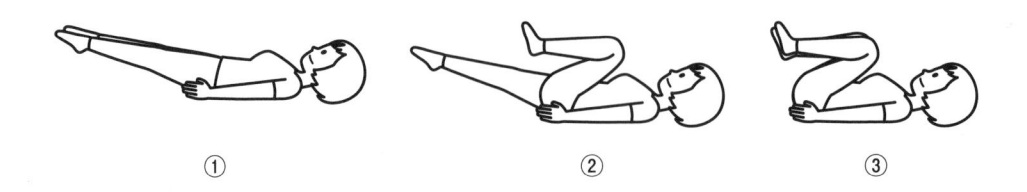

▶〔その他の筋肉トレーニング〕

　そのほか、僧帽筋、肩甲挙筋、腹斜筋群、胸鎖乳突筋を柔軟にしておきましょう。なお、腹直筋などの筋トレを否定する向きもありますが、気にする必要はありません。ストレッチと同様、筋トレも、その直後や、やり過ぎた状態は発声、呼吸に良くないだけです。これは間をあけることで解決できます。

①**僧帽筋**：首を左右、横に倒す（5秒ずつ）

②**肩甲挙筋**：首を前に倒す（5秒）

③**腹斜筋群**：うつぶせから上体を起こし、腰を90度、左右にひねる（交互に2回）

④**胸鎖乳突筋**：あごの下から押し上げる（5秒）

①　　　　　②　　　　　③　　　　　④

CHAPTER 1　呼吸・発声

░░ 下半身で支える

　発声の支えとして下半身、特に足腰を鍛えておくことも効果的です。下半身が鍛えられていると上半身に余分な力が入らず、声が柔軟に使えるようになります。体のある部分だけを強くしようとするとバランスが崩れるので、体全体を意識し一体感をもった動きにしていきましょう。ただし、力んで鍛えて強くするのは避けてください。赤ん坊のように柔らかい体が理想です。

░░ 記録する

　楽器としての自分の体と個性を知るために、自分の体型、体格、体重、運動能力、健康状態などをチェックしましょう。体の動き、やわらかさ、筋力、スポーツ歴、その他の履歴を捉え直して一覧表にしておくことをお勧めします。この表をどれだけ書きかえられるかが、あなたのキャリアとなっていきます。

§3 | 姿勢

基本

　発声の姿勢は、「頭のてっぺんからコインを落とすと、まっすぐ体の真ん中を通って落ちる」ように、あるいは、「糸一本で吊るされた操り人形」のようにと例えられます。肩や首など、どこかに余計な力が入っていると、力がうまく抜けず、それが邪魔します。柔軟体操やストレッチで肩や首をほぐしておきましょう。

▶ 〔姿勢を良くする〕

　次の順に整えてみてください。

① 胸の位置をやや上げて、背筋をピンと伸ばす（一度、つま先立ちするとよい）

② 首をまっすぐにしたまま、あごを引く

③ 重心は低めに、自然体をイメージする（やや足を開くとよい）

④ 顔はまっすぐに前を向く

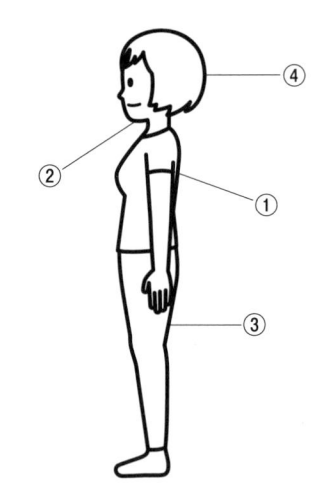

▶ 〔発声時のチェックポイント〕

□ 目　　目は見開きましょう。前方やや上にひっぱられるような感じで視線を集中します。過度のまばたきやキョロキョロするのはやめましょう

□ あご　あごを引くことで、ストレートネックにしないようにします。「気をつけ」で、あごを引くような姿勢は良くないといえます。やや顔は上向き、15度くらいにして背筋はまっすぐにします。これで頸椎は正しくカーブします。あごは引きますが、のどを圧迫しないようにしてください。また首が前傾していては、あごを引けなくなります。そういうときは壁に後頭部をつけて首をまっすぐにしてから、あごを引いてみてください。ついでに腰の後ろにこぶし一つ分が入るかチェックしましょう

- [ ] **肩・腕** 　脱力します。腰に手をあててお腹の動きをチェックしてもよいのですが、その際は肩が上がらないようにしましょう。手は離した方がよいでしょう

- [ ] **肩甲骨** 　両手を前で組んで突き出し、そのまま両手を後ろにもっていく動作を繰り返します。鎖骨や肩甲骨は、胸鎖関節という部分でつながり、肋骨と接していません。ヤジロベエのように肋骨の上に浮いているのです。つまり、胴体と切り離して動けます。手を前に伸ばして、手の平を手首から動かす（バイバイのようにする）のも有効です

- [ ] **背中** 　背を丸めると、お腹が圧迫され吸気しにくくなります。反対に背が反りすぎても、良くありません。背筋をまっすぐに伸ばしましょう

- [ ] **お尻** 　お尻は外側から大殿筋、中殿筋、小殿筋です。中殿筋が重心を保ち、股関節の外転内転を支えます。ヒップアップにも関係します。イスに座って腿を上げてお尻も上げるとよいでしょう

- [ ] **足** 　重心を低くして、最初はやや広めに足を開きましょう（女性は足を前後にずらしてもよいです）。上達するに従って、自然な幅にしていきます

　あごが上がっている人、腹筋が弱く、体をまっすぐに保てない人は、日頃から歩き、階段を昇り降りしてトレーニングしましょう。またトレーニングで足がつっぱってしまうようでしたら、膝をやわらかく使い、力を逃がしましょう。

▨▨▨ 発声とフォーム

　目線がきちんと定まると、意識が集中しリラックスできます。顔を上向きにしすぎると、あごが上がって声が出にくく（焦点を集めにくく）なります。胸を張り、やや上に向けて、少し持ち上げてみましょう。すると、腰のまわりに少し緊張を感じるでしょう。そこの筋肉（背筋、側筋）が、声を自在に扱うためにとても大切です。

　聞きやすい声は、伝えようとする気持ちと、そういう表情から生まれます。そのためにも表情を豊かにしましょう。それが「声質」となります。

　自分が一番かっこ良いと思う姿勢で、キリっと立ちましょう。楽譜や原稿に目を移しながら声を出すと、前かがみになります。これはあまり良くありません。書見台の位置を目線まで上げるとよいでしょう。

> **HINT** 姿勢を正すイメージトレーニング
>
> 姿勢が自ずと正されるイメージトレーニングの例を挙げてみます。
>
> □ 映画の俳優、紳士や淑女役を気どってみます。オペラ歌手やヴォーカリストでもかまいません。姿勢がシャンとなるでしょう。
>
> □ 一流ホテルの高級レストランで食事をするつもりになって、イスに座ってみましょう。タキシード、礼服、ドレスを着ているつもりで立ってみましょう。
>
> □ モデルの姿勢を意識してみましょう（実際に、本を頭の上にのせてウォーキングしてみましょう）。
>
> 車の運転や移動などで座るときも背を倒さないようにしましょう。ソファなどもよくありません。ただし、ここで述べた姿勢は、イメージとして普段より良くなるというものであり、呼吸や発声のときの最も良い姿勢とは限りません。

トレーニングの基本姿勢

トレーニングの姿勢には、「Ａ：寝ころぶ」「Ｂ：座る」「Ｃ：前傾する」「Ｄ：立つ」などがあります。これは体を固定できているところの多い順です。

あおむけに寝ころんだ姿勢は、地面と接してお腹しか自由がきかないので、お腹だけに注意することで呼吸がわかりやすくなります。そのため、腹式呼吸を意識するには横になるところからスタートすることが一般的です。

イスに座ると下半身を固定でき、上半身のみのチェックで済みます。

上体を曲げた前傾姿勢は、お腹の前がつぶされて動きにくくなるので、腰まわりを均等に使う動きを学ぶのにわかりやすいでしょう。

なお、振りつけなどでも声と無関係な動きが優先されるほど、体の動きが声と一致しにくくなります。理想的な姿勢とは、すべての動きが一致することにほかなりません。

Ａ　あおむけ姿勢

あおむけに寝ます。お腹に手を当てると、呼吸に応じてお腹が上下に動くのがわかります。さらに少し余計に息を吐いて、へこませます。お腹が自然と戻る動きで膨らむときに空気が入ります。そこでもう少し余計に入れて大きく膨らませます。呼吸で生じるお腹の動きに逆らわず、その動きをひとまわりずつ大きくしましょう。直立したときも、そのままキープできるとよいです。

B イスに腰かけた姿勢

イスには浅く座るか深く座るかどちらかにして、背筋をまっすぐにしましょう。両足の裏で体の重さを感じるようにしてください。

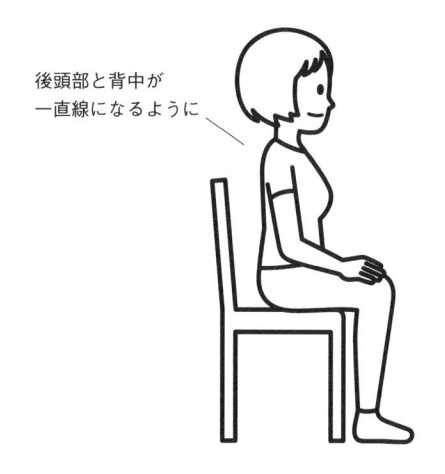

後頭部と背中が一直線になるように

C 前傾姿勢

立ったまま上体を倒したときは、背が床と平行になるようにします。一度、両手を床につけて、そこから腰を支点に上体をまっすぐに持ちあげるとよいでしょう。ただし、あごを引き、頭が上がったり下がったりしないように気をつけてください。

やや上体が上がりますが、どこにでも動けるように身構える姿勢、バレーボールでの守りやサッカーのゴールキーパーの姿勢も参考になります（ただし、あごは引いてください）。肩、膝、腰、股関節などの力を抜くようにしましょう。円陣になって「ファイトー！」「オー！」というときの声をイメージするとよいでしょう。

トレーニングをして体が固まってきたらブレイクして体をほぐしてから、繰り返しましょう。体の余計なこわばりを避けてください。

背骨をまっすぐ伸ばす

C 立ち姿勢

　肩幅に足を開き、10mほど前方を見据えましょう。背筋を適度に伸ばします。頭、首、肩、胸、腹部、腰、お尻、太もも、膝、足の裏など体のパーツに順に意識を当て、力を抜きます。

　立ち姿勢は自由になるからこそ難しいといえます。これをマスターできたら、最も自由に大きく声を扱えるということになります。立って歌うのがスタンダードなのは、全身で表現できるからです。自分を大きく見せるステージができるのです。

　しかし、しっかりとプロセスを踏まないと、口先だけで歌うようになりかねませんし、それでは説得力も出ません。

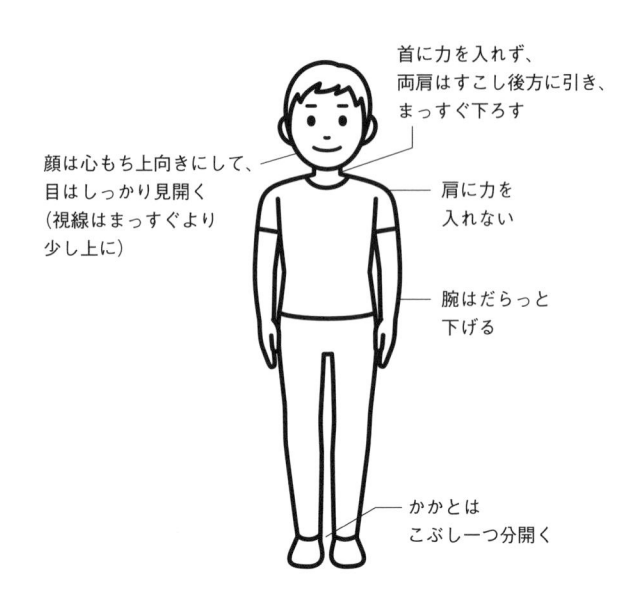

首に力を入れず、両肩はすこし後方に引き、まっすぐ下ろす

顔は心もち上向きにして、目はしっかり見開く（視線はまっすぐより少し上に）

肩に力を入れない

腕はだらっと下げる

かかとはこぶし一つ分開く

▨▨▨ 体軸を感じる

　体のセンターラインを意識しましょう。

頸椎（首）– 胸椎（背）– 腰椎（腰）

　体を横からみると、「耳の穴 – 肩の出っ張り（肩峰）– 股関節（お尻の横の出っ張り、大転子）– 膝の前外側の出っ張り（腓骨頭）– くるぶし」が一直線になります。2足歩行する人間では、重い頭を体幹の軸上、首、脊柱、骨盤の直線上にのせておくことが望ましいのです。猫背は、脊髄で神経干渉をまねき、神経も体液も流れが悪くなります。スマホ歩きはもちろん、パソコンなどを使用するときの姿勢には気をつけましょう。

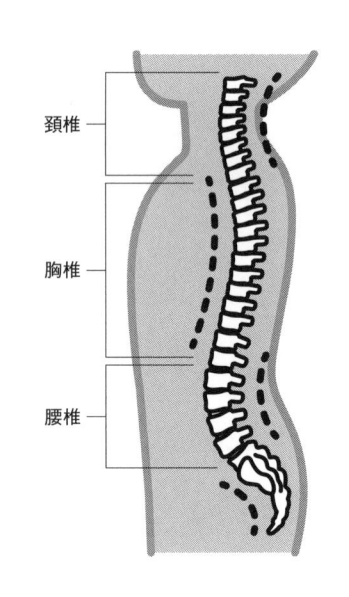

頸椎

胸椎

腰椎

姿勢のチェックリスト

- ☐ **自然でゆったりとした楽な姿勢** …… 楽に、しなやか、美しく
- ☐ **あごは少し上向き** …………………… 上げすぎない、相手をとらえる
- ☐ **目はしっかりと見開く** …………… 目に力を
- ☐ **視線はまっすぐより少し上に** ……… 声の線の先に集中する
- ☐ **舌先は前歯の裏。舌の両側を奥歯につける** …… 舌は平たくする
- ☐ **うなじを伸ばし、あごを引く** …… 首はまっすぐに
- ☐ **肩、首に力を入れない** …………… 両肩は少し後方に引き、まっすぐに落とす
- ☐ **首は立て、あごを引く** …………… 首を前傾するとのどを圧迫する
- ☐ **胸を張り、やや上方に広げる** …… 胸は広げたまま高く保ち、落とさない
- ☐ **腕は力を抜く** ……………………… だらっと下げる
- ☐ **お腹は引っ込める** ………………… 下腹部はゆるめ、内側へ吊り上げる感じに
- ☐ **背筋はきちんと伸ばす** …………… まっすぐに緊張させすぎない
- ☐ **お尻の筋肉が肛門の方向に締まる** … 少しヒップアップする
- ☐ **骨盤を前に少し出す** ……………… ひざから太モモの内側を前方にまき込む感じで
- ☐ **かかとは少し（10〜15cm）開く** …… 重心は開いた足の中心に持っていく
- ☐ **つま先の方を60度程度に開く** …… 体重はやや前方（両親指）へ

　このリストのすべてを急いで整えようと無理をする必要はありません。完全に間違った姿勢になっているところ以外は、大目にみて少しずつ整えていきましょう。また姿勢は形だけ保てても、体と声が必ずしも結びつくとは限りません。正しい姿勢であっても、最初は声を出すと、これまでよりも固く、ぎこちなくなってしまうでしょう。ことばにも心が宿りません。よそ行きの服を着せられたようになり、これまでの勢いさえ、なくなることが多いでしょう。呼吸を介して、少しずつ結び付けていきましょう。声楽などでは、「初心者が正しい姿勢で5分も持てばよい」と言われることもあるほどです。

　というわけで、実際のトレーニングでは、楽な姿勢で始めてもかまいません。

§4 | 呼吸

息でフォームを作る

　私は、体と呼吸（声）がうまく結びついた姿勢のことを「フォーム」と呼んでいます。良いフォームを得るためには、息を体の深いところから、少しずつ深く吐けるようにしていきます。鋭く強く短い息も、深く長い息も吐けるようになりましょう。

　この呼吸はお腹がやわらかく動きやすいように、「立ち姿勢」か「前傾姿勢」で行います。息を必要以上に吐き切ってしまっては、声のコントロールはできません。しかし、息のトレーニングでは「それもあり」です。吐き切ったらすぐに入ってくるように体を変えていきましょう。体を曲げて、深い息が体の奥からつながっている感じで吐いてください。

▶〔腹式呼吸の立ち姿勢トレーニング〕

①ゆっくり大きく深呼吸をしてみましょう

②肩を上げながら息を肩に吸い入れます（あくまでイメージです）。一杯になったら静かに肩を戻し、体を楽にします（実際の発声のときは肩は動かさないようにしましょう）

③両手を上に挙げ、動かします。胸を広げると同時に息を深くゆっくりと吸い込みます。一杯になったら吐きながら両手を戻し、楽にします

④腕を横に広げ、背中を丸めて立ちます。肩甲骨のあたりに吸い込んだ空気が、スゥーと入っていくようにイメージします。鳥が羽を肩から広げるように腕を広げながら吸い、一杯になったら戻します

⑤椅子に浅く腰掛けます。肩幅よりやや広く足を開いて前傾姿勢をとります。腰まわりが膨らむように息を吸い込んでみましょう

⑥楽に立ちます。体全体で息を大きく吸い込んでみましょう。のどを忘れ、体を開ききったところで少し保ち、吐きながら体を戻します

　息を吐くときは、お腹の底からゆっくりと絞り出すようにします。吐き切ったら、少し止め、そして、ゆるめます。すると、自然と息が入ってきます。これを体の動きとして意識してください。口や鼻で吸気するのでなく、体に入ってくるようにするのです（発声時には、吐き切るところまで行うとフォームが崩れます）。

HINT 胸から声が出るイメージ

　呼吸のトレーニングでは、のどを絞るようにしてはいけません。「首やのどはない」とイメージすることです。胸の中心に口があって、腰から息＝声が出るように感じてください。

▶〔腹式呼吸の前屈姿勢トレーニング〕

　上体を前屈させると、お腹の前の方が押されるので背筋や側筋を使いやすくなります。足をやや開いて前屈し、この姿勢でトレーニングを行ってみましょう。

① 息を何回か吐いてみてください。「ハッハッハッハッハッハッ……」
② できるだけ早くお腹から10秒間、吐いてください。走ってきた犬の呼吸のようなイメージで「ハッハッハッハッハッハッ……」と行います。これを「ドッグブレス」と呼びます
③ ドッグブレスで5秒吐いて、5秒休んでを6セット、繰り返します（1分間）
④ 息は吐かず、お腹だけ30秒間、ドッグブレスのように動かしてみてください

　腹式呼吸ができるようになると、腰のまわりが空気が入るかのようにふくらみます。お腹の前だけを大きく動かしても、それでは内臓を圧迫するだけです。横隔膜は肺の下にお椀をふせたような形でついています。前腹を鍛えるのでなく、動きにくい背側や側面を使いこなしていくようにしてください。

▨ 胸式呼吸と腹式呼吸

　発声時に肩や胸が上下に動くと、「胸式呼吸だから、だめ！」と指摘されたことがありませんか。これは激しい運動の後や過度の緊張状態でも起こる非常時の吸気（酸素補給）を行っている状態なのです。これでは安定した発声は行えません。

　しかし、実際の呼吸は、この胸式と腹式が組み合わさって行われ、どちらかに完全な切り替えはできません。ヴォイトレでは腹式呼吸を中心にして、深い呼吸で声をコントロールするフォームを作っていくことが大切です。

　私たちはふだん、あるいは眠っているときに、無意識のうちに腹式呼吸を行っています。ただし、思い通りに声が出るように息をコントロールするためには、眠っているときの腹式呼吸とはケタ違いに高度な扱いが必要です。これは毎日休まずコツコツとトレーニングをして身につけていくしか

ありません。発声を行う際に、無意識に腹式呼吸が行えるように、トレーニングしていきましょう。

スポーツによって鍛えていくのも、一つの手段です。エアロビクス、ジョギング、水泳、気功、ヨガなど、何でもよいので運動を取り入れれば、呼吸を深めるのに良いでしょう。いろいろな分野で呼吸法というのが昔からあります。

▶〔胸式呼吸のトレーニング〕

腹式呼吸だけでなく、胸式呼吸も使いやすくしておきましょう。

①肩幅よりやや大きめに足を開き、立ちます

②上に両手を上げて胸を十分に反らせてから戻します

③両腕を斜めに挙げ、脇腹に空気を入れましょう。腕を下ろしたときは脇を閉め、息を吐きます

§5 発声

お腹から声を出す

　最初は呼吸と声を合わせることを意識しましょう。体を硬くしたり息を詰めないように注意してください。大きく伸びをしている感じをイメージして、大らかに大きくやりましょう。自分の体を2倍、3倍に大きく使えるようにしていく感じで行うとよいでしょう。

▶〔声を出す〕

　実際に声を出してみましょう（のどに痛みを感じたら、すぐに休んでください）。

①息で（ハッ）、一拍おいて声で「ハイ」と歯切れよく発します

②「ハイ」と勢いよく、かけ声のように切れの良い鋭い声にします

③声の響きは上半身全体で共鳴している感じです。胸の真ん中にまとまりをもって響くポイントを探しましょう。その中心点での声の振動を強調してみてください。高くしたり低くしたり、出しやすいところを知っていきましょう

ゆっくりと間をとる

　最初から、声はそんなにうまくは出せません。「体・息・声」を一体化させるには、声と体がしっかりと結びついていないと無理です。そのコネクションが息です。体で呼吸を循環させているイメージで行いましょう。

　多くの人はトレーニングのテンポが速すぎ、休みが短すぎるので、呼吸が浅くなります。慣れないと、ハイテンポでのトレーニングは難しいので、しっかりと間を取ることが大切です。

▶〔自分の声を聞く〕

　録音の準備をして、次ページの例題を読んでください。まず、いきなり録音してみるとよいでしょう。そして聞き直してみてください。最初は毎日、できたら朝晩、録って声の違いなどに関心を持つとよいでしょう。自分の日常の声を知り、そこから良くしていくのも、ヴォイトレの目的の一つです。

「自分の声が好きだという人は、日本人の中には、まれにしかいないそうです。これは、とても残念なことです。声は仕事や生活のためだけでなく、その人の魅力としても大きな要素だからです。外国人を見ていると、自分の伝えたいことを表現するのに対して耐えられる十分な声を持っており、うらやましくもあります。しかし、これはヴォイストレーニングで十分に補えることなのです」

「多くの人は、録音した自分の声に違和感をもって聞くでしょう。自分の声でないように思う人の方が多いと思います。再生した声は、普段、自分が出している自分の声とは若干、違います。自分の声は内耳を伝わってくるからです。骨伝導しているのです。厳密には、声は自分が聞く通りにヴォイスレコーダーには入っていないのです」

「私たちは厳密にいうと、自分の本当の声を一生、聞くことはできないのです。しかし、ヴォイスレコーダーに録音した声は、他の人が聞いているあなたの声にかなり近い声です。吹き込まれた声があなたの"聞かれている声"であることは誰でもわかるからです。
　そういう点から言うと、ヴォイスレコーダーから聞こえる声こそが、まぎれもなくあなたが他人に聞かせている声と思うべきなのです」

自分の中のベターな声を知る

　ヴォイストレーニングの基本的な考え方は、自分の良い声をより良くしていくということです。もし、今までにのどに負担をかけず、体から声が出たことが一度でもあったら、常にその状態をキープすることができるようになることが、第一歩です。

　本当に声がうまく出たというときの感覚は、案外とわかります。しかし、意識的に再現することは難しいのです。つまり、いつでも、その声だけをしっかり出せるようにすることが難しいから、トレーニングを要するのです。

　自分の最も調子がよく声が出たときのことを思い出してみましょう(経験していない人は、イメージするだけでもよいです)。それは、どういう状態で、どうして出せたのでしょうか。

　よく、スポーツをしたあとなどに、体から心地よく大きな声が出て響いたという経験をしたという人がいます。これは、自然な発声の理にかなっています。適度な運動の後では、体がやわらかくこなれた状態となっています。汗をかき、循環機能が良くなっているので、余計な力が抜けているのです。さらに、声を出し、のど(声帯)も適度に使いやすい状態になっています。息はいつもより深く、無理なく体の動きに伴って出せています。

　こういうときに声は自然にうまく出やすいと言えます。息が自然と声になり、それが邪魔されず

に外にスーッと出る状態です。つまり、体と声が一体になって、無意識のうちに声を伴ってきているのです。声のプロとは、いつでもどこでも、その状態に切り替えられる力のある人、こうした発声のフォームのできた人といってもよいでしょう。

　逆に声が出にくいときは、体の動かないときです。寒いとき、起きたばかりのとき、過度に疲れたとき、体調の悪いときなどなど。こう考えると、スポーツができるような条件が、声を出すときにも当てはまることがわかります。

　これから目指す声は、発声の理にかなった上で、いろいろと使い分けられるものが理想的です。しかし、トレーニングで使う声については、最初は一つであると思ってください。声について迷うのなら、その発声はあまり良くないと思ってもよいでしょう。

▶〔自分の声を区別する〕

　ときどき、自分の声について、最も良い「AAA」から「D」までに分類してみてください。声にいつも関心を持っていると、やがて、自信を持つことができるでしょう（AAがヴォイトレにふさわしい声ですが、すぐにできることではありませんので急がないように）。

AAA	ベストな状態の最高の声（潜在的な可能性を活かし切った声、条件が整ったのちの将来の声）
AA	ベターな声の中でも、最も良い声＝将来性のある声（客観的判断）
A	ベターな声の中で最も使いやすい声（主観的判断での良い声）
B	今の自分の声で、安定した声（良い状態で、それなりに出せている声）
C	良くない状態の声（体調、気力、のどの良くない声も含む）
D	くせ声（良くない状態で固めた声、高い音や大きい声を出すための声）

- -

HINT　共鳴の感じ方

　深い息を吐くときの体の状態を利用して、そのまま声に出してみましょう。このとき声の共鳴を感じるのは、胸の中心です。胸で声が共鳴するわけではありませんが、低く太く大きめの声を出そうとするときには、あたかも「胸で声が鳴っている」ような感じになります。胸に手のひらを当てると、声を出したときに振動が、胸骨という胸の真ん中にある平べったい骨で得られます。ベテラン俳優の太い声を思い浮かべてみましょう。その際、のどを閉めないようにしてください。のどで響かせなければ、声は同時に頭部（鼻の上、眉間あたり）に共鳴を感じます。イメージとして、胸部の声の共鳴が、自然と頭部の方にも及んでいるように捉えてみるとよいでしょう。

- -

「深い息」とは

息にもいろんな息があります。しかし、声を完全にコントロールできるのは、完全にコントロールされた息です。それを私は「深い息」と呼んでいます。世界で一流の声楽家やベテラン俳優の声をイメージしてみてください。鍛えられた体で完全に統制された息によってのみ、声は大小や強弱、そしてスピードもイメージのまま扱えるのです。

このストレートな息の上に広がりのある息やソフトで柔らかい息がのり、そこで声の表情が出てきます。それを表面だけまねてみても、とても不自然になります。声をしっかりと出すには、深い息が必要なのです。

のどと呼吸

声を意識して出そうとすると、首、肩、胸などに不必要な力がかかり、のどを圧迫してうまく声が出ないようになります。この状態を「のどが閉まる」「のどが詰まる」「のどにかかる」「のどに負担がくる」「のどが鳴る」などと言います。無理な力が入れば呼吸はコントロールできず、発声や共鳴のトレーニングも進みません。そこで体を緊張させずに息が吐けるようにしていきます。そのためには、常にすぐに使う分の息が体に入っている状態にすることです。そして、なるべく長く息が入っている状態を保てるようになりましょう。

シンプルなトレーニングメニューで基本を身に付ける

野球でボールを打つときのようにタイミングをとり、フォームを身に付けていくトレーニングを行いましょう。3回バットを振って同じところに振れない人が、良いバッターになれるはずがありません。そしてトレーニングも、まずはどまん中のストレート打ちでフォームを作ります。

ヴォイストレーニングも同じです。息を吐き、それを声にして、さらに大きくしたり伸ばしたりしているうちに、フォームができてきます。確実な再現ができて、初めていろんなことができるようになるのです。形から入り、身(実)を伴わせていくのが正攻法です。声が出ない状態で高音域、裏声、ピッチ、リズムなどのトレーニングばかり行っても声は育ちません。

大きな声を出す理由

発声のトレーニングは、最初はできるだけ大きく声を出す方が良いです。理由を挙げてみます。

①体が鍛えられる（体と息と声の結びつきを全身で統一感覚として覚えやすい）

②コントロールが早くできるようになる

③間違いがわかりやすい

④表現に気持ちから入りやすい

　後から声を大きくすることは、とても難しいことです。ただし、「大きく」「強く」といっても、コントロールできる範囲で行い、のどを痛めるような無理は禁物です。特に、感情を入れることで声がかすれるようなことは避けましょう。大きな声を出すことができない人、あまり大声を使わない方が良い人もいます。その場合は、少しだけでも大きく、出せる範囲の声で行ってください。

▨▨　お腹から笑い転げてみる

　まずは1分間、声をあげて笑ってみてください。私は、常々「下手な練習より、腹から笑い転げなさい」と言っています。笑うときには頰骨が上がり、口の奥が空いた状態になり、のどにかからず、お腹からストレートに声が出ている感じになります。これは「深い声」を出すのに、とても良い状態です。もし、笑ってお腹が痛くなるようなら、まだ腹筋まわりが弱いといえます。スポーツ選手ほどハードに腹筋を鍛える必要はありませんが、笑い続けられるくらいには強化しておきましょう。

　腹筋を強化するには、前述の「ドッグブレス」（P29参照）がお勧めです。ただし、続けて吐き過ぎるとめまい（過換気症候群／P270参照）などを起こすので、体調を考えて少しずつ行いましょう。

（　HINT　）表現には息が大切

　声は、ことばの意味を伝えているだけではありません。ことばの内容やメッセージが働きかけるのは、3割くらいだと言われています。聞く人は、7割ぐらいをことばの意味以外のところで判断しているのです。

　例えば、怒ったり悲しんだりしていることは、ことばでなく、声の感じで伝わるわけです。音楽においては、さらにことばの意味よりも音声の働きが大きくなります。このように、声では音色を中心とした音の表情の占める割合がとても大きいのです。それは声の高低、強弱、スピードの他に、間や息とのミックス具合なども含まれます。例えば、落語や語りものの芸にも、間合いや息が大切です。

　歌では、美しく共鳴する声が理想的に思われていますが、クラシック以外、ポップスのヴォーカリストには、そうではない声の方が心を捉えることも少なくないのです。ですから、声がハスキーなことが良くないのではありません。表現できていればよいのです。声でなく息が止まったときに、表現は死んだものと判断できます。逆に言うならば、息の流れが聞こえていればよいのです。表現は、声で伝えているのでなく、声にのせて伝えているのです。いや、声というよりも、息で伝えているといった方がよいでしょう。

----

§6 共鳴とフェイストレーニング

共鳴とは

声帯で生じた「喉頭原音」(P260参照)は、声道で共鳴して、口、鼻などを通って声として出ます。多くの人が、共鳴というと頭に無理に共鳴させようとしています。しかし、こういう共鳴は、声としては浅く、使いものにならないことが多いのです。

まずは胸に十分に共鳴させ、のどをリラックスさせる発声を覚えることです。のどを開いて声を出すことを身に付けないと後で伸びません。共鳴させようとするのではなく、共鳴してくるまで待つようにしましょう。

体の深いところから、深い息で出した深い声は、とてもよく伝わります。日常的に出している声も魅力的になるので、わかります。目指してほしいのは、そういう声と声の共鳴する体作りです。

▶〔共鳴を良くするトレーニング〕

楽な姿勢で立ち、以下を発声してみてください。鏡を見ながら発声をチェックしましょう。そして、声がどこで響いているかを意識してみてください。

① 「は」と「ほ」を交互に発声してみましょう
② 「は」と「ほ」で口の形や動きが変わらないようにします

共鳴を意識してつかむ

どこに共鳴を持ってくれば、いつでも同じように発声できるかを考えてみましょう。まず、指を2本、縦に並べて歯で軽く噛んでください。そして、そのまま「あえいおう」と声を出してみましょう(「はへひほふ」のようになってもよいです)。口先の自由を奪われても、のどの奥の方で声にするような感じで声が出せれば、小さな声でも意外とはっきりと伝わることがわかるでしょう。母音は発声時に作られる音ですから、口を動かさなくとも発音することができるのです。

次に、口を開けて発声します。2本の指が入るくらいに開けましょう。声をしっかり出すことを明瞭に発音するよりも優先させてください。声を出すことでフォームの矯正を行っていくのです。

のどを開き、鏡で口の奥を見ましょう。軟口蓋(口の上側の奥／P259参照)やその奥にある咽頭

などを観察してみてください。そして、こののどが開いた状態を保持しましょう。

▨▨▨ のどを開ける

　発声のときには「のどを開けなさい」「あくびをするように」とよく言われます。あくびでは口を大きく開けて吸気されます。口内を開け、軟口蓋が上がり、のどぼとけを下げ、共鳴腔を広く保てるためによく例に出されます。

　では、あくびをしてみましょう。吸気でのどの奥が広がります。その感じを意識的にできるようにしていくのです。そのままで「は」「ほ」を発声してみましょう。

　また、耳の穴の前に人指し指の先を当てます。そして、ゆっくりとあごを開けてみてください。すると、ある開きのところで指の先があごに入り込みます。そこで、あごの開きを保ちましょう。「口－のど－あご」の開きを同時にできるまでトレーニングしてください。

　あくびは、もともと新鮮な空気を取り込むために起きる反射運動なので、頭を覚醒させ集中させる効果もあります。それで眠くなるのを妨げたり、早く目覚めたりできるわけです。

　表情の筋肉を動かすこと、表情を豊かにすることの苦手な人にとっては、特にあくびは良い顔面運動になります。あくびによって口が大きくあくとともに、側頭筋、頬筋（きょうきん）、咬筋（こうきん）なども伸ばされます。

　ただ発声のときは、あくびをするほど口は開けません。あくびはのどの奥を開ける練習と思ってください。まねるのはポーズまでであって、実際にあくびをするのではありません。あまり無理に動かすと、あごに良くないこともあるので注意しましょう。顎関節症などの方は行わないほうがよいでしょう。

▶ 〔共鳴のチェック〕

　「ハイ」「ナイ」「ネイ」「ライ」「マイ」「エイ」という声を出し、共鳴をチェックしてみましょう。それぞれ２音ですが、一音（二重母音：Hai）のように出します。

①のどの力を抜き、その周辺の筋肉を脱力します
②声のくせをとります。このくせは録音して聞くと、「嫌な声」と感じるところです。どこに響いているかを知って、その響きを消していきましょう

　肩、首の筋肉、胸の横の筋肉は、ほぐしてリラックスさせておいてください。声を出したとき、顔、口の中に広く響くのは、浅い響きなので鳴らさないようにします。

もし顔、口の中で響かせるだけで声にしてきた人は、深い声にするきっかけをつかみましょう。よくわからないときは、わざとくせをつけて、響かせてから取り除いてみましょう。とはいえ、悪例ですからやりすぎは禁物です。

① 「ハイ」（のどで）

② 「ナイ」「ネイ」（鼻にかけて）

③ 「マイ」（口の上の方で）

④ 「ライ」「ララ」（浅い声で広げて）

▶［胸部の共鳴を確かめるトレーニング］

　低めの声で発声し、胸部で共鳴している感じを確認してみてください。

① ハイ、ガイ

② ガーゲーギーゴーグー

③ ガーヤーダー

④ ガゲギグゲゴガゴ

▶［鼻音を確かめるトレーニング］

　高めの声で発声し、鼻音になることを確認してください。

① んアーんエーんイーんオーんウー

② んガーんグーんギーんゴーんグー

③ ナーネーニーノーヌー

④ マーメーミーモームー

⑤ んーアーん、んーエーん、んーイーん、んーオーん、んーウーん

　胸でとらえた共鳴が集約されていくと、マスク（顔）へ共鳴してきます。頭からお尻（頭頂から尾てい骨）へ、鼻の線を通して、一本の線をイメージしてください。声が横に広がらないようにイメージします。

● 〔共鳴を感じるトレーニング〕

体のどの部分で共鳴を感じられるかを確かめてみましょう。「アー」とか「んー」と少し大きめに声を出して、以下のどこの箇所で共鳴しているか確認してみてください。声の高さや音を変えてみましょう。肋骨、背骨、尾てい骨は手を当ててチェックするとわかりやすいでしょう。もちろん、下のほうまで共鳴しているほうが良いといえます。胴体が共鳴するイメージをもちましょう。あごを出さず、首や肩、舌などの力は抜くようにして発声してください。

「アー」や「んー」でチェックしたら、次は「ハイ」で発声しながら、胸の中心から、鼻と眉間の線状に共鳴を集めてみてください。

① 胸の上部

② 胸の中部

③ ろっ骨の下の方 (助骨)

④ 肩 (肩甲骨)

⑤ 首のうしろ

⑥ ろっ骨の横のあたり

⑦ 背骨から尾てい骨の上の方

⑧ 顔

⑨ 鼻のつけ根 (みけん) やほお骨

⑩ 頭頂部や前頭部

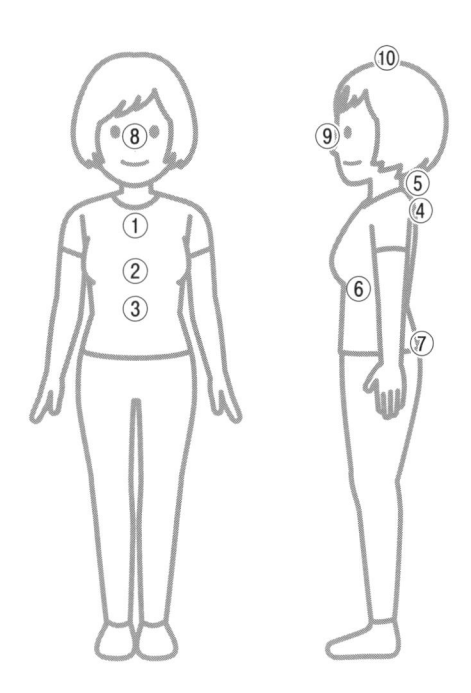

▨▨▨ フェイストレーニング

　体が硬直していては、声はうまく共鳴しません。顔も同じです。日頃から大きく顔の表情を動かすフェイストレーニングをしておきましょう。口もとや頬など顔をくしゃくしゃにして、自由に動くようにしましょう。自分で組み合わせて、オリジナルメニューを作ってみてください。鏡を使いながらやってみましょう。なお、黒目はまん中にくるようにします。上目、下目、横目づかいは悪い印象になります。

▶〔あごのトレーニング〕

　痛みを感じた場合はすぐに中止してください。

① 口を閉じたまま、あごを左右に動かす

② 口を開いて、あごを左右に動かす

③ あごを大きく下げて、戻す（やや後ろに引く）

④ あごをすばやく下げて、戻す

⑤ 口を大きく開ける

⑥ あくびをする

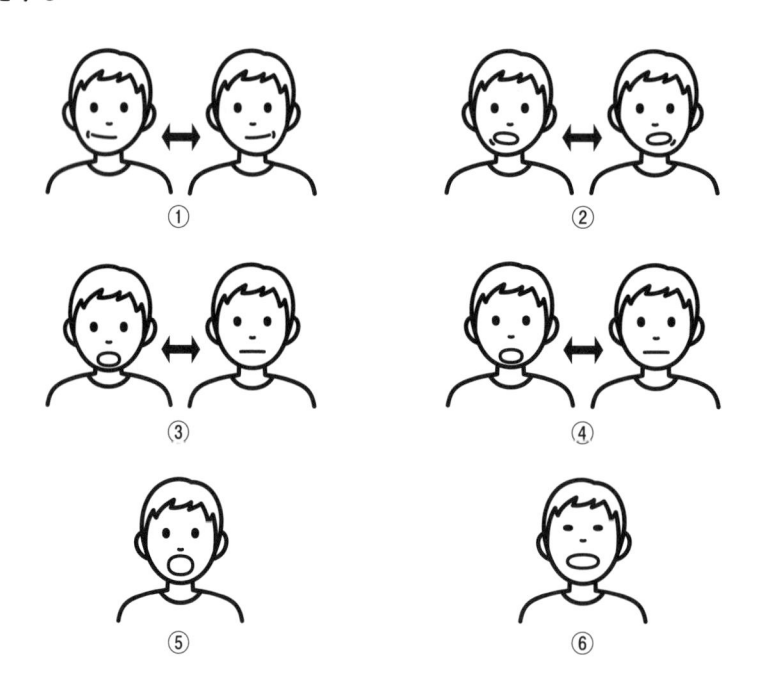

▶〔舌のトレーニング（舌根、舌背、舌先の連結運動）〕

① 舌を口から勢いよく出す

② 舌の先を閉じた唇の後ろに当て、唇を押してふくらます

③ 舌を口の右側左側に交互に大きく出す

④ 口を大きく開き、舌先を上の歯の後ろに動かし、次に下の歯茎の後ろの方に動かす

⑤ 舌を歯と唇の間に入れて、上、下の歯の外側内側にそって回す

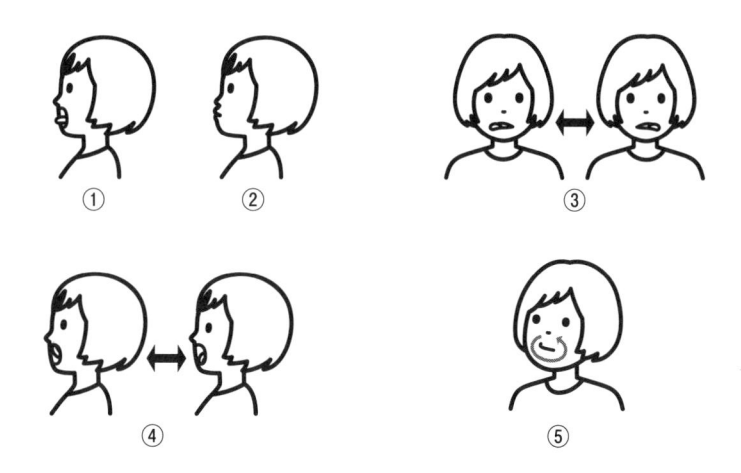

▶〔唇のトレーニング〕

① 唇を閉じて「パ・バ・マ」を発音する

②「パピプペポ・バビブベボ・マミムメモ」を繰り返す

③ 唇を閉じて、上唇と下唇を交互に前に突き出す

④ 歯を合わせたまま、歯並びがすべて見えるように開き、閉じる

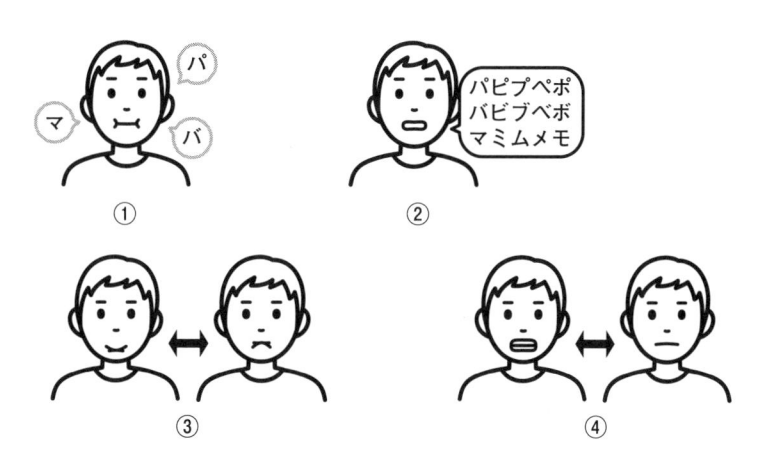

▶ 〔頬のトレーニング〕

①両頬に呼気を送り、ふくらませ、その後、両頬を吸い込む

②頬の左右、上歯茎の上方、下歯茎の下方と４方向を部分的にふくらませる

▶ 〔鼻のトレーニング〕

①鼻穴を両方大きく広げて、鼻から息を
　後頭部の方へ送るように吸う

②匂いを嗅いだときのように鼻を動かす

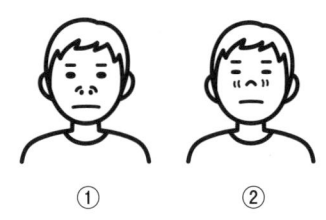

▶ 〔眼のトレーニング〕

①力強く眼を開き、閉じる

②眼を左右、上下、左回り、右回りと動かす

③眼に力を込める

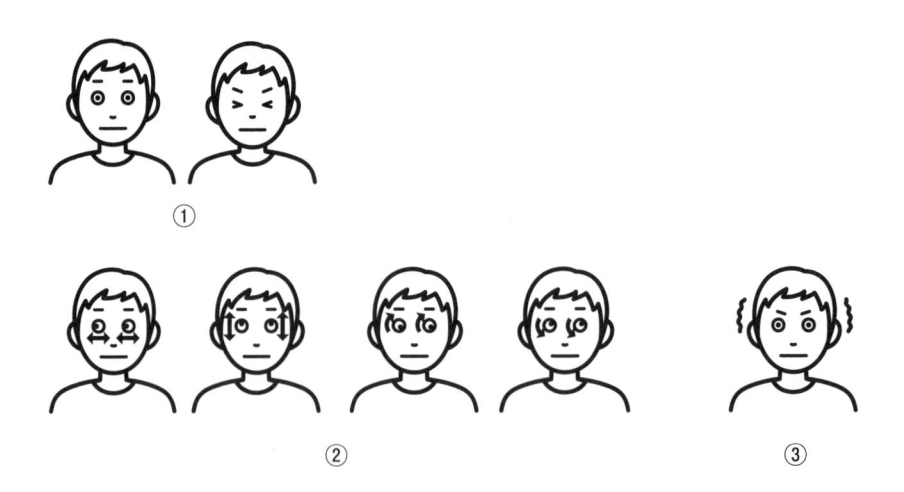

▶〔眉毛のトレーニング〕

① 思いっきり眉毛を吊り上げる

② しかめっつらをして眉毛を下げる

① 　　　　②

調子の良くないとき

　のどの調子が悪いときは、声を出すよりも、柔軟運動をして息を吐くくらいのトレーニングの方が良いでしょう。のどが疲れているのなら休ませましょう。

　特に、大きな声を出したことのない人は、息によるトレーニングをしっかりすることをお勧めします。これは、時間も場所も問わずにできます。毎日、間をあけて何回も行いましょう。

　声はうまく出るときと出にくいときがあります。うまく出るのは、リラックスできているときや心身の状態の良いときでしょう。声にとって体は楽器です。楽器の調律がうまくいかないときに、いくらがんばって練習をしても効果は見込めません。

　声をより良く出していくということは、声をいつでもしっかりと出せるという「再現性」があった上で可能なのです。ですから、声がより良く出るために、声が出にくくならないようにキープすることが大切です。

　声が出やすい状態を作るには、幾つかの条件があります。毎日の体の管理、トレーニングでの心身の状態、トレーニング中での姿勢など基本を身に付けましょう。以下にチェックリストを掲載しておきます。

▶〔日常のチェックリスト〕

☐ 規則正しい生活を心がけている

☐ 十分に睡眠をとっている

☐ 体力づくりをしている

☐ 柔軟な状態に体を保っている

☐ 気力が充実している

☐ 精神的なストレスを抱えていない

☐ 病気にならず、健康である

☐ 栄養のあるものを、しっかりと食べている

☐ たばこ、アルコールは控えている

NOTE

PART

II

ことば 編

正しい発音と多彩な
表現力を身に付けよう

CHAPTER 2からCHAPTER 4までは、「ことば」の発声トレーニングを中心に紹介していきます。母音と子音の正しい発音方法を学んだ上で、アクセント、イントネーション、プロミネンス、そして間やリズムの取り方といった、ことばを表現するための基本を身につけていきましょう。CHAPTER 4では、せりふやナレーション、アニメ、吹き替え、朗読など、より具体的なシチュエーションでのトレーニングも設けています。

〔 CHAPTER 〕

2

発音

§1 日本語の発音

日本語は子音と母音の1ペア

日本語の子音は、母音の直前に作られます。例えば、「か」は母音「a」の前に子音「k」が付きます。

日本語の場合、1文字を1つの「拍」の単位と考えます（この単位を、音節という場合もあります）。「にほん」は3つの拍、「ほん」は2拍、「に」は1拍のことばです。母音で終わるので「開音節語」といいます（イタリア語、スペイン語などと同じ）。日本語の発音では、1拍に要する時間がほぼ同じ長さになります。これを「長さによる等拍性」があると言います。それぞれの拍を構成している1つ1つの音の単位を「単音」と呼びます。「ニ」は[n]と[i]、「ホ」は[h]と[o]、ンは[n]です。

母音と子音、半母音

単音のうち、「ア」「イ」「ウ」「エ」「オ」が「母音」です。母音は、声帯から声が共鳴器官を通って鼻や口から音が出るまでに、舌や唇などの器官で閉鎖などの加工を受けることなく発されたものです。その他の単音を「子音」と呼びます。子音は、鼻や口から音が出るまでに歯や唇、口蓋（口の中の上側の部分）などで、妨げられて発せられたものです。「半母音」とは、ヤ行音の「j」、ワ行音の「w」です。子音と母音の間に挟まって拗音を作る（キャ［kja］など）ことから、母音と子音の中間的な性格の音といえます（半子音とも呼びます）。

発音を学ぶ理由

日本語の音声学の分野で、音の使い方での「調音」（医学的には構音）とは、声をことばにする知識です。うまくことばにならないときに、そのルールを知ると効率的に矯正できます。

発音と調音のトレーニング

▶ 〔50音のトレーニング〕

DISC 1 | TRACK 01

一音一音、ていねいに発音してください。

50音				
ア	イ	ウ	エ	オ
カ	キ	ク	ケ	コ
サ	シ	ス	セ	ソ
タ	チ	ツ	テ	ト
ナ	ニ	ヌ	ネ	ノ
ハ	ヒ	フ	ヘ	ホ
マ	ミ	ム	メ	モ
ヤ		ユ		ヨ
ラ	リ	ル	レ	ロ
ワ				ヲ
ン				

濁音				
ガ	ギ	グ	ゲ	ゴ
ザ	ジ	ズ	ゼ	ゾ
ダ	ヂ	ヅ	デ	ド
バ	ビ	ブ	ベ	ボ

半濁音				
パ	ピ	プ	ペ	ポ

半濁音				
ガ	ギ	グ	ゲ	ゴ

拗音		
キャ	キュ	キョ
ギャ	ギュ	ギョ
ギャ	ギュ	ギョ
シャ	シュ	ショ
ジャ	ジュ	ジョ
チャ	チュ	チョ
ニャ	ニュ	ニョ
ヒャ	ヒュ	ヒョ
ビャ	ビュ	ビョ
ピャ	ピュ	ピョ
ミャ	ミュ	ミョ
リャ	リュ	リョ

外来語				
シェ	チェ	ジェ		
ツァ	ツェ	ツォ		
ティ	ディ	デュ		
ファ	フィ	フェ	フォ	
イェ	ツィ	ドゥ		
ウィ	ウェ	ウォ		
クァ	クィ	クェ	クォ	
グァ				
ヴァ	ヴィ	ヴ	ヴェ	ヴォ

▶ 〔50音交錯表のトレーニング〕

次の五十音交錯表で練習してください。上から下、右から左、下から上、左から右と順を変えてやってみましょう。

ア	イ	ウ	エ	オ
イ	ウ	エ	オ	ア
ウ	エ	オ	ア	イ
エ	オ	ア	イ	ウ
オ	ア	イ	ウ	エ

カ	キ	ク	ケ	コ
キ	ク	ケ	コ	カ
ク	ケ	コ	カ	キ
ケ	コ	カ	キ	ク
コ	カ	キ	ク	ケ

サ	シ	ス	セ	ソ
シ	ス	セ	ソ	サ
ス	セ	ソ	サ	シ
セ	ソ	サ	シ	ス
ソ	サ	シ	ス	セ

タ	チ	ツ	テ	ト
チ	ツ	テ	ト	タ
ツ	テ	ト	タ	チ
テ	ト	タ	チ	ツ
ト	タ	チ	ツ	テ

ナ	ニ	ヌ	ネ	ノ
ニ	ヌ	ネ	ノ	ナ
ヌ	ネ	ノ	ナ	ニ
ネ	ノ	ナ	ニ	ヌ
ノ	ナ	ニ	ヌ	ネ

ハ	ヒ	フ	ヘ	ホ
ヒ	フ	ヘ	ホ	ハ
フ	ヘ	ホ	ハ	ヒ
ヘ	ホ	ハ	ヒ	フ
ホ	ハ	ヒ	フ	ヘ

マ	ミ	ム	メ	モ
ミ	ム	メ	モ	マ
ム	メ	モ	マ	ミ
メ	モ	マ	ミ	ム
モ	マ	ミ	ム	メ

ヤ	イ	ユ	エ	ヨ
イ	ユ	エ	ヨ	ヤ
ユ	エ	ヨ	ヤ	イ
エ	ヨ	ヤ	イ	ユ
ヨ	ヤ	イ	ユ	エ

ラ	リ	ル	レ	ロ
リ	ル	レ	ロ	ラ
ル	レ	ロ	ラ	リ
レ	ロ	ラ	リ	ル
ロ	ラ	リ	ル	レ

CHAPTER 2

発音

§2 母音の発音

母音の発音方法

　母音の「アイウエオ」は、舌の位置で発音が変わります。通常、舌先は下の歯茎に付けておきます。口の開き方、唇の形も変わります。

ア

　自然な口の構えで、あごを開けます。大きく開けすぎて、余計な力が入ると良くありません。上下の唇の間に、指2本が縦になんとか入るぐらいで最大の口の開きです。舌はあごと一緒に下がり、盛り上げません。また、唇は丸めずに発音します。

　共鳴としては、胸から頭まで響きやすい音です。口を開けすぎると浅くなります。全体に広く、あいまいでのどにかかりやすいともいえます。のどに詰めて出さないようにしましょう。

　口を開ける大きさ、口中の広さなど自由度がとても大きいため、響きが広がってしまいやすいことばです。そのため声の大きい人、強い人は理想的な共鳴を覚えにくいことにもなります。明るくしようとして浅くなる人も多いです。口の前の方を開きすぎないようにしましょう。イメージとしてはラッパ型ですが、のどの奥の方をアーンと開いて見せます。

イ

　あごを「エ」から閉じて微笑したくらいのほとんど開かない状態にします。上下の歯が触れないくらいです。舌は、上の歯茎の方、硬口蓋（口の中の上側の部分で、歯茎に近い前側の方）へ向けて、摩擦音が起こる手前まで高く上げます。糸切り歯の歯茎に触れるくらいです。もちろん歯より前には出ません。唇は、平たくわずかに開け、横に引きますが引きすぎないようにしましょう。両方の歯が少し見えるくらいです。

　共鳴は、理想的に発音できると最も高く頭のてっぺんに響き、一方で、全く逆に尾てい骨の方まで真っ直ぐに背骨を通って響きます。縦方向で前にいく感じのため、焦点に共鳴しやすく、深く響くようになります。イメージとしては、舌を狭く前に持っていくため、のどの奥が広く開くので、鋭く尖った感じ、前向き、勢いがあります。

　ただ発声が悪いと、「ウ」と同じく最も響きにくく、高低とも出しにくい音です。共鳴を集めやすいからといって、不自然にあてようとしたり、無理に深くしようとしないようにしましょ

う。この響きを保ったまま、落とさずに他の母音に移すとよいでしょう。

ウ

　あごの開きは母音の中で最も小さくなります。舌先を奥のほうへ引っ込め、舌のつけ根に近い部分を少々緊張させて盛り上げる感じです。

　唇は「イ」より両端を左右から中央へ引き寄せ、唇と頬は少し緊張します。ただし、日本語の「ウ」は丸めるのではなく、外見上は平らな感じで、唇は丸くなりません。狭い口から出すので息の流れを作りやすいと言えます。共鳴は、頭部のハミングや裏声などに近い音で、頭部（鼻腔）で響きがまとまりやすく、イメージとしてはやや暗く深くなります。広がらず内向きの共鳴で、方向としては下や後ろにも向いています。

エ

　「ア」からあごを閉じて「イ」より少し開くくらいです。舌の位置を「ア」よりも前に持ち上げます。唇は、両端をやや左右に引く感じです。頭や首の後ろ、肩の間にも響く奥行きがあります。「ア」から後ろを回って、てっぺんの「イ」に行く途中の音です。「ア」で浅く、「イ」や「ウ」では詰めてしまい、「オ」ではこもらせるような人の矯正に使えます。

オ

　「ウ」よりも、あごを開き、上下の唇の間に人指し指一本が縦に入るぐらいの大きさにします。舌は「ウ」のときよりやや奥へ引き込み、「ア」よりも奥舌がうしろへ持ち上げられます。唇は5つの母音の中で一番丸くし、唇の端はやや緊張します。

　共鳴は顔から胸にかけて響きやすく、まとめやすい音です。「ウ」ほど内に詰まることはありませんが、口内の奥にこもらせたり、のどへ押しつけて、間違ったクラシックぽい発声にならないように注意しましょう。口腔内を広げるのに良い音です。浅い声を深くしていくのにも使えます。落ち着き、安定感、深さを感じさせます。

　下の図は母音が発声されるときの舌の位置を表したものです。参考にしてください。

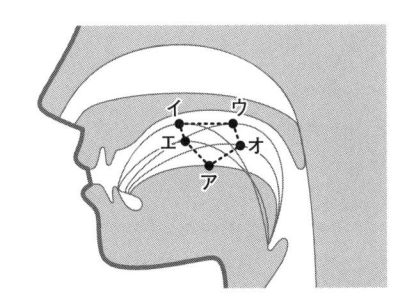
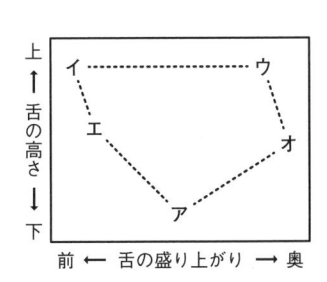

①「アー」と声に出し、のどが振動するのを確かめてください（「イ」「ウ」「エ」「オ」でもやって みましょう）

②胸の深いところで「イ、エ、ア、オ、ウ」と言ってみます。このときも、響きや明瞭な発音 よりも、確実にしっかりとした声として出すことを心がけてください

③「アエイオウ」「イエアオウ」「アエイウエオアオ」でも練習しましょう

母音をうまくつなげる

　以下のトレーニングでは、「アイウエオ」の5つの母音を同じようにそろえていきます。「ア」の 母音から、腹話術のように口を変えないつもりで順に「ア→エ→イ→オ→ウ」と、つなげて声を出 します。出しやすい高さの音で行いましょう。

　あごを指で強く押さえ、どの音でもあごが動かないようにしてみてください。音が移るときに、 スムーズに口も音色や響きを変えないように行います。「アーァエーェイーィオーォウー」の感じで 行いましょう。

▶〔母音のことばのトレーニング〕　　　　　　　　　　　DISC 1 | TRACK 02

- ア 「アー、朝はさわやかだ」
- イ 「イー、1ミリ、2ミリ」
- ウ 「ウッ、ぐずる、つるつる湯」
- エ 「エエ、ええでっせ」
- オ 「オオ　お琴の音」

発音のトレーニング

　口慣らしのための簡単な発声、発音のトレーニングを音ごとに紹介します。それぞれに同じ音が 3つ以上入っています。これを参考に自分でもトレーニングメニューを作ってみてください。毎日、 ひっかからなくなるまで繰り返し、少しずつ苦手な音をなくしていきましょう。

▶〔母音のトレーニング1〕　　　　　　　　　　　　　DISC 1 | TRACK 03

- ア 「鮮やかな赤いあめ」
- イ 「いつも一緒にいたい」
- ウ 「うきうきと歌う」

> **エ** 「エッサエッサと餌運び」
> **オ** 「"おとといおいで"と追い払う」

「愛に飢えた男」

「上野駅で甥と会う」

▶ 〔母音のトレーニング2〕

> **ア** 「あした、あさって、しあさって」「あれは明らかに誤りだ」「愛あれば愛せよ」「悪夢は朝の浅い眠りに表れる」「会ったら愛想よくあいさつしな」「焦って諦めたあたし」「明るい明日があるのなら」
>
> **イ** 「いかしたハイウェイ・クイーン」「いたずらでいつも意気投合」「今も胃が痛い」「イライラしている猪」「イルカはいるかい」「異教徒の祈りは偽りだという」「衣類の種類はいろいろ」「急いで行ったが行き違い」「言いやすい方がいいらしい」「生きたイカいかが」
>
> **ウ** 「ういろうと梅を鵜呑みした」「ウカウカしていると運が逃げる」「ウシシと笑う牛と馬」「裏の海のウニ」「浦島太郎は浜辺で憂鬱」「歌を歌って憂さ晴らそう」「海に浮き輪が浮いている」「うれしい噂は嘘だった」
>
> **エ** 「エネルギッシュな演技に詠嘆」「偉い絵描きが選んだ絵」「映画の後、笑顔で駅で別れる」「沿道にえんどう豆の枝」「駅で演じるエキストラ」「鉛筆百円でええ」「えんえん続く宴会」「笑顔で遠足から帰る」
>
> **オ** 「おいしいお菓子をおすそわけ」「おいでをお待ちしております」「おもしろおかしく踊ろうよ」「お母さんの大きなお腹」「押し売りおろおろおかしいね」「恐ろしく臆病な俺」「愚かな行い終わらせろ」「大きな音に驚く男」

▨▨ 母音の区別

「ア」と「エ」の区別がはっきりしない場合は、「ア」の口の開きを大きくし、舌先を上げすぎないようにしましょう。「ア」と「オ」を区別しにくいときは舌の奥を上げすぎないようにします。

「イ」と「エ」の場合では、「エ」は「ア」と「イ」の中間音ですから、そこがはっきり区別されていないと思われます。「つらい」が「ツレエ」となるのは、「ア」が「エ」になっているからです。「イ」と「エ」はなまりやすいので要注意です。

「イ」と「ウ」は、浅く平べったくなりがちです。「ア」「エ」より、発音するときに口の中が狭くなるためです。しかし、本当に深い「イ」は、のどの後ろがあくので、高くなっても出しやすいのです。「お寿司」を「おすぅすぅ」と言うズーズー弁は、「イ」が前舌でなく中舌になっています。「恋」

と「声」、「江戸」と「井戸」をしっかりと言い分けてください。

長母音と連母音

「おかあさん」「お姉さん」などは、実際には「オカーサン」「オネーサン」と発音されます。このように母音が連続する場合、長く引っ張ることばを「長母音」といいます。「あおい」のように、母音が続くものを「連母音」といいます。

§3 子音の発音

有声音と無声音

母音は「有声音」で、声帯がふるえて共鳴して声となります。それに対して「子音」は、鼻や口から音が出るまでに、歯や唇、舌、口蓋などで妨げられることで発せられます。

子音は強い息で発します。「静かにしなさい！」というときの「シー」とか、ろうそくを消す「フー」というような音は、声帯が振動している音ではないので「無声音」と呼ばれます。

この「シー」と「フー」を濁して「ジー」や「ブー」とすると有声音になります。無声音の子音に濁点をつけると有声音になるのです。濁点が付いているのが「濁音」、濁らないのが「清音」です。こうして、声帯を振動させたり、振動させなかったりして音の違いを生じさせるのです。

母音は有声音ですが、子音には有声音と無声音があります。発声練習は、共鳴しやすいヴォカリーズ（母音）が中心です。子音であれば、声帯の振動を伴う有声音を使います。

なお、母音は「V」、子音は「C」と略記することがあります。これは母音 = Vowel（声）、子音 = Con sonant（強くひびく＋音）の略です。以下に有声音と無声音の例を挙げておきます。

▶ 〔無声音と有声音〕

s−z：サーザ

h-bp：ハーバパ

t−d：ターダ

k−g：カーガ

f−v：フーブ

調音点とは

指で唇を左右にひっぱり唇を使わないようにすると、バ行の「バビブベボ」は「アイウエオ」になります。マ行、パ行も同様です。マ行、バ行、パ行は唇で発するため、出せないのです。

このときの唇のように、あることばを発するために必要な体の部位を「調音点」と呼びます。また、パ、バ、マ行は唇で音を調音するため「両唇音」と言います。

例えば、「バ [ba]」という音の場合、「ア [a]」という母音の息の流れを妨げるのは、[b] で唇な

ので、ここを調音点と呼ぶのです。

　調音点は子音によって違います。「カ[k]」と「ガ[g]」は口の上側の奥(軟口蓋)、「サ[s]」「ザ[z]」「タ[t]」「ダ[d]」「ナ[n]は舌先が上がり前歯の裏と歯茎、「ヤ[j]」はその中間辺りの硬口蓋、「ラ[r]」は舌先が触れる歯茎といった具合です。「ハ[h]」は舌がどこにも触れません。「ワ[w]」は両唇と口の奥になります。

　ごく大ざっぱにまとめると、50音の(ア)カサタナ(ハ)マ行の順に、口の奥から前へと調音点が移っていきます。

　この調音点で息をどのように妨げて音を発声させるというその方法のことを、「調音法」と呼びます。そのため子音は調音点と調音法で分類できます。以下に記しておきましょう。

▶〔調音点による子音の分類〕

　括弧内は一例です。

- **両唇音**(「パ」の[p]) ……… 上下の唇の間で出す音
- **歯茎音**(「タ」の[t]) ……… 上の歯または歯茎と舌の先の間で出す音
- **後部歯茎音**(「シ」の[ʃ])／**硬口蓋音**(「ヒ」の[ç]) …… 軟口蓋と舌の中央の間で出す音
- **軟口蓋音**(「カ」の[k]) …… 硬口蓋と舌の後部の間で出す音
- **声門音**(「ハ」の[h]) ……… 声門で出す音

▶〔調音法による子音の分類〕

- **破裂音**……呼気が閉じられていて、その閉鎖を破って発せられる音。調音器官のどこかで閉鎖を作り、息をためて、急にその閉鎖を解放することで生じる(息をせき止めて、パッと解放する([p][b][t][d][k][g])
- **摩擦音**……呼気が口腔の狭いところを通過するときに発せられる音。「シ」の[ʃ]など。息の通り道を狭くして押し出すことで生じる
- **破擦音**……破裂音に続いて、その位置で摩擦音が起こる音。「ツ」の[ts]など。舌先を歯ぐきにつけて、息が舌先と歯ぐきとの間を通ることで生じる
- **鼻音**………呼気が口腔内でさえぎられ、鼻腔に抜けることによって発せられる音。鼻にかけた音
- **弾音**………舌をはじくようにして発せられる特殊な音。英語のL音とR音の中間的な音。「ラ」など。前舌が硬口蓋に近づき、舌先が歯ぐきを、はじくことで生じる
- **接近音**……舌の中央部にやや広い隙間を作り、呼気を出すことで発せられる音

子音の調音表

（　）内の日本語の子音を示す調音位置と調音方法。

※無…無声音　有…有声音　鼻…鼻音　弾…弾音　接…接近音

方法	位置	両唇音	歯茎音	後部歯茎音	硬口蓋音	軟口蓋音 口蓋垂音	声門音
破裂音	無	p （パ行）	t （タテト）			k （カ行）	
破裂音	有	b （バ行）	d （ダデド）			g （語頭のガ行）	
摩擦音	無	ɸ （フ）	s （サスセソ）	ʃ （シ、シャ、シュ、ショ）	ç （ヒ、ヒャ、ヒュ、ヒョ）		h （ハヘホ）
摩擦音	有		z （ザズゼゾ、ヅ）	ʒ （ジ、ジャ、ジュ、ジョ）			
破擦音	無		ts （ツ）	tʃ （チ、チャ、チュ、チョ）			
破擦音	有		dz （ザズゼゾ）	dʒ （ジ、ジャ、ジュ、ジョ、ヂ、ヂャ、ヂュ、ヂョ）			
鼻	有	m （マ行）	n （ナヌネノ）		ɲ （ニ、ニャ、ニュ、ニョ）	ŋ （語頭以外のガ行） N （語末の撥音）	
弾	有		ɾ （ラ行）				
接	有				j （ヤユヨ）	w （ワ）	

CHAPTER 2　発音

§4 子音のトレーニング①　カ行・ガ行

▨ カ行音……カ [ka]　キ [ki]　ク [ku]　ケ [ke]　コ [ko]

　[k] は「無声・軟口蓋・破裂音」です。喉元で強めの息で乾いた音を作りだします。軟口蓋で発するため、音になるのは最も早くせっかちな感じです。日本語で最も語数が多いのが、カ行、ガ行で始まることばです。カ行の子音 [k] は後舌と軟口蓋で作る破裂音で、後舌を軟口蓋につけて息の出口をふさぎ、息を吐き出すとき、この閉じたところをつき破ることによって発します。

　「アカアカ」を繰り返して、鏡でのどを見てみてください。のどの奥（軟口蓋）の口蓋垂（のどちんこ）に舌が盛り上がるのがわかるでしょう。「カクケコ」はこうして発音されます。

　次に、「カキカキ」と言いながら鏡でのどをみると、軟口蓋は「カ」で見えるのに、「キ」ではよく見えません。これは舌の手前が盛り上がるからです。「キ [ki]」は「イ」の発音につられて、舌の接点が他のカ行音よりも前になります。これを「硬口蓋化」といいます。硬口蓋化は、他の行にも出てきます。

▨ ガ行音……ガ [ga]　ギ [gi]　グ [gu]　ゲ [ge]　ゴ [go]

　[g] は「有声・軟口蓋・破裂音」です。[g] は、[k] と同じに発する子音です。[k] が無声音、[g] は有声子音です。この [g] は強い破裂音なので、強く発音すると耳ざわりになります。また「ガグゲゴ」に対して、「ギ」は硬口蓋化します。このガ行音は呼気を鼻へ抜く鼻濁音になることがあります。

▨ 鼻濁音……ガ [ŋa]　ギ [ŋi]　グ [ŋu]　ゲ [ŋe]　ゴ [ŋo]

　鼻濁音は「有声・軟口蓋・鼻音」です。「゛」を「゜」で表わすこともあります。

　学問（ガクモン）の「ガ」は誰でも濁音で発音しますが、音楽（オンガク）の「ガ」は、ガの濁音と鼻にかかった鼻音とに分かれます。破裂音で濁音 [g] になりますが、鼻から呼気を抜くとやわらかい「ガ」となるのです。これを鼻濁音と呼びます。午後（ゴゴ）の最初の「ゴ」と次の「ゴ」との違いです。特に、語中・語尾にある「ガ」は鼻濁音化しやすいと言えます。昔の日本語の歌唱では、ガ行はすべて鼻濁音にしていることもありました。

以下にガ行が鼻濁音になる場合 (鼻濁音化) を挙げます。

- **1 語中・語尾のガ行**……「下がる、ヤギ、潜る、逃げる、カゴ」
- **2 格助詞や接続助詞**……「私が、みた」
- **3 外来語で日本語化した語、「ン」のあとにくるガ行、また原音で鼻音のもの (外国語や外来語は、語頭、語中でも鼻濁音化しない)**……「イギリス」「キング」
- **4 熟語としてなじんでいることば、人名などに使われるようになった「五」(一般的な「五」は、鼻濁音化しない)**……「十五夜」「七五三」「七五調」
- **5 複合語で音になる場合 (連濁)**……「株式会社」「国々」「大型」

　鼻濁音がうまくできない場合は、最初に「ン」をつけて、「ンガ、ンギ、ング、ンゲ、ンゴ」とゆっくりと言ってください。だんだん速くして、呼気が鼻へ通るのを確かめましょう。そして、鼻濁音とそうでない状態を交互に繰り返し、違いをはっきりとさせましょう。

▶〔**鼻濁音のトレーニング**〕
① 「カ゚キ゚ク゚ケ゚コ゚、　カ゚ケ゚キ゚コ゚ク゚、キ゚ケ゚カ゚コ゚ク゚」
② 「カ゚ケ゚キ゚ク゚ケ゚コ゚カ゚コ゚」
③ 「ンガ゚ンギ゚ング゚ンゲ゚ンゴ゚」
④ 「語学も科学も語源が難儀」
⑤ 「生麦、生米、生たまご」
※④は濁音につくため、⑤は鼻にかかるナ行、マ行が続くため難しいのです。

カ行・ガ行・鼻濁音のトレーニング

▶〔**カ行のトレーニング1**〕　　　　　　　　　　　**DISC 1 | TRACK 04**

カ▶「傘かごから傘借りる」
キ▶「昨日、君はキャンパスに来た」
ク▶「クンクン鳴く熊」
ケ▶「ケッコウ、ケッコウ、コケコッコー」
コ▶「困った事が起こった」
「柿食えば、けっこうな味」
「キンキラ怪物けっこうくる」

▶ 〔ガ行のトレーニング〕

ガ 「学校のガラスでガスライト」

ギ 「議会の議員が銀行へ」

グ 「偶然軍隊が偶像こわす」

ゲ 「経済限界で現金ない」

ゴ 「ごみごみしたところでごはん」

「ぐずぐずして学校に四時限後、ギリギリにつく」

▶ 〔ガ行と鼻濁音のトレーニング〕

ガ° 「小川でケガして鏡みる」

ギ° 「柳の麦のカギ」

グ° 「もぐらとうぐいすがゴング」

ゲ° 「人のかげでまげ下げる」

ゴ° 「25個のリンゴのかご」

「ほの暗い十五夜に、私が見たヤギ」

▶ 〔カ行のトレーニング2〕

カ 「金で母さん悲しませたか」「翳りのある悲しげな横顔」「皮の固い柿」「彼は過去を語らない」「紙に神を書く」「噛んだら噛むだけ辛いカラシ」「重ねて確認、確実に」「固まった価値観を変えろ」

キ 「きっとキミは来てくれる」「キリキリまいのキリギリス」「君の気持ちを聞きたい」「黄色いキリンの金貨」「気さくで気がつき器量よし」「傷跡が消えた奇跡」「地球の危機がきっとくる」「今日は君んちの気分」

ク 「各クラスにクジを配る」「くだらん苦労の組み合わせ」「九段下の下り坂を車で下る」「玄人のクワで草を刈る」「曇ってくすんだクリスマス」「ひゃっくり、びっくり、くりくりの目」「黒い鯨の口」「空想の百済の国」

ケ 「結果はケガなし健康」「今朝、警官と喧嘩した」「獣の毛皮で儲ける」「過去の喧嘩にけりつける」「やけ酒のわけ」「経験が人間を形成する」「今朝すごいけんまくで喧嘩した」「剣道のけいこはけっこうつらい」

コ 「こんなことが起こるとは」「こいつの心に入り込む」「これは心の恋人」「懲りない子は困る」「今度、近藤さんと来よう」「苔むした小石の小径（こみち）」「濃いコーヒーよりココアが好み」「行楽地で孤独な子供」

● 〔カ行のオノマトペのトレーニング〕

カ 「かあー」「かたんことん」「からんからん」「かたかた」「かちかち」「かつかつ」「かりか
り」「かるがる」

キ 「きゃー」「きゅん」「きらきら」「きつきつ」「きびきび」「きゃあきゃあ」「きゅっきゅっ」
「きゅうきゅう」

ク 「くっきり」「くどくど」「くねくね」「くよくよ」「くらくら」「くるくる」「くすくす」「く
しゃくしゃ」

ケ 「けろり」「けたけた」「けちけち」「けちょんけちょん」「けろけろ」「けらけら」「けろっ」
「けんけん」

コ 「こっそり」「こってり」「こんがり」「こんもり」「こりごり」「こうこう」「こそこそ」「こ
ちょこちょ」

● 〔ガ行のオノマトペのトレーニング〕

ガ 「がーん」「がっしり」「がっちり」「がんがん」「がちがち」「がつがつ」「がぼがぼ」「がり
がり」

ギ 「ぎっしり」「ぎゃふん」「ぎょろり」「ぎらり」「ぎとぎと」「ぎゃあぎゃあ」「ぎょろぎょろ」
「ぎんぎん」

グ 「ぐいぐい」「ぐにゃり」「ぐっさり」「ぐっすん」「ぐるぐる」「ぐだぐだ」「ぐちゃぐちゃ」
「ぐりぐり」

ゲ 「げーげー」「げっそり」「げんなり」「げこげこ」「げじげじ」「げたげた」「げぼげぼ」「げ
らげら」

ゴ 「ごくごく」「ごしごし」「ごそごそ」「ごたごた」「ごつごつ」「ごとごと」「ごぼごぼ」「ご
ろごろ」

§5 子音のトレーニング② サ行・ザ行

▨▨ サ行音……サ [sa]　シ [ʃi]　ス [su]　セ [se]　ソ [so]

　[s] は「無声・歯茎・摩擦音」です。舌の先を上歯茎の裏に近づけると、舌先の下の部分は、下歯の裏に密着し、上歯ぐきの裏と舌先の上面との間にわずかなすき間ができます。そこに息を吐くと、狭いところを押し出す息で摩擦音が生じます。これが [s] の音です。「サスセソ」は [s] の音に母音「アウエオ」が結びついたものです。

　では「シ」はというと、「刺す」「死す」の発音を比較して、呼気の通るすき間の位置を比べてみてください。「サ」は舌先が上歯ぐきの裏に近づくのに対して、「シ」は舌の上面の前のほうが、上顎の前方の硬口蓋に近づき、舌先の下が、下歯の裏から離れた状態で発されます。このような音を [ʃi] で表します。「静かに、シー！」というとき、あるいは「シャシシュシェショ」の「シ」です。「先生」が「シェンシェイ」となまるのは、この混同です。「スエスエ、スエンスエン、センセイ」と繰り返して直しましょう。

　[ʃi] と [si] の違いは、英語では「she」と「see」の違いです。日本語では子音が弱いため、次の母音とほぼ一つにするつもりで出します。近年、シの代わりにスィ [si] と発音する方も多いのですが、[ʃi] を無声音で伸ばすと、「シー」といつまでも摩擦音ですが、[si] を伸ばすと母音の「イ」になります。

　サ行のトレーニングでは舌の位置に注意しましょう。[s] は上歯ぐきの裏に近づいて発音しますが、[ʃ] は舌先が上歯先の裏に近づきます。また、「さあ〜」と舌が出すぎたり、息の通り道が狭くならないと甘い声になります。逆に、息の音が強すぎる場合は上唇を歯にかぶせましょう。

▨▨ ザ行音……ザ [dza]　ジ [dʒi]　ズ [dzu]　ゼ [dze]　ゾ [dzo]

　サ行音と違い、舌先がまず上歯茎の裏に接します。それを押し破って破裂音とし、そのすき間から生じる摩擦音が加わって、[dz] の音を作ります。このように破裂音と摩擦音の組み合わさった音を「破擦音」と言います。ザ行の「ジ」は、「シ」と同じく口蓋化した音で、[z] の音を作る位置より舌に近いところで発音されます。「ヂ」と考えた方がよいでしょう。風邪が「カデ」となる人は、舌が歯ぐきから離れるからです。

［z］は「有声・歯茎・摩擦音」（語中）、［dz］は「有声・歯茎・破擦音」（語頭）です。［ʒ］（ジ、ジャ、ジュ、ジョ）は「有声・硬口蓋・摩擦音」、［dʒ］（ジ、ジャ、ジュ、ジョ）は語中で使うときは摩擦音のままです。

「ザズゼゾザ」「ズゼゾザズ」「ゼゾザズゼ」「ゾザズザゾ」と言って、語頭の破擦音を比べてください。特に語頭と語尾の違いを感じましょう。

▨ サ行・ザ行のトレーニング

▶ 〔サ行のトレーニング1〕

DISC 1 | TRACK 06

- **サ** 「さぁ、最後に叫ぼう」
- **シ** 「シタールの静かな調べ」
- **ス** 「素足で滑った滑り台」
- **セ** 「姿勢を矯正する先生」
- **ソ** 「そうか、そうかい、そうなのか」

「さしつ、そそられ、すすれば」
「セスナの操作ミスで死す」

▶ 〔ザ行のトレーニング〕

DISC 1 | TRACK 07

- **ザ** 「座禅でザンゲのザンギリ頭」
- **ジ** 「自業自得で地獄」
- **ズ** 「ズビズバズベ公」
- **ゼ** 「税金ぜいたく是正だぜ」
- **ゾ** 「象牙の像を贈呈」

「善三おじさんは、ズボンかけて坐禅する」

▶ 〔サ行のトレーニング2〕

- **サ** 「さらば桜の咲く国」「さざなみのささやき」「さよならとさっそうと去っていく」「サメとサバとサンマ」「酒場で愛をささやく」「さっさと財布を探さなきゃ」「さすがの寒さに目覚めた」「五月雨の中、盛り場を探す」
- **シ** 「静かに忍び寄る刺客（しかく）」「白黒のシマウマを知る」「仕組まれた幸せと真実」「失恋しそうで心配」「白く四角い城」「知ったら嫉妬、知らぬが花」「獅子舞ショー」

ス 「すべてを捨てて救う」「すすり泣く日が過ぎゆく」「すがすがしい姿」「スリリングなスリとスパイ」「酢はすっぱいすよ」「透き通る素肌へキス」「すれっからし、心のすさんだ末娘」

セ 「世界を制する聖戦」「迫り来る静寂で戦慄」「精神世界に生活する」「先生が生徒に説教する」「せせらぎと船頭の声」「聖母は戦争を責める」「世界を背中に背負ったぜ」「背伸びする制服の生徒」

ソ 「そばでそっと添い寝する」「そっとそこではそんなとこ」「創造は想像から創出される」「そろりと空からそれた」「草原にふりそそぐその光」「食欲をそそるソウル」「外の掃除が騒々しい」「そうたいそうなことではないそうだ」

▶〔サ行のオノマトペのトレーニング〕

サ 「さっさ」「さらっと」「さっそうと」「さっぱり」「さくさく」「さめざめ」「さらさら」「さばさば」

シ 「しょんぼり」「しんなり」「しみじみ」「しっくり」「しっとり」「しくしく」「しとしと」「しゃんしゃん」

ス 「すこすこ」「すんなり」「すっぱり」「すいすい」「すかすか」「すごすご」「すくすく」「するする」

セ 「せっせと」「せーせー」「せいせい」「せかせか」「せこせこ」「せきせき」「せきらら」「せつせつ」

ソ 「そっ」「そうっと」「そうそう」「そろそろ」「そろりそろり」「そくそく」「そそ」「そよそよ」

▶〔ザ行のオノマトペのトレーニング〕

ザ 「ざーっ」「ざっくり」「ざぶっ」「ざくざく」「ざっくざっく」「ざぶんざぶん」「ざらざら」「ざわざわ」

ジ 「じーん」「じたばた」「じゅーっ」「じょろじょろ」「じろり」「じゃあじゃあ」「じゅーじゅー」「じゃぶじゃぶ」

ズ 「ずしり」「ずっしり」「ずっと」「ずらり」「ずるずる」「ずぶずぶ」「ずきずき」「ずきんずきん」

ゼ 「ぜーぜー」「ぜいぜい」「ぜえぜえ」「ぜろぜろ」「ぜりぜり」「ぜらぜら」

ゾ 「ぞくっ」「ぞっこん」「ぞりっ」「ぞくぞく」「ぞろぞろ」「ぞーっ」「ぞぞ」「ぞわぞわ」

§6 | 子音のトレーニング③ タ行・ダ行

▓▓▓ タ行音……タ [ta]　チ [tʃi]　ツ [tsu]　テ [te]　ト [to]

　「タテト」は上の歯か歯ぐき辺りで、舌先を離して生ずる破裂音 [t] に、「アエオ」がついたものです。「チ」は硬口蓋化した音で、舌が上歯ぐきより、もう少し奥の硬口蓋に接して、破裂音 [t] を発し、そのすき間で生ずる摩擦音 [ʃ] が組み合わさった破擦音です。ツは [t] が [s] に動く破擦音で、「アツイ」をゆっくり発音してみるとわかります（トゥ [tu] ではない）。

　[t] は「無声・歯茎・破裂音」、[tʃ] は「破擦音（無声・歯茎・破裂音＋無声・後部歯茎・摩擦音）」、[ts] は「破擦音（無声・歯茎・破裂音＋無声・歯茎・摩擦音）」で「ツ」は詰まった感じになります。外来語では「ツァ・ツィ・ツェ・ツォ・ティ・テュ・トゥ」などが用いられます。

　「チ [tʃi]」と「ティ [ti]」と「ツィ [tsi]」の違いはわかりづらいかもしれません。[tʃi] をささやくように無声音で「チー」と伸ばして発音してみると、最初の「チ」の音のあとに「シ」のような摩擦音が「シー」と続きます。「アチー！」の「チ」の音です。「チ」は「ティ」ではありません。「ティ [ti]」、「ツィ [tsi]」を伸ばすと「イー」となります。この２つは外来語（ティーポット、ツイードなど）の発音以外は使いません。つまり、「チ」は「チャ・チ・チュ・チェ・チョ」、「ツ」は「ツァ、ツィ、ツ、ツェ、ツォ」になります。

▓▓▓ ダ行音……ダ [da]　ヂ [dʒi]　ヅ [dzu]　デ [de]　ド [do]

　「ダデド」の [d] は「有声・歯茎・破裂音」です。「ヂ」と「ヅ」は音の上で「ジ」と「ズ」と同じです。「ヂャヂュヂョ」も「ジャジュジョ」と同じで特別なとき以外は使いません。このようにザ行音と共通する部分が多いため、「ダデド」と「ザゼゾ」を混同しないようにしましょう。「さざ波」が「サダナミ」、「撫でる」が「ナゼル」、「のど」が「ノゾ」になる人は直すようにしてください。「地図」が「ツゥヅゥ」や「ツィヅィ」となる人も要注意です。

　ちなみに、「ヂ」は「ヂャ・ヂ・ヂュ・ヂェ・ヂョ」、「ヅ」は「ヅァ・ヅィ・ヅ・ヅェ・ヅォ」の仲間です。「竹立てかけた」が言えない人は舌の移動の練習をしましょう。

▶〔舌の移動のトレーニング〕

① 「タケタケタケタケ」

② 「この竹垣に竹立てかけたのは竹立てかけたかったから、竹立てかけたのだ」

▶〔ダ行とザ行を区別するトレーニング〕

① 「ダザダジダズダゼダゾ」

② 「ザダザヂザヅザデザド」

▨ タ行・ダ行のトレーニング

▶〔タ行のトレーニング1〕　　　　　　　　　　　　　　DISC 1 | TRACK 08

タ　「耐えきれずただ立っていた」

チ　「チャンスを勝ち取る力」

ツ　「つまらん連れをつまみだせ」

テ　「徹底的に手を打て」

ト　「トマトをとった徒党たち」

「たてつつ、たちつつ、ちょっとたて」

「突っ立ちポテト食べる」

▶〔ダ行のトレーニング〕　　　　　　　　　　　　　　DISC 1 | TRACK 09

ダ　「大団結団」

ヂ　「自分の自治体で退治」

ヅ　「ヅカヅカとでづっぱり」

デ　「電気の電力出てない」

ド　「どんどんどかどか」

「道路づたいに自動車で運転だ」

▶〔タ行のトレーニング2〕

タ　「ただで食べるタコ焼き」「ただ一人たたずむ」「断ち切られた記憶をたぐる」「たいてい体育大会は退屈だ」「たくさんの人の魂に訴える歌」「たまに玉ネギを使った」「楽しい旅をしたい」「正しい畳の叩き方」

チ▶「地下鉄でチョコをちょっと食べる」「父たちの土地」「地に血がとび散る」「力の秩序に躊躇する」「塵はきちんと持ち帰れ」「知恵と力で勝ち取る」「『蝶々』の調はハ長調だ」「父が痴漢に注意した」

ツ▶「月夜の釣りの連れ」「包みにつつんだ」「積み木を積み続ける」「きつい靴は窮屈だ」「つかの間の月を慈しむ」「つまみにつけたさつまあげ」「つまらない付き合いを続ける」「つるつるのツノ」

テ▶「天才、テストで百点」「手に手をとって」「手加減、手抜きせず、手をかける」「丁寧に手に手をとる」「晴天で天使が回転する」「おてんとうさんがテラスを照らす」「転校生の手書きの手紙」「転々と転校する」

ト▶「遠くにトンボが飛んでいる」「時とともにときめく」「とうさん鶏肉取りにくい」「灯台のともしびが届く」「とうとう飛べた鳥」「戸締まり、戸がなきゃ戸締まれない」「父ちゃん、とっとと起きとくれ」「遠い都市の時計が止まるとき」

●〔タ行のオノマトペのトレーニング〕

タ▶「たったったっ」「たかたか」「たじたじ」「たびたび」「たまたま」「たっぷり」「たどたど」「たぽたぽ」

チ▶「ちくり」「ちゃらちゃら」「ちょっぴり」「ちりん」「ちくちく」「ちまちま」「ちゃぷちゃぷ」「ちょろちょろ」

ツ▶「つくづく」「つべこべ」「つんつるてん」「つらつら」「つやつや」「つんつん」「ついつい」「つかつか」

テ▶「てきぱき」「てんてこまい」「てかてか」「てくてく」「てけてけ」「てっきり」「てらてら」「てれてれ」

ト▶「とことこ」「とことん」「とっとと」「とほほ」「とうとう」「とくとく」「とぼとぼ」「とろとろ」

●〔ダ行のオノマトペのトレーニング〕

ダ▶「だー」「だだだだ」「だらだら」「だぶだぶ」「だぼだぼ」「だよ～ん」「だんだん」「だくだく」

デ▶「でーん」「でこぼこ」「でっぷり」「でれでれ」「でかでか」「でろでろ」「でんでこ」「でっちり」

ド▶「どしどし」「どっきり」「どびゅーん」「どうどう」「どかどか」「どきどき」「どさどさ」「どぼどぼ」

§7 | 子音のトレーニング④ ナ行・マ行

▨▨ **ナ行音……ナ[na] ニ[ɲi] ヌ[nu] ネ[ne] ノ[no]**

　[n]は「有声・歯茎・鼻音」です。舌の接するところはタ行と同じですが、タ行音は破裂音、ナ行音は舌を歯ぐきにつけたまま息を鼻へ抜く鼻音になります。「ナ」は、そのまま声を出さないと、ただ鼻から息が静かにもれます。鼻に手を当て声を出して「ナ」を発音すると、声が鼻に響いて振動するのがわかるでしょう。ナ行音は鼻にこもらせないのがポイントです。ナ行のように鼻に抜いた発声は関西弁に多く見られ、全体的にやわらかい印象をもたらします。

　「ナヌネノ」と「ニ」は調音点が違い、「ニ」は硬口蓋化します。「ニャ・ニュ・ニョ」を発音して確かめてみましょう。

▨▨ **ナ行・マ行のトレーニング**

▶ 〔**ナ行のトレーニング1**〕　　　　　　　　　　　　**DISC 1｜TRACK 10**

- **ナ** 「何はなくとも名を成す」
- **ニ** 「ニラとにんにくの臭い」
- **ヌ** 「塗ったらヌルッとヌメった」
- **ネ** 「姉にカネをねだる」
- **ノ** 「ノリにのったおのぼりさん」

「ねえ、なに縫ってるの」
「何、ヌーの寝床」

▶ 〔**ナ行のトレーニング2**〕

- **ナ** 「泣きたいなら泣け」「ナイフのようなまなざし」「何が何でも夏がいい」「海原の七不思議」「波なら夏」「なんとかならないものなのか」「なし崩しに成し遂げることはない」「泣き顔なのに涙がない」

ニ 「兄さんを二度と憎まない」「二人三脚で荷造りして逃げた」「二カ国に二個の荷物」「人気者の入院中の日記」「煮込んだ肉のいい匂い」「ワニが庭から逃げた」「ニコニコ庭で荷造りに」「忍者で人気、日系人」

ヌ 「沼のぬかるみで足抜けない」「ぬかって抜けた塗り床」「濡らした絹を縫う」「ぬくぬくしたぬくもり」「ヌーッと現れたヌンチャクの主」「汗をぬぐい、濡れたシャツを脱ぐ」「ぬるぬるぬめる」「塗り薬が塗れぬよ」

ネ 「寝るに寝れない熱帯夜」「子猫と寝ころぶ親猫」「寝覚めのネスカフェ、眠れない」「ネオンの熱に猫逃げねえ」「年々きれいになる姉さん」「来年を念じながら眠る」「寝て願いが叶うなどありえねえ！」「ネイルの金をネコババ」

ノ 「のりに乗るのび太」「のんきなのにののしる」「ノスタルジックな光景が脳裏に残る」「逃れ逃れてもののあわれ」「このノート誰の？」「ノックののち覗く」「納期でノイローゼの農民」「農家でのどかにのんびりと」「のびるが伸びて野に実る」

▶ 〔ナ行のオノマトペのトレーニング〕

ナ 「なっ」「なあなあ」「なくなく」「なみなみ」「なよなよ」「なおなお」「なめなめ」「なんなん」

ニ 「にぃー」「にんまり」「にっこり」「にかにか」「にこにこ」「にゃんにゃん」「にょろにょろ」「にたにた」

ヌ 「ぬーっ」「ぬう」「ぬくぬく」「ぬけぬけ」「ぬるぬる」「ぬかぬか」「ぬめぬめ」「ぬらりくらり」

ネ 「ねっ」「ねちっ」「ねちゃ」「ねっとり」「ねんねこ」「ねとねと」「ねちねち」「ねつねつ」

ノ 「のっこり」「のぼー」「のらりくらり」「のこのこ」「のしのし」「のそのそ」「のろのろ」「のさのさ」

▨▨ マ行音……マ[ma]　ミ[mi]　ム[mu]　メ[me]　モ[mo]

　[m]は「有声・両唇・鼻音」です。唇を閉じ、軟口蓋を下げ、鼻に通し、鼻腔と口腔に共鳴する[m]を発します。そこから唇をあけて母音につなげます。鼻にも半分息を抜きます。

　[m]は両唇音なので、唇やその周辺を柔軟にしておきましょう。ブルブルブルと震わせるリップロールのトレーニング（P146）もお勧めです。唇で作る音にはパ行、バ行、「フ」や「ワ」もありますが、[m]は呼気圧が低くても済むため発せなくても出せます。

　「まま」「まんま」「まーま」など母親や食べ物につくことが多いです。「ママ」の次は「パパ」「マンマ」、そしてその次は「パイパイ」となるわけです。

両唇を用いて有声にする点で、マ行はバ行音と近いのですが、口を小さめに使います。「さびしい→さみしい」「寒い→さぶい」「無防備→ムモービ」などになりやすいので注意しましょう。「マバマビマブマベマボ」「バマバミバムバメバモ」で確認してみてください。

　また、[m]と[n]は両方とも「ンー」と鼻から音を出しますが、[m]は唇を閉じ、[n]は唇を少しあけて、舌をしっかりと上につけます。一方、ナ行はそこまでしっかりつけず、歯茎にあてます。

マ行のトレーニング

▶〔マ行のトレーニング1〕

DISC 1｜TRACK 11

- **マ** 「真っ向からまじまたいでる」
- **ミ** 「皆で水を飲みに行く」
- **ム** 「無邪気な娘に夢中」
- **メ** 「珍しいメロンを召し上がれ」
- **モ** 「もう少しモラルをもとう」

「豆にも実にも虫」

「マミーの息子のメモ」

▶〔マ行のトレーニング2〕

- **マ** 「毎日見舞いにくる舞子はん」「待ち合わせの街で待ちぼうけ」「真夜中まぶたを閉じて待つ」「孫とママのままごと」「魔女が街に舞い降りる」「今なら間に合う、まだ間に合う」「松の木で待つ小松」「前々から前歯が曲がっていた」
- **ミ** 「みんなで未来を見つけよう」「みずみずしさに魅了」「闇に水がみえる」「ミミズを見つけたミミズク」「未知なる道を見極める」「波のように満たしてみる」「耳掃除の店」「みかん、みつかん、あんみつ」
- **ム** 「無理に無心するムササビ」「紫の煙にむせぶ」「無我夢中でむしゃぶる」「昔むかしの虫かご」「無視して向こうを向くな」「向こうみずのムキムキ男」「息子は六日に婿入り」「村人のむなしい無知」
- **メ** 「名声を懸命に求める」「見つめ合う目と目」「メイドの目立った眼鏡」「メノウに目のない女狐」「迷宮で女神を愛でる」「名月に、しめしめ、しめじ飯だよ」「女々しくて面目ない」「目が覚めたら雨」

モ ▶ 「モズクとモグラをもらう」「モグサを求めて頼もう」「猛暑で、もうもうろう」「身も心も燃える」「モラトリアムも、もう終わり」「もいだ桃をもらって来い」「森の中で物語を妄想する」

▶〔マ行のオノマトペのトレーニング〕

マ ▶ 「まったり」「まあまあ」「まごまご」「まじまじ」「ますます」「まずまず」「またまた」「まだまだ」

ミ ▶ 「みーん」「みしっ」「みっちり」「みんみん」「みしみし」「みすみす」「みるみる」「みりみり」

ム ▶ 「むっくり」「むかむか」「むきむき」「むくむく」「むざむざ」「むしゃむしゃ」「むちむち」「むらむら」

メ ▶ 「めちゃくちゃ」「めっきり」「めろめろ」「めりっ」「めいめい」「めきめき」「めそめそ」「めちゃめちゃ」

モ ▶ 「もぐもぐ」「もごもご」「もそもそ」「もぞもぞ」「もたもた」「もやもや」「もりもり」「もんもん」

CHAPTER 2

発音

§8 子音のトレーニング⑤ ハ行・バ行・パ行

▨ ハ行音……ハ [ha]　ヒ [çi]　フ [φu]　ヘ [he]　ホ [ho]

「ハヘホ [h]」は「無声・声門・摩擦音」です。[h] の音は「ハー」と息を吹くときの喉音で、のどの奥を「アエオ」より狭くして出す摩擦音です。喉頭からの深い声 (喉声) ですが、「ハヘホ」は、この [h] 音と母音「アエオ」で作られます。

「ヒ [çi]」は「無声・硬口蓋・摩擦音」で、前舌と硬口蓋で作られる音です。「シ」の発音に近い口構えで、「シ」より舌の中ほどをもっと盛り上げて発する弱い摩擦音です。

「フ [φu]」は「無声・両唇・摩擦音」です。「フーフー」と吹くときに出る両唇を用いた摩擦音で、口を「ウ」よりつぼめます。英語などの [f] のように、下唇を上歯で噛んだ状態では出しません。唇で息をふるわせるのでフワッとした感じの脱力系にもなります。息が声門を通るときに出る最も早いところでの音です。早い息では強く、ゆっくりだと温かに感じます。

日本語の「フ」と [f] の違い、「ハヘホ」の [h] 音と [φ] 音の違いも確かめましょう。「ヒ」は「ヒャヒヒュヒェヒョ」、「フ」は「ファフィフフェフォ」の仲間です。なお、「ヒ」とシは調音点が近いため混同しやすく、「日比谷」と「渋谷」、「質店」などは、よく聞き間違えます (地域によってヒとシを逆に発音するところもあります)。「ヒシシヒヒシヒシ」「シヒヒシシヒシヒ」も声に出して確認しましょう。また、「ヒ」を両唇をまるめて「フィ」のように発音しないように注意してください。「ヒフィフィヒフィヒフィヒ」「フィヒヒフィヒフィヒフィ」も確認してみましょう。ハ行は息声、息逃げでパワーダウンするので注意しましょう。母音よりも息が速いです。

▨ バ行音……バ [ba]　ビ [bi]　ブ [bu]　ベ [be]　ボ [bo]

「バ」の [b] は「有声・両唇・破裂音」です。唇を閉じ、軟口蓋を上げて鼻へ抜かず、唇で出す弱い破裂音です。語頭では強く感じても、語中での [b] は唇がわずかに接するかどうかくらいで、ほとんど摩擦音に近くなります。「ウー」と発音しながら、だんだん両唇を近づけてみると出る音が「ブ」です。

▨▨ パ行……パ [pa]　ピ [pi]　プ [pu]　ペ [pe]　ポ [po]

「パ」の [p] は「無声・両唇・破裂音」です。外来語やオノマトペ (パタパタ、ピカピカなど) とともに使います。「プ」と「フ」は共に唇で発音しますが、「プ」は唇がいったん完全に閉じ瞬時に息が流れ出て、「フ」は少し開いたまま息を流し続けます。

「バ」は最初から音になります。「パ」は最初は音にならず、「ア」のときに音になります。のどぼとけに指を当てると、「バ」はすぐ振動し、「パ」は遅れて振動することがわかるでしょう。つまり、「バ」は声を伴う子音 (有声子音) で「パ」は声を伴わない子音 (無声子音) です。「バパパパパパパパパ」「パパパパパパパパパ」で確認してみてください。

▨▨ ハ行・バ行・パ行のトレーニング

▶ 〔ハ行のトレーニング1〕

DISC 1 | TRACK 12

- ハ　「離れてはっと知る母心」
- ヒ　「秘密のヒントを一つ引き出す」
- フ　「風船を吹いてふくらます」
- ヘ　「下手でも変でも平気のへいざ」
- ホ　「"ほっほっほっ" とほほえむ」

「派兵が被弾で訃報」

「惚れたハーフの人へ」

▶ 〔バ行のトレーニング〕

DISC 1 | TRACK 13

- バ　「バカバカしい場面」
- ビ　「美男美人美女」
- ブ　「ブスブタブ男」
- ベ　「べっぴん便秘で便がでん」
- ポ　「ボンボンの坊や」

「バビーとボブがベースボール」

▶〔パ行のトレーニング〕

パ　「パパのパスポート」

ピ　「ぴったしでぴかぴか」

プ　「プータローのプーさんのプー」

ペ　「ペラペラのペーパー」

ポ　「ポリバケツに鳩ぽっぽ」

「ポプリがパパにピッタシぺったん」

▶〔ハ行のトレーニング２〕

ハ　「はらはらと泣く花屋さん」「歯は早く歯医者に」「果てしなく破壊された廃墟」「羽根をはがされた羽アリ」「離れて気づく母心」「蜂に刺されて鼻はれた」「箱を博物館へ運ぶ」「華やかではかない花火」

ヒ　「ひたすら、ひたむき、その日まで」「一人ひとりのひつまぶし」「昼間は一人で暇」「日に日に日が短い」「光る瞳に惹かれる」「ひらめき、開き直り、引きつる」「広い額の人にひるむ」「昼寝する人に昼飯広げる人」

フ　「不平不満がふくらむ」「震える二人が再び触れる」「二日酔いでふらふらだ」「不意にふらりと振り返る」「不利なふりする不信な男」「不快不安が心をふさぐ」「工夫した豆腐のフライ」「不幸に不用意なふつつかもの」

ヘ　「へとへとにへたばる」「平気で塀をへこます」「ヘリウムの変化量に辟易する」「平然と変な返事する」「変身のヘタなへび」「兵器のない平和に変化」「ヘラヘラとへまする兵隊」

ホ　「本を翻訳したのは本当？」「微笑みはホホホと」「放り投げたボールは、ほらホームラン」「法師の奉仕を報道した」「掘る方法」「ほんならほんまにほかいけや」「放課後に放火したホシ」「本物のほたるが欲しい」「頬のほてりは惚れてる証拠」

● 〔ハ行のオノマトペのトレーニング〕

ハ 「はっ」「ははは」「ははっ」「はったり」「はればれ」「はいはい」「はきはき」「はろはろ」

ヒ 「ひゃっ」「ひゃらひゃら」「ひょうひょう」「ひょこひょこ」「ひしひし」「ひそひそ」「ひゅるひゅる」「ひりひり」

フ 「ふっくら」「ふかふか」「ふがふが」「ふうふう」「ふにゃふにゃ」「ふらふら」「ふわふわ」「ふわりふわり」

ヘ 「へい」「へっ」「へへへ」「へー」「へこへこ」「へなへな」「へらへら」「へろへろ」

ホ 「ほう」「ほいほい」「ほっこり」「ほってり」「ほくほく」「ほらほら」「ほろほろ」「ほんのり」

● 〔バ行のオノマトペのトレーニング〕

バ 「ばしっ」「ばたん」「ばっさり」「ばきばき」「ばしばし」「ばしゃばしゃ」「ばたばた」「ばらばら」

ビ 「びっしり」「びしょびしょ」「びゅーびゅー」「びりびり」「びちょびちょ」「びっしょり」「びゅーん」「びゅんびゅん」

ブ 「ぶーぶー」「ぶらり」「ぶいぶい」「ぶかぶか」「ぶくぶく」「ぶよぶよ」「ぶらぶら」「ぶるんぶるん」

ベ 「べちゃくちゃ」「べたべた」「べちゃべちゃ」「べちょべちょ」「べとべと」「べらべら」「べろべろ」「べこべこ」

ボ 「ぼーっ」「ぼかすか」「ぼたっ」「ぼそぼそ」「ぼちぼち」「ぼてぼて」「ぼやぼや」「ぼりぼり」

● 〔パ行のオノマトペのトレーニング〕

パ 「ぱくっ」「ぱたり」「ぱちっ」「ぱらり」「ぱかぱか」「ぱくぱく」「ぱたぱた」「ぱらぱら」

ピ 「ぴーひゃら」「ぴかっ」「ぴくっ」「ぴたっ」「ぴりぴり」「ぴいぴい」「ぴょこぴょこ」「ぴよぴよ」

プ 「ぷかり」「ぷっつり」「ぷっつん」「ぷかぷか」「ぷちぷち」「ぷんぷん」「ぷよぷよ」「ぷりぷり」

ペ 「ぺっ」「ぺたぺた」「ぺらぺら」「ぺろぺろ」「ぺちゃぺちゃ」「ぺんぺん」「ぺしゃん」「ぺちょっ」

ポ 「ぽーん」「ぽとり」「ぽっくり」「ぽろり」「ぽかぽか」「ぽきぽき」「ぽたぽた」「ぽろぽろ」

§9 子音のトレーニング⑥ ヤ行・ラ行・ワ行

▨ ヤ行音……ヤ[ja] イ[i] ユ[ju] エ[e] ヨ[jo]

　[j]は「有声・硬口蓋・接近音」です（ジャ、ジュ、ジョでなくヤ、ユ、ヨになる）。[j]の音は、[ʒ]の音と同じ口構えで、中舌を硬口蓋に近づけて出しますが、[ʒ]が無声音です。また、[j]は半母音（半子音）です。「ヤユヨ」は、「イア」「イウ」「イオ」のように「イ」の口の形をして、「アウオ」を発音してみましょう。力が入ると「横浜」が「ィヨコハマ」のように、さらに粘っこくなります。そのため「イユヨ」が混用されています。例えば、「行く」は「ユク」「イク」、「良い」は「ヨイ」「イイ」のように、どちらも認められています。

▨ ヤ行のトレーニング

▶〔ヤ行のトレーニング1〕

DISC 1 | TRACK 15

ヤ　「約束を破るのはやめよう」

ユ　「夕べの愉快な夢を云う」

ヨ　「夜中によろける酔っぱらい」

「やい、髪を結えよ」

「家は湯屋だよ」

▶〔ヤ行のトレーニング2〕

ヤ　「深夜の山はやばい」「闇の優しさに安らぐ」「奴らと野球をやる」「やかんや野菜」「約束を破るのやめた」「夜勤を辞めた奴」「安い八百屋が休み」「やっかいな安物のかや」

ユ　「夕べの夢の行方」「勇気と夢をもって歩む」「ユリがゆらゆら」「湯上がり、雪で湯冷めする」「夕方、誘拐の夢をみた」「悠々自適で優雅なゆとり」「憂鬱は優柔を誘発する」「ゆりかごをゆっくりと揺らす」

ヨ　「用心してヨットを寄せる」「よそよそしさを装う嫁」「酔うとよろよろ」「ようやく汚れとれたよ」「陽気な妖精との夜よ」「夜な夜なヨーグルトを食べる」「予期せぬ欲望に酔う土曜」

◉〔ヤ行のオノマトペのトレーニング〕

ヤ▶「やわやわ」「やりやり」「やんわり」「やあやあ」「やいやい」「やいのやいの」「やすやす」「やれやれ」

ユ▶「ゆっくり」「ゆったり」「ゆくゆく」「ゆらゆら」「ゆらりゆらり」「ゆさゆさ」「ゆめゆめ」「ゆうゆう」

ヨ▶「ようよう」「よしよし」「よたよた」「よちよち」「よなよな」「よぼよぼ」「よろよろ」「よれよれ」

▨ **ラ行音……ラ[ra] リ[ri] ル[ru] レ[re] ロ[ro]**

[r]は「有声・歯茎・弾音」です。ラ行音は日本人にとってはなかなか難しい音で、幾つかのパターンがあります。

― r 「ホラッ！」と言うときに、はじくように聞こえる弾音。軽く歯と歯ぐきの境目のあたりに舌をはじくようにつけます。はじくところは前から「ル・レ・ラ・ロ・リ」の順です。語中や語尾によく表れます（空、くり、晴れ、風呂など）

― r 「ブルンブルン」などと言うときの強い震え音。舌を数回アタックするように震わせます。巻き舌で話すときの音です。この巻き舌のラ行は共通語では用いないのが普通です。東京の下町や大阪の郊外でみられるドスのきいた音です

― l 英語の「L」のような発音で、前もって舌先が歯ぐきに触れていて跳ねる音です。語頭に多く用いられます。「ラジオ」「ロボット」「リズム」「レモン」「ルビー」など。「リ」は硬口蓋化します。ちなみに英語の「L」は舌先を歯茎に付けて発し、「R」は唇を丸め舌先を口蓋につけず、口先で発します。ラ行はべらんめい調にならないように注意しましょう

　ダ行音とラ行音の違いは、舌の上あごへの接し方です。ダ行音は、舌のまわりが上あごのほぼ全部の歯ぐきにベタっと密着し、舌のつけ根に近いほうが上奥歯に触れます。一方、ラ行音は舌の先のほうは前のほうの歯ぐきに触れますが、舌の側面部は、上奥歯ぐきの両面には接触せずに、その間にすき間ができます。この舌の接し方に個人差があり、側面のすき間のでき具合で「ラ」と「ダ」の混同が生じます。日本語の「ラ」は「L」「R」より、「b」「d」に近いのです。そのため、外国人の発する「江戸」が、「エロ」となることもあります。

CHAPTER 2　発音

▨▨▨ ラ行のトレーニング

▶〔ラ行のトレーニング1〕

DISC 1 | TRACK 16

ラ 「春うらら、さらさらの浦（うら）」

リ 「律儀な隣人の義理」

ル 「ベルがうるさく鳴る」

レ 「練習すれば慣れる」

ロ 「広い風呂に入ろう」

「ラリってもロレツまわる」

「ルリ色の花とられる」

▶〔ラ行のトレーニング2〕

ラ 「ラム酒をラッパ飲みしてラリった」「ラクダなら楽々だ」「来日したフランスのオペラ」「楽々ラーメンたいらげる」「ライブのラストはラブソング」「桜は暗いときに開く」「皿を洗うのはつらい」「ラベンダーとバラの快楽」

リ 「リリカルな輪郭と彩り」「リムジンで林道を乗り回す」「リュックのまわりのリス」「リリー・マルレーン、リクエスト」「立派なリンゴをありがとう」「理想を力説するリーダー」「漁師の料理が立派」「力士の立候補いりません」

ル 「ルージュの光る唇」「ルール破りのルール」「ルーマニアでルンペンにルビーをすられる」「ルーキーは、留守で落涙する」「瑠璃色でルンルン」「涙腺がはれるほど泣ける」「投げる走るも攻めるが肝心」「くるくるまわる瑠璃色のボール」

レ 「連日連夜、レースする」「冷血に冷笑する麗人」「レアチーズにレモンを入れる」「レシピを例にそれを絞れ」「連日レコードで練習」「彼は熱烈で華麗、でも冷淡」「レンガづくりの歴史的レストラン」「連絡くれなきゃ行かれない」

ロ 「ロスでロックンロール」「ロバをロープで縛ろう」「浪曲を六曲録音する」「ろくな蝋燭がそろわない」「いろいろあっても終わりはよかろう」「ロザリオを持つ牢屋の老人」「色鮮やかな摩天楼を見下ろす」「路地をうろついていろ」

▶ 〔ラ行のオノマトペのトレーニング〕

ラ	「らったったっ」「らくらく」「らんらん」「らんらんらん」
リ	「りーん」「りんりん」「りゅーりゅー」「りーんりーん」
ル	「るるるる」「るんるん」「るいるい」「るるる」
レ	「れろれろ」「れいれい」「れきれき」「れんれん」
ロ	「ろーん」「ろうろう」「ろれろれ」「ろくろく」

▨ ワ行音……ワ[wa]　イ[i]　ウ[u]　エ[e]　ヲ[o]

　[w]は「有声・両唇軟口蓋・接近音」です。口構えを「ウ[u]」に近い形にして発する両唇摩擦音ですが、英語の発音ほど両唇を近づけません。

　ワ行の「イウエヲ」は現在ではア行音と同じ音になっていて、「ワ[wa]」だけが違う発音です。昔は「ウィ」「ウェ」「ウォ」の音があり、地域によってはそうした発音が残っています。共通語の場合、表記は「ヲ」でも発音は「オ」と同じです。

▨ ワ行のトレーニング

▶ 〔ワ行のトレーニング1〕

DISC 1 ｜ TRACK 17

| ワ | 「わがままな私が悪い」 |

「ワンマンなルールでレトロなラリー」

▶ 〔ワ行のトレーニング2〕

| ワ | 「ワインに渇きを忘れる」「私忘れてはいないわ」「我を忘れて賄賂を受けた」「わいわいうるさいワイドショー」「私、わかめ買い忘れた」「わがままなわしが悪いわ」「笑いながら別れをかわす」「忘れられない脇役の笑い声」 |

▶ 〔ワ行のオノマトペのトレーニング〕

| ワ | 「わっ」「わーん」「わいわい」「わくわく」「わっしょい」「わなわな」「わんわん」「わちゃわちゃ」 |

CHAPTER 2

発音

§10 | 拗音・撥音・促音などの発音トレーニング

拗音……「ャ・ュ・ョ」

「カ[ka]」に対して「キャ」という音があります。音韻論的には、「キャ」は[ka]の中に半母音[j]が挟まって[kja]という拍(音節)になっているとも考えられます。このように「子音+母音」の拍(これを直音といいます)に対して、半母音が入った拍を「拗音」と呼びます。

拗音は音声学的にみると、[k][g][ŋ][b][p][m][r]が、半母音[j]を経て母音[a][u][o]につながる音であり、その他は[ʃ][ʒ][dʒ][tʃ][ɲ][ç]に母音[a][u][o]が付いたものです。「千住(センジュ)」「手術(シュジツ)」「新宿(シンジク)」などのように、拗音なのに拗音でない発音になることもあります。

▶〔拗音のトレーニング〕

音源は DISC 1 | TRACK 01 に収録されています。

①キャキュキョ[k]　ギャギュギョ[g]　ギ゚ャギ゚ュギ゚ョ[ŋ]
②シャシュショ[ʃ]　ジャジュジョ[ʒ][dʒ]　ヂャヂュヂョ[dʒ]
③チャチュチョ[tʃ]　ニャニュニョ[ɲ]
④ヒャヒュヒョ[ç]　ビャビュビョ[b]　ピャピュピョ[p]
⑤ミャミュミョ[m]　リャリュリョ[r]

撥音……ン[m][n][ŋ][N]

[n]は「有声・歯茎・鼻音」です。撥音は両唇や舌などで口からの呼気の出口を閉じ、鼻腔へ逃がす音です。

文字は同じ「ン」で表記しますが、後にくることばによって音は違います。原則として、「ン」の後に[p][b][m]の両唇音がくる場合は[m]の音。あとに[t][d][n][r]などの歯ぐきと舌先を使う音がくるときは[n]の音。後に[k][g][ŋ](鼻濁音)など軟口蓋と後舌で作る音がくる場合は[ŋ]の音になります。

[s][a][o][u][w][i][e][ʃ][j]などの音の前にある「ン」は聞き取りにくいので、はっきり

と出すようにしましょう。「繊維」「官位」など「ン」のあとに「い」がくると難しくなります。
　原則は下記のようになります。

－1　「ン」の後に[p][b][m]の両唇音がくる場合は、両唇鼻音[m]の音。「乾杯」「憲法」など
－2　「ン」の後に[t][d][n][r]などの歯ぐきと舌先を使う音がくる場合は、歯茎鼻音[n]の音。「簡単」「残念」など
－3　「ン」の後に[k][g][ŋ]（鼻濁音）など軟口蓋と後舌で作る音がくる場合は、軟口蓋鼻音[ŋ]の音。「観光」「演劇」など
－4　「ン」のあとに母音、ヤ行、ワ行、サ行、「ハ」、「ヒ」、「ヘ」がくる場合は、軟口蓋鼻音[ŋ]。「恋愛」「関心」など
－5　「ン」を語尾におくと[N]の音。「不良品」など

▶ 〔撥音のトレーニング〕　　　　　　　　　　　　　　DISC 1 | TRACK 18

①「先輩、先頭でガンガンどなる」
②「仙台の新聞に宣伝した」
③「連盟は混雑の中散会した」

▨ 促音……「っ」

　小さい「っ」を使って表記します。その後に続く音を発する口構えのまま1拍分、息をこらえ、声では出しません。1拍休むわけです。そして、次の音を強い息で出します。つまる音で圧迫した声の出し方で日本語の特徴の一つです。
　「ガッカリ」は[k]の口構え、「ヤッパリ」は[p]の口構えとなります。いつも小さい「ッ」の発音が伴うとは限りません。促音が小さい「ッ」で表記されるため、本来促音でないものが、促音のように間違って発音されるケースもあります。例えば、「カムチャツカ（×カムチャッカ）」「かつて（×かって）」「トロツキー（×トロッキー）」などです。

▶ 〔促音のトレーニング〕　　　　　　　　　　　　　　DISC 1 | TRACK 19

①「やっぱり」
②「がっかり」
③「やっただけでおわった」

長音……「ー」

1拍分、前の母音を伸ばします。引く音と言います。

▶ 〔長音のトレーニング〕

DISC 1 | TRACK 20

① 「オートボートのレースのコース」
② 「コーヒー」
③ 「キーボード」
④ 「父さん」
⑤ 「母さん」
⑥ 「兄さん」
⑦ 「姉さん」
⑧ 「経営」
⑨ 「放送」
⑩ 「予想」
⑪ 「姿勢」

NOTE

3

ことば

§1 | アクセント ～日本語は高低アクセント

共通語とアクセント

日本語のことばを正しく伝えるためには、発音のほかに高低アクセントが重要です。関東では、「橋」は「低—高」、「箸」は「高—低」と発音します。関西では逆です。方言は方言として、その良さは捨て難いのですが、公の場で表現するときには、共通語のアクセントが求められます。そこで共通語として、東京のアクセントを主体に解説していきます。

高低アクセント

日本語は、一つ一つのことばに、どこを高く発音し、どこを低く発音するかという決まりがあります。この決まりを「高低アクセント」と言います。ここでは高い部分をカタカナ、低い部分をひらがなで表記していきます。「はし」の場合は「ハ」を高く、「し」を低く発音すると、箸の「ハし」となります。「は」を低く、「シ」を高く発音すると、「端」か「橋」の「はシ」という具合です。

この「端」と「橋」も助詞の「が」を付けると区別できます。「端」のアクセントは「はシ」の下に助詞の「が」を付けて、「はシガ」となり、「シ」と「ガ」が同じ高さで発音されます。一方、「橋」のアクセントは助詞の「が」を付けると、「はシが」となり、「シ」が高く、「が」が低く発音されます。

▶ [高低アクセントのトレーニング 1]　DISC 1 | TRACK 21

① 「雨（アめ）・飴（あメ）」
② 「去る（サる）」
③ 「きれいだ（キれいだ）」
④ 「寒い（サムい）」
⑤ 「赤い（あカイ）」
⑥ 「行く（いク）」
⑦ 「さて（サて）」
⑧ 「それでは（ソレデは）」

CHAPTER 3

ことば

▶ 〔高低アクセントのトレーニング2〕

① 「足袋 (タび)・旅 (たビ)」
② 「二時 (二じ)・虹 (にジ)」
③ 「石 (いシ)・医師、意志 (イし)」
④ 「都市 (トし)・年 (とシ)」
⑤ 「咳 (セキ)・席 (せき)」
⑥ 「電気 (でんき)・伝記 (でンキ)」
⑦ 「神 (カみ)・紙、髪 (かミ)」
⑧ 「朝 (アさ)・麻 (あサ)」

▨▨▨ 日本語の高低アクセントの特徴

日本語の高低アクセントには下に挙げたような特徴があります。

－1 　2拍では「低高」か「高低」のいずれかのみで、「低低」や「高高」はなく、「高低高」にも
　　　なりません。「高低高」にならないのは、「高－低高」や「高低－高」の組み合わせは、2
　　　つのことばに聞こえるので、2語に分けられてしまうからでしょう

－2 　3拍では、「高低低 (ミどり)」「低高低 (おカし)」「低高高 (さクラ)」のいずれかになります。
　　　「高高高」「低低低」「高低高」「低低高」はありません。日本語は、1拍目が「高」なら2拍
　　　目は「低」、1拍目が「低」なら2拍目は「高」しかないのです。つまり、高から低になっ
　　　たら、もう高にはなりません。また「高低高」がないのは、「低」から「高」になったら新
　　　しい単語となって、分けられるからです

－3 　4拍では、「高低低低」「低高高低」「低高低低」「低高高高」のいずれかの組み合わせにな
　　　ります

▶ 〔高低アクセントのトレーニング3〕

● 平板型 (低高高／低くならない)
　　「葉が (はガ)」「鼻が (はナガ)」「日が (ひガ)」「桜が (さクラガ)」「鳥が (とリガ)」「水が (みズ
　　ガ)」「私が (ワタシガ)」「友達が (とモダチガ)」「赤ん坊が (あカンボウガ)」「花王 (かオウ)」「神
　　田 (かンダ)」「らくだ (らクダ)」
● 尾高型 (低高高［低］／助詞が低くなる)
　　「花が (はナが)」「妹が (いモウトが)」「休みが (やスミが)」「男が (おトコが)」「山が (やマが)」
　　「案内書が (アンナイショが)」

● 頭高型（高低低［低］／２拍目で低くなる）

　「木が（キが）」「火が（ヒが）」「姉さんが（ネえさんが）」「緑が（ミどりが）」「春が（ハるが）」

● 中高型（低高低［低］／途中で高くなる）

　「お菓子が（おカしが）」「湖が（みズウみが）」「日本人が（にホンじんが）」「土曜日が（どヨうびが）」

▶〔高低アクセントのトレーニング４〕
DISC 1 | TRACK 24

● 頭高型と尾高型

　「朝（アさ）：麻（あさ）」「アナ（アな）：穴（あナ）」「籍（セき）：咳（せキ）」「足袋（タび）：旅（たビ）」「tuna（ツな）：綱（つナ）」「鶴（ツる）：蔓（つル）」「都市（トし）：歳（とシ）」「約（ヤく）：訳（やク）」

以下に日本語アクセントの型を掲載しておきます。

▶〔日本語アクセントの型〕

音節 型		一音節	二音節	三音節
平板式 | 平板型		ハ 葉	はシ 端	つクエ 机
起状式	頭高型		ハし 箸	ツばき 椿
	中高型			さカい 境
	尾高型		はシ 橋	おんナ 女

高低アクセントと強弱アクセント

　アクセントのつけ方には、音の強弱、長短、高低などの種類があります。英語では、どれかの音節を強く発音する強弱アクセント（Stress accent／Dynamic accent）が主ですが、日本語は高低アクセント（Pitch accent／Musical accent）が中心です。外国人の話す日本語が「おはよ　ござます」となりがちなのは、強弱で聞いてとらえているからです。逆に日本人は、英語を発音する際、すべての子音に母音をつけがちです。例えば、「splinkles」を「スプリンクルス」とカタカナ読みしてしまうわけです。

§2 イントネーション ～ことばの調子、抑揚

イントネーションとは

　日常の話しことばでは、文の終わりが上がると疑問調、下がると断定や確認の意味になります。このことばの音の高さ（ピッチ）の上がり下がりを、「イントネーション」といいます。これには音調、語調、声の高低の変化なども含まれます。イントネーションの付け方によっては、ことばを省略したり、言外に多くの意味を伝えたりすることもあります。イントネーションは「告知」「断定」「問いかけ」「念押し」などの表現となります。ことばの意味するニュアンスを感じとることができれば、ことばの一つ一つに情感が入るような表現ができるようになります。こういった音に、声を動かす快さをとらえていくようにしてみてください。

▶［イントネーションのトレーニング］　　DISC 1 | TRACK 25

　声の調子の上がるときを「昇調」、下がるときを「降調」、平坦な調子を「平調」といいます。実際には、これらの組み合わせで使われます。

● 降調 (↘) と昇調 (↗)：
　「いく！(↘) → いく？(いくのですか？)(↗)」
　「だめ？(↗) → だめ！(だめだ！)(↘)」

● 降調 (↘)：
　「ええ」「はい」「よし」…………………… 肯定
　「こい」「行け」「やめろ」………………… 命令
　「何」「誰」「なぜ」「誰に言ったの」……… 疑問形（ただし、親しい気持ちが入るときは、半疑問となり昇調になる）

● 昇調 (↗)：
　「君、出かけるのかい (↗)、雨なのに」… 次の語句を導くとき、段落をつけるとき
　「君 (↗)　入りなさい」…………………… 呼びかけの語が先にくるとき
　「入りなさい、君 (↘)」…………………… 呼びかけの語が後にくるときは降調

▶ 〔イントネーションで意味を変えるトレーニング〕 DISC 1 | TRACK 26

次の表現を言い分けてみましょう。( )をつけたところの変化に気を配ってみましょう。

「お天気ではないの」

①「おてんきではないの」 …… 雨は降りそうにない（肯定／反語）

②「おてんきではないの？」 … 雨ってこと？（疑い）

③「おてんきではないの！」 … 雨が降っているではないか（否定）

HINT アクセントとイントネーション

アクセントは、一つの語につき強弱や高低のつけ方が決まっています。しかし、イントネーションはことばを使っている人の状況によって変わります。表現をより的確にしっかりと伝えるために欠かせません。日本語では、イントネーションもアクセントと同じく高低です。多くの場合、イントネーションは、アクセントの高低関係に影響を及ばさないのですが、語尾においてはアクセントを変えることもあります。

---

§3 | プロミネンス ～強調

▨▨ プロミネンスとは

「プロミネンス」とは、表現を相手に強調してはっきりと伝えることです。ことばのすべてを強く言うと均等化されて、どれも目立たなくなります。そこで特に意味を持つ大切なことばだけを強調します。ただ、強調したために発音が不明瞭になったり、何を言ったのかわからなくなるようでは本末転倒です。また、強調というと大きく高くしがちですが、そればかりが強調ではありません。結果的に、ある語がしっかりと伝わるようにするのがプロミネンスですから、いろんな方法があります。

▶ ［プロミネンスのトレーニング１］　　　　DISC 1 | TRACK 27

次の場合、どの語を強調したら良いのかを考えてみましょう。①から④の疑問に応じて、強調することばが違ってきます。

「私は、あさって、東京駅に、母を迎えにいきます」
①誰が行くのですか？　………「私は」
②いつ、行くのですか？　……「あさって」
③どこに行くのですか？　……「東京駅に」
④何をしに行くのですか？　…「母を迎えに」

●強める以外の方法
強く言う以外に、次のような方法もあります。

－１　前後を弱く言う
－２　前や後に間をとる
－３　長くする
－４　ゆっくり太く低くする
－５　明瞭にする

－6 くり返す

－7 表情やしぐさを変える

　プロミネンスとは、強アクセントとは違い意味を強めるということです。どこにプロミネンスを置くかで、意味が変わってくる場合もあります。わかりやすくするために、強さとしては強く、テンポはゆっくりと、間をあけて言うことが多いと言えます。

▶ 〔プロミネンスのトレーニング2〕

DISC 1 | TRACK 28

　指示したことばの意味を際立たせる気持ちを込めて言ってみましょう。

●低く、弱くする

　次の [ ] のことばを、低く弱く小さな声にしてみましょう。

①「いつのまにか　[ふわっと]　浮きあがったのです」

②「これからは　[ゆったりと]　過ごしましょう」

●長く伸ばす

　1つの音を長く伸ばすと、そのことばの意味が強調されます。「ー」の付いたことばを長く伸ばしましょう。

①「そーんな　おかしなことがあるはずがないだろう」

②「食べものはまだまだ　たーっぷりと　あります」

●速くする

　次の [ ] のことばを早口で強く言ってみましょう。

①「彼の言ったことが　[本当に]　なった」

②「私が　[何でも]　できるわけがないでしょう」

●[ ] のことばをゆっくりにする、間をあける

　好きなところをゆっくりにしたり、間をとって言ってみてもいいでしょう。

①「誰が [そんな] ひどいことを言ったのでしょう」

②「[それなら] 私にも考えがあります」

▶〔声の調子に変化を持たせるトレーニング〕

　強調する部分を変えることによって、ことばに抑揚を付け、感情を使い分けるトレーニングをしてみましょう。[ ]のことばを強く言ってみてください。

① 「[あなたが]　話していた　去年の　あの台風」

② 「あなたが　[話していた]　去年の　あの台風」

③ 「あなたが　話していた　[去年の]あの台風」

④ 「あなたが　話していた　去年の　[あの台風]」

プロミネンスの応用

　プロミネンスは、相手が聞きたいところや聞き間違えられやすいところに置きます。しかし、次に来るところに注意させ、前ぶれの強調に使うこともあります。例えば、「いいですか」「もし（ですね）」などです。また、言外の意味を持たせて、反語的に使うこともあります。「決まったというわけではないのです」といった言い回しです。

CHAPTER 3

ことば

§4 | 滑舌 ～早口ことば

アーティキュレーションとは

アーティキュレーションとは、音の切り方、次の音との続け方のことです。一言でいえば「歯切れを良くする」ということになります。滑舌よく、舌がもつれないで、ことばがスラスラと出てくるようになりましょう。これには発音の正確さに加え、その声自体の伝わりやすさ、聞きやすさも含まれます。表情や舌や唇なども発音とともに大げさに動かしておくとよいでしょう。

声の高低、強弱、メリハリ、テンポ（ペース）を考える

聞き手は、リズムや歯切れといった心地よさを求めています。どんなに良い声でも、単調に続くと眠くなったり飽きたりしてしまいます。そのために、伝え方にも内容をふまえての新鮮さやパワー、変化といった工夫を、タイミングよく入れていきましょう。

気持ちの良いこととインパクトがバランスよく整うと、聞きやすくなります。つまり、聞き手に聞く努力を強いずに、スーッと耳に入りやすくなるのです。そのためには伝えることのトータルのイメージをはっきりさせ、一語一音をきちんと処理できることが必要です。

ちなみに、アーティキュレーションは「歯切れ」「滑舌」とも訳し、他にも「明瞭な発音」「表現」「調音」「言語音（子音）」などといった意味があります。音楽でも使われます。

▶ ［早口ことばのトレーニング］ `DISC 1 | TRACK 29〜47`

最初はゆっくり、はっきりとていねいに発音しましょう。あご、唇、舌などの発声器官を柔軟にします。そして、少しずつ速くしていきます。毎回、時間を計ってみるのもよいでしょう。なお、音源には以下の中から、難しいものを選んで収録しました。文末にトラック番号を記しています。

ア あら、また、あかいはたがあがった、かった、かった、あかがかった。 `TRACK 29`

イ いちり、にり、しちり、いちにちに、ぎりぎり、しちり、いった。 `TRACK 30`

ウ 歌うたいが歌うたいに来て歌うたえというが、歌うたいが歌うたうだけうたい切れば、歌うたうけれども、歌うたいだけうたい切れないから歌うたわぬ。 `TRACK 31`

エ 蝦夷で暮すも一生、江戸で暮すも一生。 `TRACK 32`

オ 老いては負うた子に教えられ。 `TRACK 33`

カ 神田鍛冶町の角の乾物屋の勝栗買ったが、固くて噛めない、返しに行ったら、勘兵衛のかみさんが帰ってきて、かんしゃく起して、かりかりかんだら、かりかり噛めた。 `TRACK 34`

キ 菊桐菊桐三菊桐、合わせて菊桐六菊桐。 `TRACK 35`

ク くりくり坊主が栗食って、くりくり舞をくりかえし、くるりと庫裡へくり込んだ。

ケ 怪我負け、怪我勝ち、大怪我、小怪我。

コ 小卵大卵、大卵小卵。

サ 笹原さん、佐々木さん、佐々三郎さん、三人早速あさって誘ってさしあげましょう。 `TRACK 36`

シ 信州信濃渋井村、新家の重さんの尻にしらみが四匹しがみついて死んだ。 `TRACK 37`

ス 住吉のすみにすずめが巣をくって、巣早すずめの巣立ちするらん。

セ 浅草寺の千手観音、専念千日千遍拝んで、千束町で煎餅買って千食べた。

ソ そんじょそこらのそばかす小僧が、そちをそしって逃げたとしても、そちはそれほど、そっとこらえてそしらぬ顔とは感心だ。

タ この竹垣に竹立てかけたのは、竹たてかけたかったから、竹立てかけたのです。 `TRACK 38`

チ 茶たばこのんでたばこ茶のむ、茶たばこたばこ茶々たばこ、のむ。 `TRACK 39`

ツ つるてんつるてんはぎわらてん、破れた前だれあてててん、夏は寒天心太、島島弁天手をうちゃ合点、一天合中六天、それで私のもとでこてん。

テ テレピン油を掌にたらして手と手でもんでおてんてんへつけて見ろ。

ト とてちてた、とてちて、とてちて、とてちてた、おっと踊った。とんつつ、とんつつ、ととんつつ、どんたく踊りをおどろうぞ。

ナ 長持の上に、生米、生麦、生卵。なた豆七つぶ生米七つぶ、七つぶなた豆。七つぶ生米。 `TRACK 40`

ニ 二条西の洞院、西入人形屋の二階で、鶏が二羽、西向いて逃げた。 `TRACK 41`

ヌ 盗人と濡衣担い、悩みぬぐえず、七日七晩泣きぬれる。

ネ 年々ふえる年祖捻出、なんとかならぬか泣言ならべた。

ノ 農商務省特許局日本銀行国庫局。 TRACK 42

ハ パイプの火の不始末から火花ふいて、本家分家を灰にした。

ヒ かえるひょこひょこ三ひょこひょこ、四ひょこひょこ、五ひょこひょこ、六ひょこひょこ、七ひょこひょこ、八ひょこひょこ、九ひょこひょこ、十ひょこひょこ。

フ 武具馬具、武具馬具、三武具馬具、合わせて武具馬具六武具馬具。

ベ 家の牛こは良い牛こ、隣の牛こも良い牛こ、向こうの牛こも良い牛こ、三つ合わせて三良い三牛こ。

ホ 坊主の貧乏、非常にふびんと坊主と坊主の父母が、奉仕と募金。

マ 青巻紙赤巻紙黄巻紙、黄巻紙赤巻紙青巻紙、長巻紙に赤巻紙。 TRACK 43

ミ 猫が拝みゃがる、犬が拝みゃがる、馬が拝みゃがる。 TRACK 44

ム 麦ごみ麦ごみ三麦ごみ、合わせて麦ごみ六麦ごみ。 TRACK 45

メ ちょっと流し目したら、目くじら立てて怒られて、ひどい目に会った。

モ すももも桃ももう熟れたから、もう売れよう。

ヤ おやおや、八百屋さん、お綾は親とお湯屋よ。 TRACK 46

ユ 湯河原に遊びに行って夕月を眺めたら、愉快になった。

ヨ 居合の用意は良いな。用意はいいよ。良い良い。やあやあ、いよいよ居合をやるぞ。

ラ 雷鳥は寒かろラリルレロ。

リ 瓜売りが瓜売りに出て瓜売れず売り売り帰る瓜売りの声。 TRACK 47

ル 虎をとるなら、虎をとるより鳥をとり、鳥をおとりに虎をとれ。

レ 冷蔵庫から、冷凍料理を出してこいと言ったら、冷蔵庫から冷凍料理を出さないで、冷蔵庫からビール出してラッパのみした。

ロ とろろ芋をとる苦労より、とろろ芋からとろっとするとろろ汁をとる苦労。

ワ 笑わば笑え、わらわは、笑われるいわれはないわえ。

§5 間とリズム ～ポーズを最大に活かそう

間とは

　音声がないところを「間」といいます。まず、間のない読み方をしてみてください。「、」も「。」も抜かし、どんどん読むのです。どんなに饒舌でも続きません。聞いているほうは疲れてしまうでしょう。そして早口に聞こえます。間は短すぎても長すぎてもいけません。状況に応じて選択しなくてはいけないのです。間をおくにも慣れとセンスが必要です。緩急、強弱といったメリハリの中での一方の極が、間であるといえます。間では声を出さないのですから、緩急によるメリハリの中で最大のメリハリといえます。時間、空間、そして、人間、すべてに"間"ということばが入っています。それだけ重要なことなのでしょう。間で、話が止まるのではありません。音声が止まっているのではなく、ことばがないことで伝えるべき内容があると考えてください。間の後に、いつ次に入るかという間合いのとり方も大切です。話は、まさにその人の呼吸だからです。

▶〔間のトレーニング〕

　次の文章を、間（「、」「。」も）をなくして読んでみましょう。次に、「、」「。」の通りに読み、3回目はさらに大げさに間をあけて読んでみましょう。

「間は、ポーズともいいます。間のおき方によって、聞いている人にわかりやすく伝えることができます。うまく間をおいて読む人のことばは、とても気持ちよく耳に伝わり残ります。間は、息つぎにも関係してきます。心身の状態の良くない人のことばは、とても聞きとりにくいでしょう」

間とプロミネンス

　間は、プロミネンスと切っても切れない関係にあります。「うん、そうか、あのね」と「うーん…。そうかぁ…あの…ね」とでは、意味が違ってくるでしょう。せりふになると、相手との間合いも大切です。「僕のこと、好き？」「好きよ」「その好きでなくて…」。これも、「好き？」のあとの間によって、意味が変わる例です。

「ねえ//ずっと//そばにいて」の場合、「//」の部分はプロミネンスのためのポーズです。そこでは、ブレスをしないことも多く、間をおくことで次のことばを際立たせます。つまり、音声を止めることによって、次にその口から出てくることばを目立たせるのです。

「わたしは、この人が好きです」というセリフの場合、「この人が」にプロミネンスをおいて強調すると、まるで何か事件があったあと、皆の前で主張するようになってしまいますね。親しい人に「この人が」と伝えるのなら「わたしは」の後に、きっと間を入れることでしょう。「この人が」を小さく、ゆっくりと言うことによって強調することもできます。意味を正しく伝えることだけではなく、ことばに意味をしっかりと含め、言いたいことを際立たせるために間が使われるのです。

▶ 〔間をとって読むトレーニング〕　　DISC 1 | TRACK 48

　　間をとってことばの意味を強調します。いろいろな間のあけ方を試してみましょう。以下の文章は読点（、）のところで間をあけて読んでください。その変化で意味の伝わり方の違いを感じましょう。

① 「わたしは、あの人が、だい好き、です」

② 「わたしは、あの人が、だ、い、好、き、です」

③ 「わたしは、あの人が、だーい、好き、です」

④ 「わたしは、あの人が、だいっ、好きです」

▨▨ 声を引き立たせる「間」の使い方

　　間は「こっちを向いてください」「私を見てください」「これから、大切なことを言いますよ」という意味を持ちます。間をとりやすくするには、どこかを強く速くメリハリを付けるのが効果的です。間合いに慣れていきましょう。間は、「悪魔の間」ともいわれます。つまり、使い方次第で関心を強くひきつけることも飽きさせることもできる両刃の剣になるということです。

§6 緩急とメリハリ 〜フレージングとチェンジオブペース

フレージングとは

「フレージング（句節法、句切り法）」は、フレーズの切り方、フレーズの作り方です。これは、文法上の区切りでなく、その文意を伝えるために効果的に区切る方法ということになります。人の心を動かすためには、句読点に忠実に読めば良いというものではありません。どのように読めば最も伝わるかというのがフレージングなのです。これは人によっても違いますから、その人の呼吸といっても良いでしょう。フレーズのメリハリの付け方しだいで、表現をより生かすことができるのです。

息つぎ（ブレス）について

歌にも息つぎがあるように、しゃべりにも息を吸うところがあります。ノンブレスでしゃべり続けることはできません。でも、息が苦しくなったら、どこでも吸って良いのではありません。そのために意味が途切れたり、表現が伝わらなくなったりしてはならないからです。不自然なところでブレスすると、そこに別の意味が生じ、内容や意味が変わることもあります。正確に伝えようとするときは、ブレスが目立たないようにします。長く息を吸わないでしゃべるためには、呼吸法をマスターする必要があります。

呼吸とフレージング

ポーズとブレスするところは同じではありません。しかし、呼吸は音声表現に大きく関わってきます。呼吸の合っていないことばは、とても聞きにくいのです。聞いている人も呼吸をしているのを忘れてはいけません。話がうまく伝わるには、まず相手の呼吸に合わせることからです。クレーム処理のときは、ここが第一のポイントです。話の名人ともなると、自分の呼吸に相手の呼吸を完全に合わせてしまう術をもっています。呼吸や息つぎをうまく利用することによって、もっと自然に、声にさらに多くの意味や表現効果をもたすことができます。

チェンジオブペース（緩急）とは

「チェンジオブペース」とは、ペースをチェンジする、つまり調子を変えることです。話などが単調で味気がないとしたら、調子が変わらないためです。

人前に立つことに慣れていない人が話すと、大体、一本調子になります。変化がないと、聞いている人が退屈します。そういう人でも、友だちには退屈な話をする人だとは思われていないでしょう。それは、友だちと話すときには、チェンジオブペースをしているからです。お互いの興味関心のあることを確認しながら話をつないでいくので、公の場でのようなことにはなりません。

とはいえ、仲間内で話を聞いているときも退屈に思うことがありますよね。それは、次のようなときでしょう。以下の中で、**3〜5**はチェンジオブペースの問題です。

- **−1** 話題がないとき、自分に関心のない話題のとき
- **−2** 相手ばかりが一方的にしゃべっているとき
- **−3** テンポ、リズム、フィーリング、呼吸などが合わないとき
- **−4** 相手のしゃべり方が単調で変化のないとき
- **−5** ことばが聞きづらいとき

ブレスを変える

次の例文を3つの読み方で変えてみましょう。

① 「、」と「。」すべてでブレスする
② 「。」のみでブレスする
③ 2つの「。」ごとにブレスする（一つ飛ばす）

「人前で話すときは、自分を知らない人にも、わかりやすく伝わるようにしなくてはいけません。例えば、1人だけでずっとしゃべっているのに、聞いている人は退屈しないどころか、どんどんと引き込まれていく、そんな人がいるでしょう。話題はありふれたことなのに、次の一言が待ち遠しい。そういう話し方に含まれている技術が、チェンジオブペースなのです」

緩急のトレーニング

緩急とは単にぶつ切りにしたり、音の間をあけることではありません。1つずつ切ると音が切れて幼稚になるので、音の流れを持続させる気持ちを持ちましょう。強く踏みこんで、その反動で、ゆっ

たりと間がとれるようにすることが大切です。このあたりは歌と似ています。ことばの調子、語調、語気、語勢と主観的な表現、情感的な読みなどをたくさん入れ込んで表現のトレーニングをしましょう。長い間の後は、やや高めにていねいに入ると効果的です。

▶〔チェンジオブペースのトレーニング〕 　　`DISC 1 | TRACK 49`

　「／」のついているところまでは速く、「／／」のついているところまではゆっくりと言ってみましょう。

「わたしの友だちは、／日本から遠く離れた国に／／住んでいます」

▶〔緩急の表現トレーニング〕 　　`DISC 1 | TRACK 50`

　「緩急」の緩は感情を維持するところ、「急」は感情を解放するところです。次の文章をいろいろな緩急をつけて表現してみましょう。音源には２つの例を収録しています。

「ゆったりとよこになった」
表現例１：「ゆ　っ　た　り　　と　よこに・・なった」
表現例２：「ゆっ・・・た・りと、よこ・に・・・なった」

▨▨ メリハリとは

　まず、全体の構成を考えます。声やことばのメリハリをどう効かせるかは、いろんな方法があります。どこで声を大きく張り上げるかも大切ですが、小さな声の使い方も重要です。初めから終わりまで同じ声では、一本調子になり飽きられます。

　例えば、語りかけるようにすると、小さな声でも聞き手にメッセージを伝えられます。大きく盛り上げるところと小さく語るように聞かせるところ、どちらが欠けても、聞き手の心に伝わるものにはなりません。

　声の置き方、ニュアンス、切り方、そして余韻も大切です。声の表情には、呼吸、発音、発声といった基本が身に付いているかどうかが出ます。メリハリのある声で自由自在に声をコントロールできてこそ、長時間でも、心地よく相手に聞いてもらえるようになります。そこにことばの意味やメッセージをより良く伝えるテクニックがのっていくのです。

　詩やせりふを読むときは、気持ちを込めるのはもちろん、声の大きさ、テンポ、スピードなどを変え、しっかりと表現しましょう。誰かに聞いてもらったり、録音するなどして確認してみてください。うまくできないときは、BGMをかけながら行うと気持ちを込めやすくなるでしょう。

▶ ［メリハリ、抑揚を付けるトレーニング］ DISC 1 | TRACK 51

　長く伸ばすところを変化させてみましょう。ことばが壊れず、意味がしっかりと伝えられるように意識してください。

① 「おーおきく　かまえて　とった」

② 「おおーきく　かまえて　とった」

③ 「おおきーく　かまえて　とった」

▶ ［抑揚と強調のトレーニング］ DISC 1 | TRACK 52

　以下のことばを、語調、語気、語勢、間といろいろと変えてやってみましょう。

「あなたのことを　ずっと　心配し　つづけて　いました」

① **語調**：高低

② **語気**：強弱

③ **語勢**：緩急（テンポの変化）

④ **間**：その前後の音の高さに気をつけてみましょう

§7 │ さまざまなことばの トレーニング

感情のトレーニング

ここでは感情を表現するトレーニングを行ってみましょう。

▶ 〔感情を入れて読むトレーニング〕　　　　　DISC 1 | TRACK 53

① 「アーア」 …………………… めんどくさそうに
② 「アハハハ…、イヒヒヒ…」…… 楽しそうに
③ 「アーア」 …………………… 悔いるように
④ 「イエーイ」 ………………… うれしそうに
⑤ 「お久しぶり」
⑥ 「おめでとう」
⑦ 「よかったー」
⑧ 「よかったね」
⑨ 「大丈夫？」
⑩ 「大丈夫」
⑪ 「OKです」

心で感じて声で表現する

声のうまく出ない初心者のトレーニングとして、楽しいメニューをご紹介します。うまく工夫して使ってください。

▶ 〔赤ちゃん泣きトレーニング〕

仰向けになって、赤ん坊のつもりで泣き声をあげてください。赤ん坊の気持ちになり切るところからはじめます。うれしい、笑み、寂しい、誰もいない、ぐすん…そこからべそをかいて、そして…「アーンアーンアーン」と泣いて泣いて泣きじゃくって、すっきりするまで楽しみます。生まれたばかりのときのエネルギーを感じ、元気になりましょう。

大声で泣くというのは、訴えること、まさに表現です。横隔膜が活発に動きます。疲れを感じたら静かに休みましょう。赤ん坊の泣き声くらいに人の心に働きかける声を感じましょう。

▶〔喃語（なんご）のトレーニング〕

生まれてからしばらくすると、赤ん坊は、ことばにならないことばで声を発していきます。これを「喃語」といいます。思いを伝えるために、どんな声でも良いですから組み合わせて表現しましょう。でたらめなことばをぶつけるのです（例えば「フニャームアー」「タララ」「マームン」「ウー」など）

▶〔強いことば（子音）での表現トレーニング〕

「ダダダーン」「バキュンババ」「ビシャーン」「バビボン」など、子音を中心にことばを組み合わせて自分の持つ気持ちを、強い感情として表現してみましょう。

▶〔声に表情をつけるトレーニング〕

① **ポンプ**：「フー」「シュー」「シュワ」と屈伸しながら声を出す

② **汽笛**：頭に「ポワー」「ポー」を付ける

③ **剣道**：「メーン」と踏み込みながら叫ぶ

④ **ため息**：「フゥー」「ハァー」「ア〜ア…」など

⑤ **ひねり**：体をひねりながら声を出す

⑥ **ダラダラ**：両手を下げ「ダラダラダラダラ」と言いまくる

⑦ **飛行機**：「ブーン」両手を広げながら飛び回る。「バババババン」と空中戦もOK

⑧ **息の文字**：息で口先の方向を変えつつ、文字を書く

⑨ **声文字**：声を出しながら両手を一本の筆先にして、平仮名を書く

⑩ **体文字**：平仮名を大きな声で言いながら、一息でその文字の形をなぞる

⑪ **人工呼吸**：鼻をふさぎ、お腹を押して、声を「アー」と出す

⑫ **声のキャッチボール**：遠くへ声を「ポーン」と飛ばす。声の野球もできる

⑬ **火消し**：「フゥ　フゥ　フゥー」。片方で「ボウボウ」と火を起こす人がいてもよい

⑭ **犬の遠吠え**：「ウォーン　ウォーン　ウォーン」

⑮ **紙風船**：「パンパンパン…」とはじきながら声を出す

⑯ **尺取り虫**：腹ばいで前進、後進（蠕動）。腕だけで前進、後進

⑰ **尻で歩く**：いろいろな動きで足を使わず移動してみる

⑱ **わかめ運動**：足先だけ固定し、ゆらゆらと波（流れ）を感じて揺れる

⑲ **操り人形**：頭に糸がついていると感じて、ブラブラと手足、体を動かす

⑳ **すり足**：すり足で、できるだけ速く歩く

㉑ **膝歩き**：膝で、できるだけ速く歩く

㉒ **抜き足差し足忍び足**：コソ泥のように音を立てず歩く（ことばを発しながらでもよい）

㉓ **ドジョウ掬い**：名物どじょう掬いの通りに

㉔ **相撲取り**：四股、股割りなどやる。「どっこいしょ」「オーラ」「こりゃさ」「ごんす」など、ことばをつけて

㉕ **天使の声**：天井に向けて「ラララ」「ホホホ」と明るく呼びかける。悪魔の声にならないように

㉖ **キック**：「エイ」とキックしながら声を出す

㉗ **胴上げ**：「ワッショイ　ワッショイ」おみこしでもよい

㉘ **お祭り**：「ラッサラー　ラッサラー」など、踊りながら

▶ 〔感情を表現するトレーニング〕　　　DISC 1 ｜ TRACK 54

① 「あなたのことを想う」 ………………………… 甘く

② 「君と僕、いつしれず、変わってしまった」 …さびしく

③ 「ときの流れゆくままに」 ………………………… 悲しく

④ 「雨はやみ、あなたは去った」 ………………… せつなく

⑤ 「希望など、ありはしない」 …………………… 怒りを持って

⑥ 「なぐさめのことばなど」 …………………… 未練たらしく

⑦ 「心もうきうき」 …………………………… 楽しく

⑧ 「Summer Day」 …………………………… なつかしく

⑨ 「明日からは一人で」 …………………………… 強気で

⑩ 「もう終わり」 …………………………… あきらめて

▶ [ボリュームをコントロールするトレーニング] DISC 1 | TRACK 55

①〜③のことばを最初は弱く、そしてだんだん強くしてみましょう。また、④と⑤は「中くらい→弱く→強く」で、⑥と⑦は自由に変えてみてください。さらに、⑧と⑨は小さな声で体から表現してみましょう。

① 「あなた　あなた　あなた」
② 「おーい　おーい　おーい」
③ 「元気　元気　元気」
④ 「ハイ　ハイ　ハイ」
⑤ 「エイ　エイ　オー」
⑥ 「生きる　生きる　生きる」
⑦ 「負けない　負けない　負けない」
⑧ 「小さい夢みつけた　心の片隅に」
⑨ 「愛の甘いゆめ、熱く燃える心」

▶ [ことばの表現トレーニング1] DISC 1 | TRACK 56

2音から15音のことばでトレーニングします。すべて、できるだけ一息で言い切りましょう。10音くらいからはメリハリをうまくつけてみてください。

2音	「朝」
3音	「マリア」
4音	「ひたすら」
5音	「雨に恋う」
6音	「日の光に」
7音	「そんな気がする」
8音	「あなたへの愛を」
9音	「何もかもみえなく」
10音	「二人の愛の部屋に」
11音	「冷たいことば響いて」
12音	「一言こたえて欲しいよ」
13音	「去り行く今こそ振り向いて」
14音	「ああ苦しいあなたへの歌に」
15音	「夏の日の青空がみつめてる」

●〔ことばの表現トレーニング2〕

2音から15音のトレーニング用のことばを以下に挙げておきます。自分で組み合わせてトレーニングメニューを作ってみましょう。

2音「ある」「おい」「こら」「さぁ」「ただ」「ない」「まだ」「やれ」「愛」「雨」「嘘」「影」「音」「何」「夏」「歌」「花」「海」「街」「喝！」「丸」「顔」「泣く」「空」「君」「月」「見る」「口」「行く」「今」「坂」「山」「指」「死ぬ」「糸」「時」「酒」「書く」「鐘」「色」「森」「人」「水」「星」「声」「雪」「窓」「足」「待て」「谷」「誰」「池」「着る」「昼」「朝」「鳥」「道」「虹」「猫」「波」「箱」「髪」「飛ぶ」「風」「聞け」「母」「抱く」「夢」「夜」「来る」「旅」「鈴」「恋」「和歌」「ふた」「ペン」「紙」

3音「あいつ」「あの日」「あんた」「おいで」「きっと」「やばい」「ことば」「すぐに」「そんな」「ちょっと」「ノイズ」「ブリキ」「ほんの」「マウイ」「まった」「もしも」「やがて」「やっと」「ゆらぐ」「レンガ」「暗い」「一人」「歌う」「火照る」「開ける」「割れる」「寒い」「希望」「机」「気づく」「気持ち」「祈り」「叫ぶ」「強い」「強く」「胸に」「脅す」「鏡」「駆ける」「空へ」「兄貴」「喧嘩」「見たい」「鼓動」「香り」「今は」「昨日」「使う」「姉貴」「子供」「思い」「時を」「自由」「雫」「捨てる」「拾う」「出逢い」「笑顔」「飾り」「心」「声が」「誓い」「青い」「積木」「泉」「素敵」「早い」「走る」「続く」「体」「遅い」「痛み」「電話」「都会」「瞳」「熱い」「燃える」「馬力」「扉」「秘密」「風と」「聞いて」「閉じる」「返事」「暮れる」「抱いて」「帽子」「望み」「本音」「満たす」「未来」「眠い」「眠り」「眠る」「命」「勇気」「予感」「踊る」「欲しい」「翼」「落ちる」「旅路」「力」「緑」「涙」「トマト」

4音「あなたと」「あのとき」「あわせる」「あわれみ」「いたわり」「いつわり」「うそつき」「うつろな」「うなづく」「うるさい」「かすめた」「かなえる」「きっかけ」「くやしい」「げんめつ」「ことばで」「このまま」「サクセス」「ざわめき」「しみいる」「スケール」「そのまま」「そよ風」「たたずむ」「例えば」「つらぬく」「はばたく」「バランス」「ふれあう」「もうじき」「もうすぐ」「ようこそ」「よろしく」「わかって」「わがまま」「暗闇」「一瞬」「一日」「飲み干す」「嘘つき」「可憐な」「夏の日」「会いたい」「階段」「街角」「楽しい」「楽しむ」「感動」「喜び」「喜ぶ」「気にやむ」「輝き」「休むな」「求める」「泣かない」「苦しい」「偶然」「激しい」「見い出す」「見つける」「見つめて」「言いたい」「言い訳」「今こそ」「最後に」「最後の」「山の手」「始まる」「思わぬ」「耳なり」「手ごたえ」「手のひら」「従う」「出会える」「助けて！」「傷つく」「消え去る」「信頼」「心に」「人々」「世の中」「生まれる」「青空」「切ない」「待たせる」「待つんだ」「怠ける」「大きな」「断ち切る」「朝焼け」「追いつく」「弟」「伝える」「灯火」「憧れ」「悲しい」「悲しみ」「望みは」「北風」「未来図」「明るい」

CHAPTER 3

ことば

「明日も」「約束」「友だち」「憂うつ」「夕闇」「与える」「翼を」「落ちこむ」「落書き」「離れて」「流れる」「恋愛」「スタンプ」「筆入れ」「携帯」「鉛筆」

5音　「あたりまえ」「あのときの」「あれだけか」「いつまでも」「いつもある」「うまくいく」「うろおぼえ」「おやじさん」「かくれんぼ」「きっとそう」「ここいらで」「このことだ」「このままで」「こんにちは」「こんばんは」「サバイバル」「さみだれの」「さりげない」「しびれるぞ」「しみじみと」「すばらしい」「そうしてね」「そしてまた」「そのままで」「そのまんま」「そらさない」「それぞれの」「それで良い」「つめこんだ」「つめをかむ」「なぜだろう」「なつかしい」「なにかある」「ふたりきり」「ほほえみも」「また来ます」「まどわせる」「もう一度」「もてあます」「やめなさい」「ろくでなし」「愛しあう」「逢いたくて」「握手して」「意味はない」「永遠の」「英会話」「遠くから」「音を聞く」「何の事」「何もかも」「歌いたい」「会いたくて」「悔いはない」「汗をかく」「奇妙な日」「久しぶり」「泣いている」「許された」「胸さわぎ」「桐タンス」「空まわり」「空を飛ぶ」「恵まれる」「見えるだろ」「呼びかける」「呼んでいる」「口づけを」「考える」「今からさ」「今度こそ」「山の中」「思いきり」「時を待つ」「耳元で」「守りたい」「手さぐりで」「受け入れる」「純粋な」「初めての」「女の子」「消さないで」「照れくさい」「肖像画」「情けない」「色あせた」「心から」「振り向けば」「振り返る」「声を聞く」「切なくて」「雪が降る」「贈り物」「息づかい」「待っててね」「誰かから」「誰だろう?」「探し出す」「暖かい」「恥ずかしい」「遅すぎた」「朝焼けに」「潮干狩」「追いかける」「投げ捨てる」「特別な」「突き進む」「届けたい」「忍び寄る」「年老いた」「破れそう」「飛びはねる」「飛んでいる」「風の音」「物語」「抱きしめる」「本当に」「夢のよう」「夢を見て」「命がけ」「目の乾き」「目を覚ます」「湧きあがる」「離さない」「旅に出る」「腕の中」「蜃気楼 」

6音　「あなた一人」「いつかきっと」「いつかまたな」「おふくろさん」「かっこつけて」「カレーライス」「ギターをもつ」「きれいなひと」「くつを脱いで」「この街から」「この気持ちを」「こんな感じ」「そこが違う」「そばに座る」「それからまた」「つぶらかな眼」「ドアを開けて」「どういうこと」「どんなときも」「はらだたしい」「ビデオテープ」「ひとつの夢」「まだやめるな」「むなしいだけ」「やりきれずに」「逢える日まで」「遠くの海」「何もかもが」「可愛らしい」「花を見てる」「壊れていく」「海がみたい」「街へ出よう」「楽になれる」「乾いた街」「悪いウワサ」「感じるまま」「気むずかしい」「求められる」「泣いていたね」「去り行く日々」「狭い我が家」「胸いっぱい」「君にとどけ」「軽々しい」「激しい雨」「月夜の晩」「見知らぬ街」「古い時計」「孤独な夜」「好きなように」「子供じみた」「思いつきで」「私だけの」「時を刻む」「耳で聞くよ」「手をたたこう」「少し眠る」「照れ

くさいよ」「心の中」「心の旅」「心細い」「真夏の雨」「澄んだ瞳」「生まれたての」「声が
届く」「声の限り」「声をあげて」「静かな夜」「先は長い」「川の流れ」「素敵な人」「待ち
こがれた」「待ち遠しい」「待っていよう」「大きな窓」「知ってほしい」「鳥のように」「電
話をした」「怒り狂う」「頭にくる」「道は続く」「虹の彼方」「日焼けのあと」「燃える炎」
「悲しい雨」「歩いてきた」「忘れないで」「忘れられる」「夢を語る」「無我夢中で」「目覚
める時」「約束して」「揺れる心」「力強い」「話しかける」「琥珀色（こはくいろ）の」

7音 「アイスコーヒー」「いつも優しい」「おそらくそこは」「お元気ですか」「かすかな望み」
「カバンにつめた」「がまんをしろよ」「きっとそうする」「ことばが消えた」「こんな時
にも」「すべて幻」「そのままでいて」「たった一人で」「たった一度の」「つまびくように」
「どうしたら良い」「ドキドキしてる」「どこかへ行こう」「とにかく辛い」「なかなか出
ない」「バイクとばして」「はるか彼方へ」「ふりかえらずに」「ポイ捨てやめろ」「ほんの
ひととき」「もう戻れない」「愛しはじめて」「愛と憎しみ」「愛をください」「雨にうたれ
て」「嘘の数だけ」「映画のように」「煙草のけむり」「押さえきれない」「音楽を聞く」「何
もいらない」「夏のざわめき」「壊れた時計」「喜び歌う」「祈り続けて」「輝きながら」「胸
が高鳴る」「胸をこがした」「君のことだけ」「古着のズボン」「降り出した雨」「今を生き
ぬく」「始まっている」「思いもよらぬ」「時が過ぎても」「時のはざまで」「時は流れて」
「趣がある」「心がはずむ」「心に残る」「心を決める」「振り切ってきた」「神だのみする」
「人に見せない」「吹き上がる風」「声が聞こえる」「静かに眠れ」「静寂（しじま）を裂い
て」「切ない叫び」「戦っている」「素顔のままで」「素直な心」「素敵な夜空」「退屈な日々」
「大きな声で」「大笑いする」「大切なもの」「誰もがみんな」「通りすぎれば」「天までと
どけ」「天使と悪魔」「倒れた時に」「瞳を閉じて」「匂いたつ花」「描いた夢も」「閉ざさ
れたまま」「壁にもたれて」「忘れていない」「魅きつけられる」「夢を信じて」「明かりを
消して」「明かりを灯す」「目ざめた時間」「夕映えの中」「与えきれない」「踊り明かそう」
「翼が折れた」「流れのままに」「涙をふいて」「冷汗をかく」

8音 「あきらめた夢を」「あたりを見渡す」「あどけないしぐさ」「あの頃のように」「ありが
たいことば」「あれからどうした」「いい加減にしろ」「いつもそばにいた」「きらめきの
ままに」「クリスマスの夜」「ことばにできない」「ことばのおわりを」「さみしがり屋さ
ん」「せめてもう一度」「そしてまたいつか」「そばにいてほしい」「たたきつける雨」「た
めらってほしい」「どうしたらいいか」「とめどない涙」「ノラ猫が見てる」「プレゼント
を買う」「まっすぐ見つめる」「まぶたに焼きつく」「めったにないこと」「ゆかいな冒険」
「わかりかけてきた」「哀しいときほど」「暗闇をこえて」「遠くを見つめる」「蟻ときり

ぎりす」「泣いたりはしない」「許してあげたい」「見失わないで」「語りかけてくる」「魂の叫び」「咲き乱れる花」「思い出せなくて」「死ぬほど好きだよ」「時は流れゆく」「耳を傾ける」「自然にふるまう」「笑いがあふれる」「笑顔があふれる」「心がふれあう」「心のすき間に」「心のふるさと」「心の底から」「心を魅かれる」「真夏の太陽」「人の胸を打つ」「人生真っ暗」「世界で一番」「生まれかわりたい」「全てを信じる」「想いをつのらせ」「太陽が昇る」「痛みをかかえて」「電車にゆられて」「瞳をみつめて」「届かない心」「二人で歩いた」「悲しみにくれる」「悲しみのはてに」「悲しみを越えて」「負けてちゃいけない」「捧げ続けよう」「僕の宝物」「未来へはばたけ」「明るく輝く」「優しいことばを」「優しさと強さ」「頼むから来てね」

9音 「あなたにいてほしい」「あの空のむこうに」「いい加減にしてよ」「いつも思っている」「いつも信じている」「いつも探している」「お腹がすいている」「ギターの弾きがたり」「ことばをちりばめる」「この思い伝えて」「すくいきれない罪」「ぜんぜん眠れない」「そうならないために」「ハートに火をつけて」「ピアノを弾く指を」「まぶしい空の下」「みんなに広めよう」「メソメソしやがって」「もっともっと高く」「愛の夢はかなく」「一人ぼっちの道」「汚れのない笑顔」「俺はノイローゼだ」「何にもならないね」「何もかも忘れて」「噛まずに飲み込んだ」「願いを叶えてよ」「泣いたり笑ったり」「軽はずみなことば」「月明かりを浴びて」「限りない喜び」「湖のほとりで」「今、この時にこそ」「砂浜にころがり」「桜の樹の下で」「思わず目を伏せた」「私が守るから」「自分の夢のため」「傷つくことばかり」「色あせた面影」「青春の思い出」「大歓迎ですよ」「男もののパジャマ」「悲しみ消えるまで」「美しいメロディ」「美しい思いも」「風を切って走れ」「変わりはてた姿」「目の前の出来事」「優しさを演じる」「踊ってくれますか」

10音 「あの頃にもどりたい」「あの日と同じように」「いつも微笑んでいた」「ガラスのような心」「コーヒーを飲みながら」「この胸のときめきに」「さまよい歩きながら」「さみしさをまぎらわす」「せつないこの想いを」「そうなるかもしれない」「そんなものなのだから」「ダルマさんが転んだ」「できるならやってみろ」「どんなに寂しくても」「まるで昔のように」「もうすぐ夏がくるね」「もうすぐ夜があける」「もう何もほしくない」「やり残していること」「愛さずにいられない」「暗いトンネルの中」「違うとわかっていた」「遠い港のあかり」「確かなものなどない」「割れたグラスを拾い」「感じるままに叫ぶ」「輝きを消さないで」「後悔先に立たず」「幸せを感じたい」「自分ひとりだけでも」「笑顔が戻るように」「心をあらわにする」「心を閉ざさないで」「人波をかきわけて」「生きているすばらしさ」「戦いを放棄する」「全てがわかった今」「走り続けていこう」「地球

の子供たちを」「朝の光の中で」「波間にゆらめく影」「破竹の快進撃」「疲れ果てた心を」「返信用封筒」「未来をみつめている」「夢をあきらめないで」「明日は晴れるだろう」「目覚めたばかりの街」「優しい気持ちになる」「両手を握りしめて 」

11音 「あなたに会ってよかった」「あの人は素敵な人」「あるがままを受けとめる」「いつかは別れてしまう」「うまく表現できない」「きっとのりこえてみせる」「きれいな水仙の花」「こぼれた涙をふいて」「こんな街の片すみで」「さかさまの人生だよ」「ずっと待ち続けていた」「すれ違いに目をふせて」「ゾクゾクするいい女」「どうしようもない時に」「どんなことばもいらない」「どんなに離れていても」「ひたすら歩きつづける」「ポケットの中のコイン」「ホワイトアンドブラック」「めくるめく時の中で」「哀しさにおびえている」「愛することの尊さ」「一度しかない人生」「雨天の場合は中止」「遠くはなれた所で」「果てしなく広がる夢」「感覚を覚えている」「君が君であるために」「君と僕の赤い糸」「君の笑顔をみつめて」「君はふり向きほほえむ」「後悔することばかり」「今はもう誰もいない」「四六時中忙しい」「時間（とき）の彼方を見つめて」「傷つけあうことばでも」「小鳥がさえずっている」「少しずつつかめてくる」「笑ったことなんてない」「信じがたい素晴らしさ」「心のすき間をうめる」「心を込めて歌うよ」「素敵なことが起きたら」「追いつくことができない」「当たらない天気予報」「二人おそろいのパジャマ」「日は西の空に沈む」「彼女のような強さを」「本当はうれしかった」「眠れない夜を抱いて」「無人島で暮らしたい」「明日は雨が降るだろう」「有機栽培方法」

12音 「じっとなんてしてられない」「そんなふうに見つめないで」「どうしても忘れられない」「どんなに遠く離れても」「はてしない旅がはじまる」「ラーメン一杯の悲哀」「永遠に幻のまま」「何もかもがイヤになるよ」「火事と喧嘩は江戸の華」「感情をゆさぶっていく」「気づかないふりをしていた」「君の瞳がゆれている」「子供の頃を思い出す」「自分を信じるしかない」「失うものは何もない」「取り出すものは何もない」「手と手をつなぐ子供たち」「傷だらけになりながらも」「笑う門には福来たる」「心の傷をいやすのは」「走り出したら止まらない」「大きく深呼吸をする」「朝日を浴びながら走る」「天からつきが落ちてきた」「天国には行きたくない」「夜のとばりが降りてくる」「抑えきれないこの気持ち 」

13音 「あなたのおもかげ忘れない」「いつまでも歩き続けよう」「いつも何かを求めていた」「いつも夢見心地ですごす」「こわれそうなほど美しい」「どこからともなく現れる」「とてもことばが足りないから」「どんなに時間がかかっても」「はるか彼方を仰ぎみれば」

「ふりそそぐ太陽の下で」「もうあの頃には戻れない」「もう誰も傷つけたくない」「ゆったりとしたときをすごす」「わけもわからず叫びたくて」「悔いのない人生にしよう」「楽しいママとのお買い物」「客席の片すみで待った」「苦しまぎれに言ったことば」「苦しみから解き放たれた」「時の流れに身をまかせて」「自分を信じてやりぬこう」「心と心が通じあう」「人生なにごとも挑戦」「切なさがあふれ出てくるよ」「線路の上を走り抜ける」「素顔だけを愛していたい」「体にみなぎるこの怒り」「朝焼けに染まる滑走路」「半年ぶりに雪がとけた」「悲しみにその身をゆだねる」「毎週木曜日発売」「夢を信じて生きてゆこう」「命のかぎり生きてみよう」「あすを信じて進んでいく」「夜はとても長くてつらい」「留守番電話に叫んだの」

14音 「あなたのやさしさに応えたい」「おだやかな日常の生活」「がんばれ私の中の勇気」「どんなに思い続けてみても」「もう一度だけ伝えてほしい」「もう少し時間をくれないか」「哀しみにうちひしがれていく」「一所懸命がんばる人」「遠い夢を追いかけ始めた」「海辺で一人たたずむ子供」「君を一生離したくない」「見なれた街なみをただ見つめ」「固い約束をかわしあった」「試してみなければわからない」「自分の才能を生かしたい」「痛みも苦しみも包みこむ」「夢に向かって進み続ける」「涙がかれるまで泣いている」

15音 「あふれる涙をとめられなくて」「ありきたりの一日が始まる」「そこのところを心持ち強く」「ドアを閉めて走り去っていった」「もう何も感じることができず」「遠い昔の思い出のように」「夏の匂いがまだ残っている」「過ぎ去った日々は戻ってこない」「午後の光をからだに感じて」「子供のようにあどけない瞳」「笑いころげたり、うめいてみたり」「心に思い出を刻んでいく」「心配なんかしなくたって良い」「真ん中のヤツを少し引っ張れ」「想い綴った便せん一枚」「窓の外を通り過ぎた女」「悲しみさえも思い出にかわる」「無限の彼方へ消え去っていく」「優しいことばいえないかわりに」

§8 会話 ~日常コミュニケーションと聞くこと

会話

　会話は、相手とのコミュニケーションですから、時と場合によって、声の出し方を変えなくてはなりません。業種、職業、立場によって、求められる対応も求められる声も違います。より細かくTPOをわきまえて対応することです。親しみやすさを重視するのか信頼感を重視するのかで、声の質も違ってくるのです。

▶ 〔かたい声をほぐすトレーニング〕

　メリハリを付け、はっきりと丁寧に切りながら声に出してみましょう。
① 「マメミムメモマモ」
② 「マメミモムミメモムマ」

▶ 〔声を出やすくするトレーニング〕 DISC 1 | TRACK 57

　声が出やすくなるように、体を動かしながら声を前に飛ばすように出してみてください。
① 「アハハー、アハハー、アーハッハー」
② 「ガッツだ　やる気だ　どんとこい」
③ 「仕事をバリバリ、気分は爽快」

声の感じを変えてみる

　自分の中で次のようなことを意識して変えることで、声の感じを変えてみましょう。

－1　姿勢
－2　呼吸－声量　長い－短い
－3　声帯－高低 (声域)　高い－低い
－4　共鳴 (母音)－大小 (声量)　大きい－小さい　声のトーン (音色)
－5　発音 (子音)－滑舌　(発音) はっきり－あいまい

－6　テンポー速遅（強弱）

▨▨▨ 声質を変えてみる

　次に声質を変化させてみてください。高低、緩急、強弱、音質、音量の変化を自分でコントロールしてみましょう。

－1　ものまね、模写、口まねをしてみましょう
－2　擬声態語（オノマトペ）で誇張して感じを出します。例えば、「グーッとよった」「パクパク食べる」「オロオロする」「ドタバタ走る」「スッキリした」などです。ただし、作り声、甘えた鼻声は、品が悪いのでやめましょう

▶ 〔声色を変えるトレーニング〕　　　　　　　　　　DISC 1 | TRACK 58

　AとBのキャラクターになったつもりで、違いを出して読んでみましょう。

①「あの原っぱが大好き、今日は天気がいいし、空の色がきれいで、とっても気持ちいい。連れて行ってあげる！」
　A：かわいらしい女の子
　B：かっこいい男の子

②「あの花瓶はね、代々伝わる価値のあるものでね、絶対に触るんじゃないよ」
　A：憎らしい女
　B：いけすかない男

▶ 〔あいさつことばのトレーニング〕

　毎日使っていることばに気持ちを大げさに込めてみましょう。　DISC 1 | TRACK 59

①「ハイ」「うん」 …………………………… 大きな声で元気に返事をする
②「おはようございます」「おはよう」……… さわやかに言う
③「こんにちは」「よお」…………………… 親しみを強める
④「お元気ですか」「元気？」……………… 心の空白をこえる
⑤「よろしくお願いします」「よろしく」…… 相手の心に飛び込む
⑥「ありがとうございます」「ありがとう」… 喜びをわかちあう
⑦「すみませんでした」「すみません」……… 相手の心をなだめる

⑧「いらっしゃいませ」「まいど」 ………… 歓迎ムード全開にする

⑨「お世話になりました」「お世話様です」… 感謝して関係をつなぐ

⑩「かしこまりました」「わかりました」…… 安心させて受ける

⑪「お疲れさまでした」「お疲れ」………… 礼儀正しく畏敬の念を伝える

⑫「失礼いたします」「失礼」…………… ていねいに伝える

信頼は、低い声から生じる

　低い声は、同時に説得力のある魅力的な声でもあります。信用できる、信頼できる声としては、低い声は最大の武器なのです。しかし、暗い声と同じで、低い声は、しっかりと使わないとふて腐れているように聞こえます。発音は不明瞭になりやすいです。また、あまり強いと脅しているようになりますから気をつけましょう。

▶〔同調のトレーニング〕

　相手のトーン、スピードに合わせましょう。

①「はあー」「へえー」………………… うなずく

②「そうでしたか」「よかったね」………… 喜び、うれしさを込める

③「そうでしょう」「困ったね」…………… ネガティブ、暗い声、こもった声

▶〔声を切り替えるトレーニング〕

　気持ちからイメージを作り変え、声を変えて出します。

①「でもね」

②「ところでさあ」

③「そうは言っても」

▶〔反応を伝える声のトレーニング〕

　相手に反応することばです。うなずくだけでなく、大げさに相づちを打つなど、工夫してみてください。

①「う、うん」「ええ」「いいえ」………… 肯定、否定する

②「うーん」「ええー」………………… 間を作る

③「わあ」「えー」「ひゃあー」「うわあ」…… 驚く

④「まあ」「うん」「ええ」……………… 同情する

⑤「ひえい」「ぎゃー」………………… 気持ち悪い

▶ 〔気持ちを伝えるトレーニング〕 DISC 1 | TRACK 60

気持ちを精一杯伝えてみましょう。

① 「いいなあ」

② 「よかったですね」

③ 「おつらいでしょう」

④ 「疲れたね」

⑤ 「しんどいですね」

⑥ 「困りましたね」

⑦ 「せっかくですが」

▶ 〔関心を表すトレーニング〕 DISC 1 | TRACK 61

相手への関心を表してみましょう。

① 「すごい」

② 「さすがー」

③ 「感激！」

④ 「うれしい！」

▶ 〔相づちを打つトレーニング〕 DISC 1 | TRACK 62

タイミングよく相づちを打ちましょう。

① 「そう、本当」

② 「へえー、そうか」

③ 「うん、ためになったなあ」

④ 「ありがとー」

▶ 〔ねぎらい、いたわるトレーニング〕 DISC 1 | TRACK 63

相手をねぎらい、いたわって言いましょう。

① 「お疲れだったでしょう」

② 「大変だったでしょう」

§9 ビジネス ～仕事に対応する声とコミュニケーション

TPOによって、求められる声も違う

ビジネスシーンのコミュニケーションでは、クライアントや上司、部下など、周りの人があなたを信頼してくれるかどうかが決め手です。顔や服装、態度と同様、声も重要な要素であることは、言うまでもありません。

まず、やや胸を張った姿勢で、自信をもって声を出しましょう。その声に、相手は信頼を感じます。そういう人が扱うサービスや商品、提案、報告などは、優れたものに思えてきます。声に説得力が伴っていると信頼を得やすくなるというわけです。

また電話での応対では、顔が見えません。相手に与える印象は、声だけでほぼ決まってしまいます。声が元気で明るいとそれが伝わり、聞いている側もとても気持ちがよくなります。やや高めで、明るめの声で入るのが、ビジネス・コミュニケーションの基本です。単にマニュアルを読み上げているかのようなトークは印象が良くないので注意しましょう。相手の立場や状況を気遣い、相手に心地良い声で伝えることです。

少し前までの営業スタイルは、作ったスマイルと無理に高くした声でした。しかし、最近では明るく勢いがあるだけではなく、落ち着いて誠意の感じられる声が求められるようになってきたようです。

上司と部下の関係をスムーズにする声

声は、上司や部下との関係にも大きな影響を与えています。モゾモゾと小さな声で話していては、上司をイライラさせ部下にも信頼されません。反対に、やたら大きな声を出していては、うるさがられるだけでしょう。

できる部下は、上司に、必要なときには、ポイントを押さえて言いたいことをハキハキと話します。できない部下は、何を言っているのか聞き取れないような声で話します。会話の中に「えー」や「あのー」などといった口ぐせが入り過ぎるのも問題です。単に聞きづらいだけでなく、話の内容まで劣って聞こえてしまいます。

相手に自分の考えを伝えるときには、話す時間をできるだけ短くすることです。自分で話す時間を決めて厳守しようとすれば、どこをカットするかが決まります。「自分の話で相手の大切な時間を奪ってはいないか」と常に考えましょう。すると、必要最低限の内容に厳選できます。となると、それをどう伝えるのかというところから、声が重要になってくるのです。特に語尾まではっきり言うことが大切です。

▨▨▨▨ プレゼンテーション

　会議などで、大勢を前にしたプレゼンテーションでは入念な準備が必要です。うまくいかない原因は内容にあることもあります。しかし、緊張であがったり、早口になったりしませんでしたか。十分に相手を惹きつけ、言いたいことをうまく伝えられましたか。

　プレゼンでは、要領よく正確に、同意が得られるように伝えることが大切になります。説得のために、声の使い方に留意する必要があるのです。特にしっかりと伝えたいところでは、テンポを落とし、声を少し張るようにしましょう。相手は、そこに意識が向かいます。こういうスキルは、あなたの人柄や伝えたい気持ち以上に大切です。

　内容が多いと、話すスピードが速くなります。あらかじめ、時間を計算し、テンポを定め、ことばを選びましょう。相手がわかりにくいことばは、ゆっくり話したり重要な点を繰り返すことも大切です、そういうところでは、声が聞き取れないことのないようにしましょう。

　相手にあなたの考えを受け入れてもらうためには、謙虚な言い回しやその気持ちの伝わる声も必要です。そのうえで、メリハリを付けながら、自分の意図に沿った考えをしっかりと説得していく声を使うのです。

▶ 〔声をはっきりさせるトレーニング〕
① 「イウイウイウイウ」
② 「アエイウエオアオ」
③ 「ラレリルレロラロ」
④ 「カケキクケコカコ」
⑤ 「サセシスセソサソ」
⑥ 「ダデヂヅデドダド」

▶ 〔語尾をきちんと下げて言い切るトレーニング〕　　DISC 1 | TRACK 64
① 「そうです」
② 「そうでした」

③「そうですね」

④「そうしましょう」

▶［語尾を上げて聞き直すトレーニング］　　　　　DISC 1 | TRACK 65

①「そうですか」

②「そうでしたか」

③「そうでしょうか」

④「そうしましたか」

▶［疑問を表すトレーニング］　　　　　DISC 1 | TRACK 66

①「エー」

②「本当ですか」

③「そうですか」

④「間違いありませんか」

▨▨ クレーム対応　～クレーム客をファンにする声

　ビジネスにおいて、クレーム処理ほど声の重要性を認識させられるシチュエーションはないでしょう。クレーム処理は、失敗すると大打撃、うまく切り抜けられると、一転してビジネスチャンスになります。

　クレームをうまく処理するには、まず相手の声からテンポ、呼吸を知るようにしましょう。クレーム客が興奮し、まくし立て、話のテンポが速い場合、それに巻き込まれないことが大切です。同じペース、強さで言い返してはいけません。常に一歩引いて、うまく「負け」ましょう。相手の言い分を十分に聞いて相手をすっきりとさせ、気分を落ち着かせるのです。その上で、こちらの言い分も通したいものです。

　最高のクレーム処理には、テンポ、呼吸、落ち着いた声や声質など、あなたの声の総合力が問われます。

▶［謝罪のトレーニング］　　　　　DISC 1 | TRACK 67

①「申し訳ございません」

②「申し訳ありませんでした」

③「ご迷惑をおかけしました」

④「大変失礼いたしました」

⑤「お役に立てず恐縮です」

⑥「お手数をおかけいたしました」

⑦「深くお詫びいたします」

⑧「ご負担をおかけしました」

⑨「お詫びのことばもございません」

⑩「私どもの不行届きでございます」

⑪「ご不便をおかけしております」

⑫「今後このようなことがないよう、十分、注意いたします」

⑬「ご面倒をおかけすることとなり、心苦しい限りです」

▶ 〔感謝のトレーニング〕

DISC 1 | TRACK 68

①「ありがとうございます」

②「恐れ入ります」

③「助かります」

④「おかげさまで助かりました」

⑤「ありがたく思っております」

⑥「うれしく思っております」

⑦「貴重なご意見、恐縮でございます」

⑧「今後の参考にさせていただきます」

▶ 〔共感のトレーニング〕

DISC 1 | TRACK 69

①「ご心配ですね」

②「おっしゃる通りでございます」

③「ご指摘、ごもっともでございます」

④「確かにそのようでございます」

⑤「ご事情、お察しいたします」

⑥「深刻な状況、お察しいたします」

⑦「ご意見、真摯に受け止めます」

⑧「あらためて気づかされました」

NOTE

4

せりふを読む

§1 | ナレーション

ナレーションとは

　ラジオやテレビ番組のドラマやドキュメンタリーでは、「ナレーション（語り）」が用いられます。ドラマでは時代的な背景や登場人物の心理状態が語られ、ドキュメンタリーでは、その情景などを視聴者にわかりやすく伝えるために用いられることが多いようです。このナレーションでは、抑揚を抑えながらも的確な表現でメリハリを利かせることが求められます。

　ナレーションを担当する人を「ナレーター」といいます。アナウンサーが報道として情報、内容を制限された時間内に正しく的確に伝えるのに対し、ナレーターは「語り手」として、情報の内容や訴えたい事柄を聞いている人にわかりやすく表現するという役割を持っています。

　ナレーターは声の口調から雰囲気までを含めて伝え、そこで一つの世界を作りあげる仕事といえるでしょう。あたかも自分が体験しているように自分の中でしっかりと咀嚼した上で、演じていく語りの芸ともいえます。つまり、自分の声を使って内容を伝えながら聞いている人のイメージをふくらませなくてはいけないのです。

　こうしたナレーションの台本は現場渡しが多いです。台本に目を通し、TVモニターを見ながらテストします。シーンの長さに原稿の量を合わせながら収録します。読むスピードや表現方法は、作品の内容によって異なります。

CMのナレーション

　ナレーションはCMでも用いられます。スポンサー企業の商品やサービスで求められるイメージを作り、15〜30秒間で伝える仕事です。番組を観ている人に親近感や購買欲を促すイメージを作り出す語り口を持つことが必要とされます。

　CMの長さは、60秒、30秒、20秒、15秒、5秒などが主です。ナレーターは、この短い時間の中に、スポンサーの求める通りのセールスポイントを謳いこまなくてはなりません。特にCF（コマーシャルフィルム）の場合は、映像にナレーションをうまく合わせていくことが要求されます。

　CMは短い時間に密度の濃い情報が詰まっています。わずかなことばに込められたコピーライターの意図をいかにうまく読み取り表現するかがポイントです。原稿に目を通したら、そこからイメージを広げていきましょう。そして映像と音楽を聞き、表現方法とポイントを決めます。この表現が

演出の意図に合えばそのままに、イメージに違いがあれば修正して仕上げていきます。

▶ 〔CMのナレーションのトレーニング〕　DISC 1 | TRACK 70

　以下の文章を自分なりにイメージを広げて読んでみましょう。また時間を計ってみましょう。

「それははるかなる昔から受け継がれてきた匠の技。

樽の中で何年もの間、熟成され、練りに練られてきた伝統の味。

したたかに生き残ったものだけがもつ、奥深く、それでいてなめらかでしなやかな、

何ものにも替えがたい味。日本のふるさとが、そこにある、さあ、今夜も飲もうよ」

§2 ラジオパーソナリティ

ラジオパーソナリティとは

　ラジオ番組での台本が用意されていないおしゃべり、いわゆる「フリートーク」は、その名の通り自由に何でもしゃべれます。それだけに難しいこともあるといえるでしょう。その代表が「ラジオパーソナリティ」です。

　「パーソナリティ」というだけあって、しゃべっている人の生き方や考え方がストレートにしゃべりの中に出てきます。話題についての社会性、常識、教養、ユーモア、ウィット、センスすべてが問われる職業です。自分のことば、自分のしゃべりが、そのまま実力としてリスナーに受け止められます。それだけに、一つの世界の雰囲気を感じさせるように演じなくてはならないのです。

　最近ではあまり聞かなくなりましたが、ラジオの音楽番組におけるパーソナリティのことを、「ディスクジョッキー（DJ）」と呼んでいた時代がありました。直訳すると「円盤の騎手」つまり、レコードを自由に乗りこなし操る人のことです。現在でも、ラジオ番組において音楽は大きなウェイトを占めていますから、パーソナリティにも音楽に対する知識が求められます。

　以上を総合すると、ラジオパーソナリティには以下のような能力が必要です。

- －1　ナレーション、アナウンスの力
- －2　テーマへの広く深い知識
- －3　ジャーナリスティックなセンス
- －4　自分のことばを使えること
- －5　聴き手をひきつけるパーソナリティ、声、トーク力
- －6　ニュースの伝達、インタビューなどに、即妙に対応できる柔軟性

　魅力的かつ個性に満ちた声やしゃべり方で、番組にふさわしい話題を提供できる力を身に付けましょう。魅力ある話し方は、教養と日本語を正しく使える力、時代と社会への理解、相手を共感させる力に支えられます。

　さらに、語り口に人柄がにじみ出るとなお良いでしょう。声の良さも大きな武器となります。

● 〔MCのトレーニング〕 DISC 1 | TRACK 71

ラジオパーソナリティのことを、ラジオMC（Master of Ceremony）と呼ぶこともあります。「MC」は番組の中心となってしゃべる役割の人を指すと考えればよいでしょう。以下は架空のラジオ番組の一節です。ラジオパーソナリティになったつもりで読んでみましょう。

「今宵、あなたは旅立つ。
いつかまた会えるでしょうか。
ざわめく心を抑えて、私は、少し離れたところから、じっと見つめている。
さようなら。
この地球の中で私たちは、少しの距離をおく。
それは、しばらくなのか、永遠なのか、いつか、わかることでしょうか。
エアポートから飛行機が。
空が遠く青く見えます」

ラジオドラマ

ラジオドラマには絵（画面）がありません。ビジュアル面に頼らない表現が必要です。そこで本当の意味での声の表現力が問われます。純粋に自分の声とその使い方に集中できるため、自分の地を出せるということでは、やりがいのある仕事といえます。しかし、それだけに声のイメージで表現する力が問われます。ドラマを理解し、口先でなく体で読むことを心がけましょう。

§3 司会者／アナウンサー／インタビュアー／レポーター

さまざまな「話す」職業

　朗読やナレーションの仕事は「読むこと」、ドラマ、アテレコ、吹き替えなどの仕事は「演ずること」、司会、アナウンサー、パーソナリティ、レポーターの仕事は「話すこと」といわれます。

　司会者（MC）は番組の進行をつかさどるのはもちろん、出演者を上手に引き立て、視聴者の興味をそそり、番組を盛り上げていく役割です。近年では芸人をはじめとするさまざまなタレントが司会者として活躍しているのはご存じの通りです。

　アナウンサーの仕事は司会からレポーター、スポーツ実況まで多岐にわたりますが、基本は情報を視聴者へ正確に伝えることが求められる職業です。その中でもスポーツなどの実況中継は、現状の把握力やとっさの表現力、豊かなボキャブラリーが問われる最難関の部門といえます。

　インタビュアーの仕事は簡単に言えば「聞いてまわる」ことです。しかし、読むこと、演ずること、話すこと、聞くこと、すべての力が必要です。相手がどういう人なのかを調べて質問を用意しますが、その際は自分の聞きたいこと、視聴者の聞きたいこと、相手の聞いてほしいことについての洞察力が欠かせません。話の中では、相手のペースにのりつつ、自分のペースに引きこみ、うまく話を引き出すテクニックが必要です。

　レポーターの仕事は聞いてきたこと、調べて聞いたことを、うまくことばでまとめて報告できる力が問われます。

▶ ［司会のトレーニング］ DISC 1 | TRACK 72

　以下はある架空のイベントの司会の一部です。それぞれのシチュエーションを想像しながら読んでみてください。

「たいへん長らくお待たせいたしました。
私は、本日、司会を務めさせていただきます山田と申します。
本日は、一所懸命やらせていただきますので、よろしくお願いします。
何かと至らぬ点があるかと思いますが、おめでたい席に免じてお許しください」

「エピソードなどをちょうだいしたいと思います。
どうぞ盛大な拍手でお迎えください」

「心あたたまるおことば、ありがとうございました」
「皆さん、ご注目ください」
「少々お待ちください」
「皆さん、宴はたけなわではございますが、そろそろお時間のほうがよろしいようです」

「ありがとうございました。気をつけてお帰りください。お疲れさまでした」

「本日は、誠にありがとうございました。なお、お足元のお荷物など、お忘れ物のないように
ご注意くださいませ」

§4 演劇／ドラマ／アニメ

せりふを的確に話す重要性

俳優が舞台で演技をする場合、どんなに良い表情をしていたとしても、その声が観客に届かなくては意味がありません。どんなに良い脚本であっても、演者がそのせりふを的確に話せなければ人を魅了できないからです。俳優を目指す方は、「ことば」の基本をしっかりと学び、観る人に「伝わる」せりふを話すための基礎トレーニングを欠かさないようにしましょう。

また同じ台本であっても、状況により、あるいは演出家の意図によって、せりふの意味が違ってきます。それぞれを使い分けて、多彩な表現にチャレンジしてみましょう。

台本を読むときのポイント

せりふ読みに取り組むときは、まずシチュエーションを正しく理解することが大切です。その上で声のトーンや間に注意してください。感情もやや大げさに入れていくとよいでしょう。チェンジオブペースも忘れずに。

また台本を見る場合は、まず全体の内容に目を通し、各シーンの解釈を書き込んでいきましょう。状況と自分の役どころをつかみ、自分のせりふの長さ、テンポ、タイミングを計ります。実際に演じる役の動き、表情などもイメージしていきましょう。

台本への書き込みでは、以下のような記号を使うと、より理解が深まります。決まりがあるわけではないので、自分で記号を工夫してみてください。

▶〔台本に書き込む記号の一例〕

- 間あり：「<」……１つ分あけ。「<<」……２つ分あけ。「<<<」……３つ分あけ
- 間なし：「）」……句読点があっても間をあけないで読む
- 強調：「…（ことばの上に傍点を打つ）」……内容を強調して読む。目立つように読む
- 速さの変化：「---（ことばの上に線を引く）」……スピードをつけて速く読む。「===（ことばの上に二重線を引く）」……ゆっくりと思いをたっぷり入れて読む
- 声の上げ下げ：「↑（語尾につける）」……しり上がりに。「↓（語尾につける）」……しり下がりに。いずれも調子を変えないで音量だけを変える

- 独り言：「＜＞（該当する箇所を囲む）」……独り言、つぶやき、頭の中の考えことば
- 区切り：「()（該当する箇所を囲む）」……カッコの中は一つながりに読む
- 転調：「≒（該当する箇所に記入する」……これまでの読み調子を変える。声の調子を新しくして読みはじめる
- 声の大きさ：「p」……最小。「mp」……普通。「mf」……やや大きく。「f」……大きく。「ff」……最大の大きさ

アニメ

今や「声優」といえば、その主たる活躍の場は「アニメ」というほど人気があります。顔、表情（口）が画面に出ていないときや動物がしゃべるところなどは特に表現能力が問われます。秘訣は呼吸を合わせることです。

アニメでの表現は、とても誇張（デフォルメ）されています。声もそれに負けないくらい、独自のものが望まれることが多いといえます。キャラクターによっては、夢や非現実味をアピールすることもあるでしょう。キャラクターのイメージから、うまくその特徴となる声を作り、表現に活かしていきましょう。キャラクターに入り込み、性格もキャラクターに合わせることで表現力は飛躍します。

なお、アニメのオーディションでは、キャラクターのイメージと自分の性格が合っていることで合格するケースがあります。そういうときはチャンスである反面、その1作だけで終わってしまう危険性もあります。気を引き締めてトレーニングを積み重ねていきましょう。

また、子供の役や特異なキャラクターの声ばかり演じると、声にくせが付き、ほかの声をうまく出せなくなる場合もあります。これは基本的なトレーニングをすることで回避していきましょう。

アフレコとプレスコ

アニメーションにはアフレコ（アフターレコーディング）、プレスコ（プレスコアリング）と呼ばれる方式があります。日本の場合はほとんどがアフレコ方式で、欧米ではプレスコ方式が主流となっています。

プレスコとは最初に台詞をラジオドラマのように収録し、それに合わせて絵を作る方法です。プレスコは自分の呼吸で演技ができるので、完成した作品にはリアルな息使いが感じられるようです。

● 〔アフレコのトレーニング〕

　架空のアニメの台本を使って、映像をイメージしながら演じてみましょう。2人で父親役と娘役を分担するとよいでしょう。

パパ　「友だちはできたのかい？」

メグ　「うん、みちるっていうんだ」

パパ　「みちるくんかい？　どこに住んでいるの？」

メグ　「あの山のふもとの三本の大きな木の近く、エメラルド色の川が流れているところ」

パパ　「ああ、緑川のほとり、大きな柏の木のあるところだね」

メグ　「うん、ずっと昔からそこに住んでいるんだって」

パパ　「そうかい、あのへんは森があるからね、人がたくさん入っていったときがあったよ。パパが子供の頃は、山菜や木の実、つくしやどんぐりなどを採りに行ったものなんだ」

メグ　「今度、遊びに行くんだ、いいでしょう」

パパ　「あの川には気をつけるんだよ。夏場は浅いから子供たちは入りたがるけど、決して深い緑色のところへは近づいちゃいけないよ」

メグ　「でも、みちるはとても魚をとるのがうまいんだよ。うん、見たことないけど。そう言ってる。だって、手足が黒くて、そう、顔もまっ黒」

パパ　「おまえは、木の実をとっているほうが似合うよ。もし、魚をとるんだったら、しんじ兄さんを連れていきなさい」

メグ　「うーん。でもお兄さん、今は木のぼりとお昼寝しかしないよ」

パパ　「ハッハッハッ、あれはああみえても、魚をとらせたらかなう奴はいないんだぞ、このわしよりも…うまいかもな」

メグ　「フーン、しんじ兄さんが」

§5 | 吹き替え

洋画の吹き替え

外国の映画やテレビドラマなどに声をあてる「吹き替え」は、声だけに頼るとわざとらしくなり、迫力や存在感がなくなります。全身で舞台として通用するくらいの表現を自然に出せるようになりましょう。

声や息は一人一人違います。外国人の俳優の口の動きに合わせる場合、異なる言語に日本語をあてるわけですから、いろんな息の出し方を自在にコントロールしなくてはいけません。それには演じている人の呼吸になり切る必要があります。自分の呼吸で声を出せないため、とても難しい技術なのです。

一言でいえば「役を引き寄せる」のが洋画の吹き替えです。つまり、「役を取り込む」ことが大切といえます。ただし、作品によって向こうに入り込むか、こっちに取り込むかを使い分けましょう。例えば、作品がシリアスな場合は、なるべく邪魔にならないように添うようにします。喜劇みたいにことばを楽しむものなら、今風の日本語で思い切りよく表現してみましょう。

役の中に入って、その役と役者の魅力を徹底して研究することも重要です。顔、しゃべり、動き、そして作品全体から、役作りに活かせる要素を探ってみてください。特に、そのキャラクターがなぜ受けているのかを考えたうえで、日本語に置き換えてみるとよいでしょう。抑えた演技の場合でも、単に淡々と演じればよいわけではありません。「抑えている」ことを感じさせない表現力が必要です。ドラマをもう一度作り直すくらいの気持ちで取り組みましょう。

洋画の吹き替えは、外国の役者が演じている芝居に限りなく近づくことです。ですから、そもそも最低でも、そうした芝居ができないといけません。外国語の言語が持っているリズムにすべて日本語をのせることはできないからこそ、どう表現するのかが問われます。

吹き替えで必要とされる能力

海外の俳優に声を似せるのでなく、声で「人間を伝える」という感性を身に付けましょう。台本を深く読み、何を伝えたいのか、自分の役がどういうものかを現場で理解してから、声の質や話し方のタッチを決めていきます。その場合は柔軟さも大切です。

また画面の動きに合わせて声を出そうとすると遅れてしまいます。それを最小限にするための勘

と反射神経も重要です。

　登場人物になり切って役を演じる演技力が必要なことは、吹き替えに限りませんが、映画においては架空の状況をどれだけ信じられるかというイマジネーションや作られた現実をどれだけ自分の肌で感じられるか、どれだけ集中できるかという力が問われることが多いといえます。ストーリーに伴う感情をしっかりと表現していきましょう。

　また吹き替えでは、複数の役を演じる場合もあります。幾つ役があろうとも、基本をしっかり作っておき、瞬間的に切り替えていきましょう。小手先の器用さだけでは通じません。

　これも吹き替えに限ったことではありませんが、体全体で役を演じてください。実際は動いてなくとも、いや、むしろ動いていないからこそ、体全部が役の人間になれるのが吹き替えなのです。

▶ 〔吹き替えのトレーニング〕　　　DISC 1 | TRACK 74

　架空のミステリアスな映画の一場面を用意しました。不穏な空気を醸し出しながら演じてみましょう。2人で男性役と女性役を担当してみるとよいでしょう。

レアリー（R）　「こんにちは」

ハンナ（H）　「レアリーさん」

R　「もう何ともないかい」

H　「ええ、何とか」

R　「しかし、何でまた」

H　「……わからないわ」

R　「いったい何だったんだろうね」

H　「……」

R　「何かわかったかい」

H　「いいえ、何も」

R　「僕もあのあと見まわったけど」

H　「レアリーさんが来てくださらなかったら…　本当、ありがとう」

R　「あんな音がしたら、誰でも眼がさめるさ」

H　「でも初めてよ」

R　「うん、本当に不思議な音だったね」

§6 ｜ 朗読／語りもの／落語

▨▨ 詩や物語を読む

　声の表現は、ここまで本書で挙げたものだけではありません。詩や小説の朗読、落語などをはじめとする古典芸能、さらには物売りの口上など、さまざまなものがあります。そして、名作と言われるものは、表現力を鍛えるトレーニングでもよく活用されています。以下に声を出して読むのにふさわしい作品を選んで掲載しました。自由に読んでみてください。

▶〔詩を読むトレーニング〕　　　　　　　　DISC 1｜TRACK 75

　詩を読んでみましょう。

「一つのメルヘン」　中原中也
秋の夜は、はるか彼方に、
小石ばかりの、河原があつて、
それに陽は、さらさらと
さらさらと射してゐるのでありました。

陽といっても、まるで硅石か何かのやうで、
非常な個体の粉末のやうで、
さればこそ、さらさらと
かすかな音を立ててもゐるのでした。

さて小石の上に、今しも一つの蝶がとまり、
淡い、それでゐてくつきりとした
影を落としてゐるのでした。

やがてその蝶がみえなくなると、いつのまにか、
今迄流れてもゐなかつた川床に、水は
さらさらと、流れてゐるのでありました……

▶〔あいうえお歌のトレーニング〕

滑舌のトレーニングとしてよく利用されている北原白秋の詩です。

「五十音」　北原白秋

水馬赤いな。ア、イ、ウ、エ、オ。
浮藻に小蝦もおよいでる。

柿の木、栗の木。カ、キ、ク、ケ、コ。
啄木鳥こつこつ、枯れけやき。

大角豆に醋をかけ、サ、シ、ス、セ、ソ。
その魚淺瀬で刺しました。

立ちましょ、喇叭で、タ、チ、ツ、テ、ト。
トテトテタッタと飛び立った。

蛞蝓のろのろ、ナ、ニ、ヌ、ネ、ノ。
納戸にぬめって、なにねばる。

鳩ぽっぽ、ほろほろ、ハ、ヒ、フ、ヘ、ホ。
日向のお部屋にゃ笛を吹く。

蝸牛、螺旋卷、マ、ミ、ム、メ、モ。
梅の實落ちても見もしまい。

燒栗、ゆで栗。ヤ、イ、ユ、エ、ヨ。
山田に灯のつく宵の家。

雷鳥は寒かろ、ラ、リ、ル、レ、ロ。
蓮花が咲いたら、瑠璃の鳥。

わい、わい、わっしょい。ワ、ヰ、ウ、ヱ、ヲ。
植木屋、井戸換へ、お祭りだ。

▶ 〔朗読のトレーニング〕　　　DISC 1 | TRACK 76

芥川龍之介の代表作「蜘蛛の糸」を読んでみましょう。音源には冒頭部分のみを収録しました。

「蜘蛛の糸」芥川龍之介

　ある日の事でございます。御釈迦様は極楽の蓮池のふちを、独りでぶらぶら御歩きになっていらっしゃいました。池の中に咲いている蓮の花は、みんな玉のようにまっ白で、そのまん中にある金色の蕊からは、何とも云えない好い匂が、絶間なくあたりへ溢れて居ります。極楽は丁度朝なのでございましょう。※音源収録はここまで

　やがて御釈迦様はその池のふちに御佇みになって、水の面を蔽っている蓮の葉の間から、ふと下の容子を御覧になりました。この極楽の蓮池の下は、丁度地獄の底に当って居りますから、水晶のような水を透き徹して、三途の河や針の山の景色が、丁度覗き眼鏡を見るように、はっきりと見えるのでございます。(以下省略)

▶ 〔落語のトレーニング 1〕　　　DISC 1 | TRACK 77

早口ことばとしても親しまれている、落語「寿限無」の一節を読んでみましょう。

「寿限無」

寿限無寿限無、五劫の擦り切れ、海砂利水魚の水行末、雲来末、風来末、喰う寝る処に住む処、藪ら柑子の藪柑子、パイポ・パイポ・パイポのシューリンガン、シューリンガンのグーリンダイ、グーリンダイのポンポコピーのポンポコナーの、長久命の長助

▶ 〔落語のトレーニング 2〕　　　DISC 1 | TRACK 78

　結婚相手のお清が、まるで漢文のようなことば使いの持ち主であることから騒動が巻き起こる落語、「たらちね」の一節を読んでみましょう。以下はそのお清の自己紹介の部分です。

「たらちね」

自らことの姓名は、父は元京都の産にして、姓は安藤、名は慶三、字は五光、母は千代女と申せしが、三十三歳の折、ある夜、丹頂の鶴の夢を夢みてはらめるがゆえに、たらちねの胎内を出でし時は鶴女と申せしが、成長の後、これを改め、清女と申し侍るなりィ。

● 〔口上のトレーニング1〕

　口上とは「口で述べること」です。舞台からの挨拶を指すことが多いのですが、ここでは物売りの口上を集めてみました。最初は歌舞伎の見せ場の一つともなっている「外郎売（ういろううり）」です。滑舌のトレーニングとして、アナウンサーや声優、役者の養成所で必修となっていることも多いので、ご存じの方も多いと思います。なお「外郎」とは薬の名前です。音源には冒頭部分を収録しました。

「外郎売」

　拙者親方と申すは、お立合の中に、御存じのお方もございましょうが、お江戸を発って二十里上方、相州 小田原一色町をお過ぎなされて、青物町を登りへおいでなさるれば、欄干橋寅屋藤衛門只今は剃髪致して円斉となのりまする。元朝より大晦日まで、お手に入れまする此の薬は、昔ちんの国の唐人、外郎という人、わが朝へ来り、帝へ参内の折から、この薬を深く籠め置き、用ゆる時は一粒ずつ、冠のすき間より取り出す。依ってその名を帝より、とうちんこうと賜る。※音源収録はここまで

　即ち文字には「頂き、透く、香い」とかいて「とうちんこう」と申す。只今はこの薬、殊の外世上に弘まり、方々に似看板を出し、イヤ、小田原の、灰俵の、さん俵の、炭俵のと色々に申せども、平仮名をもって「ういろう」と記せしは親方円斉ばかり。もしやお立合の内に、熱海か塔の沢へ湯治にお出でなさるるか、又は伊勢御参宮の折からは、必ず門違いなされまするな。お登りならば右の方、お下りなれば左側、八方が八つ棟、表が三つ棟 玉 堂造り、破風には菊に桐のとうの御紋を御赦免あって、系図正しき薬でござる。

　イヤ最前より家名の自慢ばかり申しても、ご存じない方には、正身の胡椒の丸呑、白河夜船、さらばと一粒 食べかけて、その気味合をお目にかけましょう。先ずこの薬をかように一粒舌の上にのせまして、腹内へ納めますると、イヤどうも云えぬは、胃、心、肺、肝がすこやかになりて、薫風咽より来り、口中 微涼を生ずるが如し。魚鳥、茸、麺類の食合せ、其の他、万病 速効ある事神の如し。

　さて、この薬、第一の奇妙には、舌のまわることが、銭ゴマがはだしで逃げる。ひょっと舌がまわり出すと、矢も楯もたまらぬじゃ。そりゃそりゃ、そらそりゃ、まわってきたわ、まわってくるわ。

　アワヤ咽、さたらな舌に、カ牙サ歯音、ハマの二つは唇の軽重、開合さわやかに、あかさたなはまやらわ、おこそとのほもよろを、一つへぎへぎに、へぎほしはじかみ、盆まめ、盆米、盆ごぼう、摘蓼、摘豆、つみ山椒、書写山の杜僧正、粉米のなまがみ、粉米のなまがみ、こん粉の子生がみ、繻子ひじゅす、繻子、繻珍、親も嘉兵衛、子も嘉兵衛、親かへい子かへい、子かへい親かへい、ふる栗の木の古切口。雨合羽か、番合羽か、貴様のきゃはんも皮脚絆、我等

がきゃはんも皮脚絆、しっかわ袴のしっぽころびを、三針はりながにちょと縫うて、ぬうてちょとぶんだせ、かわら撫子、野石竹。のら如来、のら如来、三のら如来に六のら如来。一寸先のお子仏におけつまずきゃるな、細溝にどじょにょろり。京のなま鱈奈良なま学鰹、ちょと四、五貫目、お茶立ちょ、茶立ちょ、ちゃっと立ちょ、茶立ちょ、青竹茶筅でお茶ちゃっと立ちゃ。

　来るわ来るわ何が来る、高野の山のおこけら小僧。狸百匹、箸百膳、天目百杯、棒八百本。武具、馬具、ぶぐ、ばぐ、三武具馬具、合わせて武具、馬具、六武具馬具。菊、栗、きく、くり、三菊栗、合わせて菊、栗、六菊栗。麦、ごみ、むぎ、ごみ、三むぎごみ、合わせてむぎ、ごみ、六むぎごみ。あの長押の長薙刀は、誰が長薙刀ぞ。向こうの胡麻がらは、荏のごまがらか、真ごまがらか、あれこそほんの真胡麻殻。がらぴい、がらぴい風車、おきゃがれこぼし、おきゃがれ小法師、ゆんべもこぼして又こぼした。たあぷぽぽ、たあぷぽぽ、ちりから、ちりから、つったっぽ、たっぽたっぽ一丁だこ、落ちたら煮て食お、煮ても焼いても食われぬものは五徳、鉄きゅう、かな熊童子に、石熊、石持、虎熊、虎きす、中にも東寺の羅生門には、茨木童子がうで栗五合つかんでおむしゃる、かの頼光のひざもと去らず。鮒、きんかん、椎茸、定めて後段な、そば切り、そうめん、うどんか、愚鈍な小新発地。小棚の、小下の、小桶にこ味噌が、こ有るぞ、小杓子、こ持って、こすくって、こよこせ、おっと合点だ、心得たんぼの川崎、神奈川、程ヶ谷、戸塚は、走って行けば、やいとを摺りむく、三里ばかりか、藤沢、平塚、大磯がしや、小磯の宿を七つ起きして、早天早々、相州小田原とうちん香、隠れござらぬ貴賎群衆の花のお江戸の花ういろう、あれあの花を見てお心をおやわらぎやという。産子、這子に至るまで、この外郎の御評判、御存じないとは申されまいまいつぶり、角出せ、棒出せ、ぼうぼうまゆに、臼、杵、すりばち、ばちばちぐわらぐわらぐわらと、羽目を外して今日お出でのいずれも様に、上げねばならぬ、売らねばならぬと、息せい引っぱり、東方世界の薬の元〆、薬師如来も照覧あれと、ホホ敬って、ういろうは、いらっしゃりませぬか。

▶［口上のトレーニング2］

DISC 1 | TRACK 80

「サオダケ売り」

タケヤー、サオダケー、タケヤー、サオダケー。

物干し台にサオダケのご用はございませんか。

おふとんもほせる、じょうぶな万年ざおはいかがでしょうか。

▶〔口上のトレーニング3〕

「やきいも売り」

やきいもー、いしやきいもー。やきたてー、やきいもー。

さあ、いらっしゃい。はい、ほんば、かごしまのおいもですよ。おいしーい、おいもですよ。

やきいもー、いしやきいもー。やきたてー、やきいもー。

▶〔口上のトレーニング4〕

「八百屋」

さあいらっしゃい　いらっしゃい。今日はダイコンが安いよ。

今朝とれたての新鮮なダイコンだよ。一山三百円。安いよ　安いよ。はい　いらっしゃい。

▶〔お経のトレーニング〕

　最後はお経です。暗誦できるようになってください。ふりがなは一例です。

「般若心経」

観自在菩薩　行深般若波羅蜜多時　照見五蘊皆空　度一切苦厄

舎利子　色不異空　空不異色　色即是空　空即是色　受想 行 識亦復如是

舎利子　是諸法空相　不生 不滅　不垢不浄　不増不減

是故空中　無色無受想 行 識　無眼耳鼻舌身意　無色 声 香味触法　無眼界乃至無意識界

無無 明 亦無無 明 尽　乃至無老死　亦無老死尽　無苦 集 滅道　無智亦無得

以無所得故　菩提薩埵　依般若波羅蜜多故　心無罣礙

無罣礙故　無有恐怖　遠離一切顛倒夢想　究 竟 涅槃

三世諸仏　依般若波羅蜜多故　得阿耨多羅三 藐 三菩提

故知般若波羅蜜多　是大神呪　是大 明 呪　是無上呪　是無等等呪

能除一切苦　真実不虚

故説般若波羅蜜多呪　即説呪曰

羯諦羯諦　波羅羯諦　波羅僧羯諦　菩提薩婆訶　般若心 経

CHAPTER 4

せりふを読む

「ことば」から「歌唱」へ つなぐトレーニング ①

▍歌唱の呼吸／共鳴を学ぶために

「はじめに」で述べた通り、本書では「ことば（話すこと）」と「歌唱（歌うこと）」を総合的に扱っています。「ことば」編で紹介したトレーニングはPART Ⅲの「歌唱編」でも有効かつ必要なものです。とはいえ、「歌唱」においては、声や息、共鳴などの点で、別に留意すべきことがあります。それは「歌唱編」の中でも解説していきますが、その準備を行うために本コラムを設けました。特に声優や俳優を目指す方が、同時に歌のトレーニングも行う場合、まずはここでことばを歌のフレーズに結びつける共鳴の基本を学んでください。

▍体全体を響かせる「ハイ」

歌唱で使用する高い声や低い声は、普段の声とは異なりますから、体で支えなければ完全にはコントロールできません。そのためのトレーニングです。

それでは、「ハイ」と大きな声で言ってみてください。その際、体全体が響くようにします。イメージとしては腰を中心として体をまっすぐ伸ばし、そのときの体の線にそって響くようにしましょう（P26の「体軸」も参照してください）。

声を出すときに、息の抵抗を腰中心で意識してみましょう。

姿勢を柔軟に保ち、肩が動いたり、首に力が入らないように気をつけてください。声を息とともに体に馴染ませて、声を出すのにベストな体の状態を把握するようにしましょう。

▶〔声を体で捉え、息を吐くトレーニング〕

息を十分に吐き、のどを開いて声を出すことを下記のトレーニングで体得しましょう。少しずつ、声の高さを変えながら繰り返してみてください。ただし、最初は低いところで徹底して行いましょう。上限は話す声の半オクターヴ上くらいで十分です。かすれたり、のどに負担を感じたら、それ以上の高い音を出すのはやめましょう。

● 息で「ハイ」と言ってから、声で「ハイ」と言う（声の高さを変えて繰り返す）

　体の中心で声を出すイメージで、胸を中心に体全体に声をのせるようにしてください。特に意識していただきたいのは、体を使えているかどうかです。

　高い音で声を出したときに、息を使えているかどうかも確認しましょう。最初のうちは、高い音になると、どんどん息が使えなくなっていきます。すると、体も使わなくなります。

　繰り返しの中で、息と声の差をなるだけなくしていきましょう。体と息を結びつけ、息と声を結びつけるというイメージです。最終的に体と声が結びつくことが目標です。

▶［胸の中心に響かせるトレーニング］

　胸で共鳴させるトレーニングを行ってみましょう。下記のトレーニングを繰り返すことで、最初は声が胸に、やがて体全体に共鳴していき、胸の中心に声が宿ってくる感覚になります。これを私は「声のポジション（声の芯）」と呼んでいます。

● 胸に共鳴をまとめるように意識して、「ハイ」「ラオ」と言う

　声のポジションをとるには、背中の方から胸の前に声が出てくるというイメージを持ちましょう。なるべく深い声をイメージしてください。また口はあまり動かさないようにしましょう。口を大きく開くと声が浅くなってしまいます。

　声が出にくいときはドッグブレス（P29参照）や深呼吸から始めるのも良いアプローチです。深呼吸をしながら体を少しずつ動かしてください。できるだけ、1日の時間を深い呼吸で過ごすのもよいでしょう。朝起きたら呼吸を使えるようにして、日常の会話でも、のどのロスをさせないことです。

▶［「ハイ」「ライ（ララ）」を体から言うトレーニング］

　声のポジショニングを以下のトレーニングで確認してみてください

●「ハイ」と言った後に、「ライ（ララ）」を体から言う（声の高さを低くして繰り返す）

● 息で「ハイ」と言い、次に声でも「ハイ」と言う（「ライ」「ナイ」「ラオ」「ララ」と変えて繰り返す）

口先で声を出さず、のどで邪魔しないことが大切です。また、息で「ハイ」と言った後に声を出す場合は、息のときに体が使われている感覚を崩さないように注意しましょう。「ハイ」のときに首や腰、胸の位置を動かさず、あごを前に出さないことも大切です。

ポジショニングは、簡単に言えば息の深さの問題です。深いところの声の芯だけを残して、あとは力まず、響かせるというよりは「声の線」を出していくと考えてください。高い声を出したときに、より深いところで息を吐いて「ハイ」というと、シャウトした声や息を付けた声になります。

▌深い息に耐えられる体を作る

このコラムのトレーニングでは、息を深く吐くことと、その深い息で声を出すことがポイントです。息は深くなっても、声が浅くなってしまいがちです。そのギャップがありすぎると、強い息でのどを損ねてしまうリスクだけになるので、急いで無理をしないようにしましょう。また、かすれた声にならないように注意してください。

多くのヴォイトレ初心者は、のどを締めてしまいがちです。そのため、弱い声しか使わなくなります。それではヴォイトレになりません。声を鍛えるのではなく、声で呼吸や体を鍛えると思ってください。

最初のうちは、「やや高い声」は「強い声」と意識してみるとよいでしょう。ただし、これは話声域での話で、ハイトーンとは関係がありません。念のため。

こうしたトレーニングでやっていることは、そのまま歌の中に持ちこめません。なぜなら、それに耐えられる体になっていないからです。ここでのトレーニングを繰り返して、深い息で声を出せる体を作ってください。

歌唱編

オリジナリティのある
表現力の高い歌を目指す

CHAPTER 5からCHAPTER 9にかけては、声量、声域、音程、リズム、そしてさまざまな歌唱技術に関しての基礎トレーニングを紹介しています。その多くに共通するのは「呼吸」の大切さです。息を上手にコントロールして、あなたならではのオリジナリティのある声、そして表現を獲得してください。

5

声量

§1 ｜ ハミングとリップロール

░ ハミング

　歌唱のためのヴォイストレーニングで最も基本的なものの一つ、「ハミング」から始めましょう。口を動かさずに済み、のどにかからないので、ウォーミングアップやクールダウン、声を痛めたり調子の良くないときの調整、響き中心に高音への移行、声のポジション確認などによく使われます。声域は狭くなりますが、その声域が本当に使える目安といえます。

　ハミングがうまくできない人は飛ばしてかまいません。トレーニングを進めていく中で、また再挑戦してみてください。

▶〔ハミングのトレーニング〕　DISC 2 ｜ TRACK 01

▶音域 ↗ E5

　口を閉じ「hum……（ムム……）」と鼻に響かせてみましょう。頬を上げるつもりでやってみてください。口を閉めた状態と少し開けた状態の両方ともやってみましょう。

　なお、ハミングは唇を軽く閉じて「生あくび」のように、軟口蓋（口の上側の奥）を縦にするつもりで、そこへ息をあててやると良いといわれています。しかし、不自然に感じる人は無理する必要はありません。うまく鼻や胸に響かないときは、「Non Non Non……」（ノン ノン ノン……）、「Na Na Na……」（ナ ナ ナ……）、「Ne Ne Ne……」（ネ ネ ネ……）などの音も試してみてください。

░ のどを柔軟にする

　発声では首や肩のこわばりやのどの力みを抜きましょう。肩を落として、腕はだらりと下げ、首を右、左とゆっくり回してみてください。それでも力が入るようなら椅子に座って行いましょう。

▨▨▨ リップロール

「リップロール」とは、唇を軽く閉じ、「プルプル…」と息を出して震わせることです。安定して持続させてみましょう。うまくいかないときは、唇の乾燥しすぎ、あるいは力の入り過ぎといった原因が考えられます。苦手な人は、日頃から少しずつ慣れていくようにしましょう。長く続けられるようになったら、下のトレーニングに取り組んでください。

▶ 〔リップロールのトレーニング〕　　DISC 2 | TRACK 02

▶ 音域 ↗ E5

§2 | ロングトーン

░░ ロングトーン

「ロングトーン」とは音を長く伸ばすことです。単に伸ばすだけではなく、一定の音色を長くキープすることがポイントになります。

ロングトーンの練習は、呼吸と発声の安定とコントロールのために、最も大切なトレーニングの一つです。無理や無駄をのぞき、声に最も効率の良い発声を目指します。

声をしっかりと出してキープして切りましょう。そのすべてをていねいに意識して行うことが大切です。サックスやトランペットでも、最初は音が鳴りにくく、長くキープできません。しかし、音の作り方とそのコントロールの仕方を覚えると、長く安定した音が出せるようになります。声の場合も同じです。強弱や長短など、声のいろいろな音色を自由自在に扱うには、まずロングトーンをしっかり出せることが重要です。最初はなかなか大変ですが、自分の声の音色やヴォリュームを調整するにはわかりやすいトレーニングといえます。美しい声や魅力的な音色、母音や共鳴を厳しくチェックするにも最適です。

░░ ロングトーンはフレージングの基本

最もよく出せる音(母音の中のどれか1音)をロングトーンで長く伸ばしていきましょう。これは、フレーズトレーニングの中心課題です。

▶ [ロングトーンのトレーニング]　　DISC 2 | TRACK 03

ロングトーンで「アー」と15秒発声します。音源には収録していませんが、自分で20秒、25秒と伸ばしていき、音の高さも変えてみましょう。また、2秒ずつ「アーエーイーオーウー」とつなぐ練習も効果的です。この場合も各3秒、4秒と伸ばしてみましょう。

その他、「小さく弱い音で伸ばす」「強く入って弱くしていく」などのバリエーションにもチャレンジしてください。

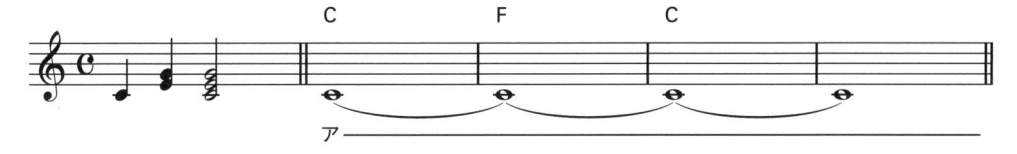

HINT ロングトーンは気づきの多いトレーニング

　ロングトーンができるようになると、それを短くしたときに、もっと強く大きくする力がつきます。つまり、長くできるところでついた力を、短く強く出したり、急に強くしたり弱くしたりすることに応用できるようになるのです。ロングトーンを効率よく発声できるようになると、短い音のときはその余力を声域や声量、メリハリといったフレージングにまわすことができます。広い音域を使う歌では、強い支えが必要です。いくらセリフのトレーニングをしても、ロングトーンのトレーニングをしないと、フレージングはうまくできません。これは役者とヴォーカリストの声の条件の違いです。そういう意味でロングトーンは、たくさんの気づきを得ることのできるトレーニングです。

§3 | クレッシェンドと デクレッシェンド

クレッシェンドとデクレッシェンド

　「クレッシェンド」は「だんだん強く」、「デクレッシェンド」は「だんだん弱く」という意味の音楽記号です。実際の歌唱では、単に音量を変えるだけでなく、表現としての感覚面における強弱も加えます。音楽記号では、弱く演奏することを「ピアノ（p）」、強く演奏することを「フォルテ（f）」で表しますが、フォルテからピアノが最も極端な移動となります。

▶ ［クレッシェンドのトレーニング］　　　DISC 2 | TRACK 04

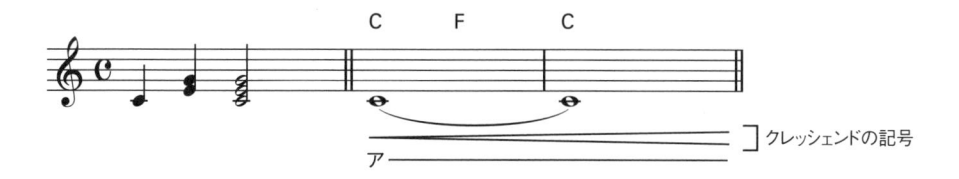

クレッシェンドの記号

　「アー」と出した声をゆっくりと大きくしていきながら、息を深く吐いていってください。声がしっかりと出て、よく響き、体が使いやすい中低音で行いましょう。強くしたときに、かすれたり、ひずんだりすると、のどに負担がかかるので、その場合は違う音域を使ってください。音源にこだわらず、声の出やすい音の高さで行いましょう。

　「ア」以外に、ハミングや「ガ」でも発声してみましょう。「わ」「や」「ら」などもおすすめです。口、あご、のどの開きを保って、共鳴が統一され、息が十分に通っていることを実感できるかどうかチェックしてみてください。慣れてきたら、こまかな抑揚や強弱などのニュアンスも付けてみましょう。

CHAPTER 5

声量

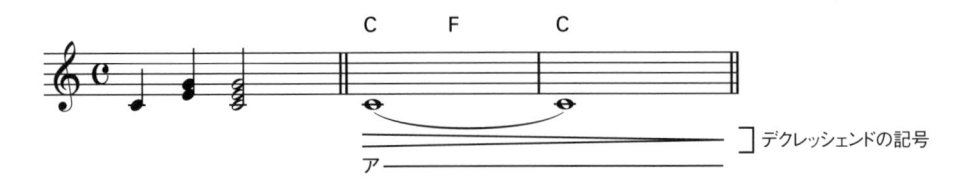

●〔デクレッシェンドのトレーニング〕　

クレッシェンドとは逆に、最初は大きく出した「アー」をゆっくり小さくしていきます。その他はクレッシェンドと同じ要領です。ロングトーンでていねいに行いましょう。

░░ ピアノとフォルテ

先ほど少し触れた「ピアノ（p）」は単に音量を弱くするのではなく、「優しく」とか「静かに甘く」「ささやくように」といった意味で使われます。表現されるものである以上、すべてにおいて最低限の「強さ」というのは必要ですから、ピアノは淡々と説得する、嘆願する強さの表現といえるかもしれません。そしてそれは集中力で支えられるべきものでもあります。ピアノでの表現は、周囲の音との調和、溶け込みが必要でしょう。

一方の「フォルテ（f）」は決して「大音量」「大声」ではなく、「芯のある強さ」が必要です。盛り上がりでの高揚感、希望、大らかさ、脱力、あきらめ、嘆き、悲しさ、力強さ、激しい感情、雄大さ、寛大さ、動揺や苦悩を表わす場合にも用いられます。

フォルテは感情を強く、ピアノは感情を弱くというところへ持っていくためのスピード感を表わすイメージで捉えるとよいでしょう。

なお、音の強弱という点では、歌では楽器ほど楽譜に忠実に表現するわけではありません。記号は参考程度に、自分で解釈して創意工夫したメリハリを付けていきましょう。

§4 | フレーズキーピング（声の保持）

声を保持する

　歌の中で、ある区切りから区切りまでを「フレーズ」と呼びます。その区切り方や長さなどは、楽曲によってさまざまですが、フレーズの間に声をキープ（保持）するのは歌の基本です。そして、このフレーズをどう動かすかで、フレージング、歌いまわし、節（回し）が出てきます。

　またあるフレーズと次のフレーズとの間も止まっているわけではありません。そこにはブレスや間という動きがあります。音として声を出していないときも息の動きや体の動きがあり、それによって聞き手に伝わるものがあります。その全体を円の循環のように捉えてみるとよいでしょう。

　体から息を出せる状態になったとき、息にのって声は出て、息の切れで声も止まります。その発声から終止までを1つのフレーズとして捉えましょう。声よりも呼吸と体の動きを中心にフレーズをイメージしてください。

　歌では、表現を伝えるのに必要な時間の間は声を保つことが大切です。呼吸の動きに合わせ、語尾も自然と共鳴を保ちながら弱くなって切れると考えましょう。

効率の良い発声

　声を出すときは、声帯を締める強さに対して呼気圧が高まり、息が送られ、声となります。締める方が強いと硬い声（硬起音）となり、先に息が出すぎると息もれ（気息音）になります。このタイミングを一致させるのが効率の良い発声です。

　そこで、いきなりぶつけるように声にせず、十分に息をためた後、ゆっくりと確実に声にしましょう。そのためには十分に吸気しておくことが絶対条件となります。そして静かな声をのせていきましょう。

　声を止めるときは、のどで切るようにはせず、お腹からの息のコントロールで行いましょう。のどがビリついたり、かすれたりしないように、しっかり切ってください。そのためには、本書で何度も言及している通り、深い息で声をコントロールできることが必要です。また、声が表面的な流れで切れても、体や呼吸は流れとしてキープされているようにしましょう。

▶ 〔息から声のトレーニング〕

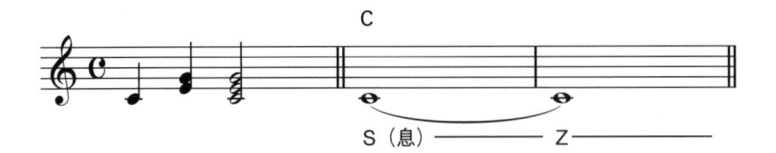

息からスムーズに声にするトレーニングを通じて、体の動きや呼吸の使い方を体得しましょう。最初は「S（スー）」で、次に「S−Z」、そして「Z（ズー）」にします。のどを使わず、体の中心で声にまとめるイメージでロングトーンを出し、のどを押しつけたり、締めたりせず、息がすべて確実に声になるように練習してください。また共鳴で声がばらけたり、くせが付いたり、歪んだりしないように注意しましょう。あまり高くない音で、大きく強い声をイメージするとよいでしょう。いつもより深いところで声にするイメージです。なお、息から声にする部分を「声たて（声への変換、声の発生）」といいます。

▶ 〔声を息でキープするトレーニング〕

声を体からの息でしっかりと支え、息の分だけ伸ばす「声のキープ」を練習しましょう。最初は、下記のことばで、それぞれ5秒ずつ均等にキープしてください。響かそうとしなくても構いません、頭声でなく、胸声を中心にします。息と声を完全に一致させ、まっすぐストレートに声を出しましょう。同じ音質を保つことを意識してください。慣れてきたら、少しずつ秒数を伸ばして繰り返してください。呼吸の支えが崩れたら、そこでやめましょう。

① 「ハアーーー」
② 「ラアーーー」
③ 「ナアーーー」
④ 「マアーーー」
⑤ 「ヤアーーー」

上記のほかに、以下のことばでも応用してみましょう。
⑥ 「Fa−−−」
⑦ 「Fu−−−」
⑧ 「Za−−−」

● 〔声の終止のトレーニング〕

　声をお腹で切る、つまり、のどではなく呼吸で止めるトレーニングです。声を伸ばしているところから、体からの深い息で止めます。かすれず、響きが余韻として残れば上出来です。なるべく大きな声で行い、体の大きな動きの中で、自然と止まるイメージを持って練習してください。声が消え入っても流れている息は、体によって終止します。統一された声の動きとして捉えていきましょう。伸ばした声を止めるのが難しければ、ことばにして言い切ってみると良いでしょう。このときも、のどに負担がかからないようにしましょう。

① 「ハアーーー」

② 「アオイーーー」

③ 「ガアイーーー」

§5 | ヴォカリーズ

母音での発声・発音トレーニング

母音での発声・発音トレーニングを「ヴォカリーズ」といいます。

最初は、胸の深いところで声が振動しているような低い声で行うとよいでしょう。半オクターヴか1オクターヴ内で、「ア・エ・イ・オ・ウ」で行いましょう。このとき、響きや明瞭な発音よりも、確実にしっかりとした声を心がけてください。どちらかというと暗く太い音色をイメージしましょう。

▶ 〔ヴォカリーズのトレーニング〕　**DISC 2 | TRACK 07**

▶ 音域 ↘ G3 ↗ C5

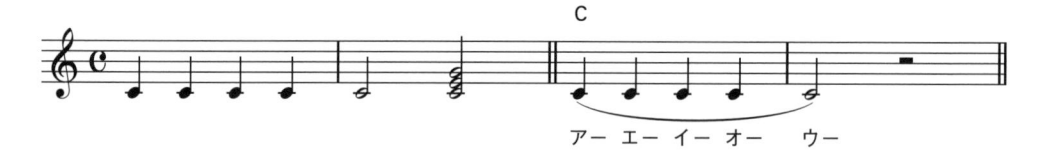

ヴォカリーズのトレーニングです。音源は最初にピッチが下がっていき、その後、また上がっていきます。音と音との継ぎ目をなるべく目立たないようにスムーズにつなげましょう。「アーエーイーオーウー」だけでなく、次のことばでも応用してみてください。また最後に最初の音に戻って、「ア」の共鳴が、最初の「ア」と同じかどうかをチェックしましょう。

①「オーオーオーオーオー」

②「イーエーアーオーウー」

③「アエーエイーイオーオウーウアー」

④「アーエーアーエーアー」

⑤「イーエーアーエーイー」

⑥「アーエーイーエーアー」

⑦「アーオーウーオーアー」

⑧「アイーエイーオイーウイーイイー」

154

§6 | レガートとスタッカート

▨ レガート

「レガート」とは「なめらかに音をつなげる」という意味の音楽用語です。切れ目のない、安定した流れを作るのがレガートです。歌唱においては、一般的にレガートで歌われます。

▶〔レガートのトレーニング〕 `DISC 2 | TRACK 08`

▶ 音域 ↘ **G3** ↗ **E5**

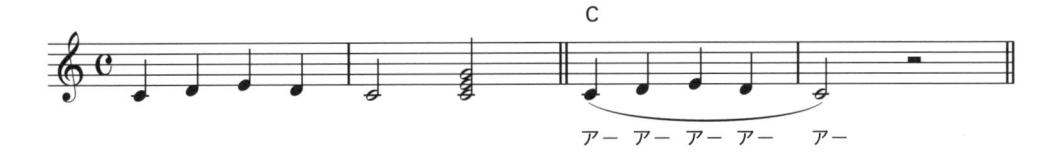

最初はすべての音を「アー」で出し、なめらかにつなげていきましょう。フレーズの一番高い音で苦しくなるようなら、弱くなってかまいません（高音域は裏声を使ってもよいでしょう）。力んでのどや首を締めないようにして声を出します。最初は、情けない声になっても構いません。無理に出さず、毎日続けてトレーニングしていくことで、だんだんとしっかりと出せるようになるでしょう。音源では最初に半音ずつ下がっていき、その後、また上がっていきます。5つの音の響き、ポジションを同じに保ち、伸ばすときには、つっぱらないようにしましょう。

また、以下のことばでもトレーニングしてみてください。②や③のガ行は鼻濁音にしないようにしますが、難しい人は鼻濁音から始めてもよいでしょう。「ゲ」から「ギ」、「ゴ」から「グ」は特に注意してください。「ギ」や「グ」は浅くなりがちです。声が伸びていて、その中でほとんど発音が違わないイメージで行います。5つの発音を明瞭に言い分けるのが目的ではありません。

① 「オーオーオーオーオー」　④ 「マーメーミーモームー」
② 「ガーゲーギーゴーグー」　⑤ 「イーイーイーイーイー」
③ 「ガアゲエギイゴオグウ」

CHAPTER 5

声量

▶［レガートで低声にするトレーニング］

　低い声でレガートをトレーニングしてみましょう。音の間があかないように、5つの音を1つの線上にそろえるイメージです。音の高さは各自、胸の共鳴を保ちやすいところを選んで行ってください。「ゲーエーエーエーエー」「ゲーゲーゲーゲーゲー」でも構いません。

　慣れてきたら、1音を2秒（計10秒）、3秒（計15秒）、4秒（計20秒）、5秒（計25秒）と伸ばしていきましょう。また「ガ・ゴ・ギ・グ」でもやってみてください。ことばとしては、1つずつ言い換えてもよいのですが、音の流れは切らないようにしましょう。

　ポジションは、胸でしっかりと捉えて離さないようにします。音の高さで行ってください。腹話術のように、口形は変えないようにします。なお、ガ行を使うのは、口内の軟口蓋を自覚しやすく、深いポジションをとりやすい人が多いからです。苦手な人は「ア」「マ」「ラ」など違う音を使ってもかまいません。「ゲ」で聞かせることができればハイレベルといえます。

● 「ゲーーーー」（5音）

▨▨▨ 声は音符にあてるのではない

　「レガートのトレーニング」において、多くの人は5つのピッチ（ドレミレドなど）を正しく出そうとします（ピッチを正確に出そうと"音符にあてる"わけです）。しかし、それでは音程のトレーニングになってしまいます。

　レガートのトレーニングでは、最小の変化によって、声をなめらかにつないでいくことが目的です。つまり、「ドレミレド」という音程による声（音色）の差が出ないことが大切なのです。声自体の音としての美しさに加え、その動き、音楽としての表現力、説得力を伴わせるためには、音質（トーン）を変えないことが基本です。

　音質は、歌の表現によっては変わってもよいのですが、音程や音高、発音などによって変えるものではありません。そうなると、表現の自由度が限定されてしまうからです。

　「レガートのトレーニング」では声の幅、太さを変えないようにイメージしてみてください。変わらない基本を踏まえてこそ、自由な声での表現ができるようになるのです。

声をそろえる

　音色をそろえるには、声を出すときの条件をなるべく同じにします。最も良い発声の状態をキープしましょう。口は半開きにして、発音や音高が変わっても、あまり動かさないようにしてください。特にあごが出ないように、また舌が硬くならないように注意しましょう。口の形は変えない方がよいでしょう。

▶〔子音を抜いて母音で歌うトレーニング〕

　歌を母音だけにして歌ってみましょう。例えば、「神の」は「カ→ア」「ミ→イ」「ノ→オ」で「アイオ」で歌うということです。この練習は、浅利慶太氏の劇団四季でのレッスンで有名になりました。母音が明瞭に聞こえるのと母音の口形を作り過ぎることを混同しないようにしてください。歌としては、発音が聞こえたら良いのであり、発声の妨げになるまでやり過ぎることには要注意です。

スタッカート

　音を短く切って演奏することを「スタッカート」といいます。楽譜では、次の「スタッカートのトレーニング」の譜例のように音符に点をつけて表します。スタッカートでは、お腹で声を短く切り、音と音との間をあけます。目安としては、その音符の本来の長さの2分の1程度にします。

▶〔スタッカートのトレーニング〕　　　　DISC 2 | TRACK 09

▶ 音域 ↘ G3 ↗ C5

スタッカートの記号　　　　　　　　　　　ハッハッハッハッハッハッハッ　　ハッ

　スタッカートの練習です。音源は半音ずつ下がってから上がります。最も出しやすい音域で練習しましょう。また、「ドレミレド」「ミレドレミ」「ドレミファソ」などでもやってみましょう。

§7 | 中低音を強くする

呼吸のトレーニングからはじめる

本セクションでは、音の強弱に関係なく、しっかりとした自然に響く声を出すトレーニングを行います。そのために、まずは呼吸のトレーニングから深い声の支えとなる感覚を養います。一流の歌い手の息の音を聞いてみると勉強になるでしょう。

▶ 〔息を吐くトレーニング〕　　DISC 2 | TRACK 10

▶ 音域 ↘ G3

ハッ ハッ ハッ ハッ ハッ ハッ ハッ ハッ ハッ ハッ ハッ ハッ　　ハッ

まずは声を出さず、「ドッグブレス」（P29参照）と呼ばれる息を吐くトレーニングからはじめます。少し速めに「ハッハッハッハッ」と13回、息を吐くことを1セットとして、6セットやってみましょう。

息を吐き過ぎると気分が悪くなることがあるので、きつく感じる場合は、1セットの回数を半分にしたり、1セットごとに長めに休みを入れてください。

さらに、「Chapter 1　§4 呼吸」（P28）のトレーニングも行いましょう。

声の出方をチェックする

下記の手順で深い声を出してみましょう。体を使って、胸に十分に共鳴するノイズのない声で行います。呼吸がいくら深くても、しっかりした声で共鳴が得られていないと、声はうまくコントロールできません。自分の耳でしっかりと自分の声を聞き取りましょう。純粋な音声として出ていること、共鳴が得られていて、音色が豊かなことをチェックしてください。

- 1　初めは弱く出し、次第に強い声にしていきます。このときに、声がはっきりと出ているか、ノイズがないかをチェックします

- 2　低い音から徐々に半音ずつ音を上げていきます。「イーエーアー」などで行います

- 3　体を使って声を出したとき、共鳴がしっかりと頭部と胸部でとれているかを確認します。どこかに力みがあれば、声は、のどでの歪みを伴うものとなってしまいます

▶ ［深い声のトレーニング］

DISC 2 ｜ TRACK 11

▶ 音域 ↘ G3

ハイ ハイ ラー ラー ラー

　「ハイ」は、声の底（最も深いポジション）をとらえるように意識してください。普段の声とは区別して強く言い切りましょう。その息の流れと響きを活かして、「ラララ」の３つの音を一つにつなげていきます。口の形は、あまり大きく動かさない方がよいでしょう。「ハイ」「ラララ」を２音と３音にとらえるのでなく、１つのフレーズの中の２つとして、同じ長さと同じ強さで、同じ感覚で言ってみてください。「ハイ、ハイ、アオイ」「ハイ、ライ、アオイ」「ハイ、ラオ、ラララ」など、ことばをいろいろ変えてみるのも効果的です。各音がバラバラに切れたり、声質が変わったりしないように注意してください。１つの声と息の流れの中で音を処理しましょう。P106〜P112に掲載した「ことばの表現トレーニング１」「ことばの表現トレーニング２」を使って練習のバリエーションを増やしましょう。

▶ ［声と息をことばでミックスするトレーニング］

　息を声にするためのトレーニングです。下記のことばを（　）内のメロディで歌ってみましょう（メロディは適当でも構いません。リズムは自分で付けてください）。息のすべてを、体で声の共鳴にしていくのが目標です。これができるようになると、マイクなしでも、どの響きも遠くの観客の耳にもしっかりと伝わるようになります。気持ちの伝え方によって、声と息のミックスの割合は違ってきますが、いずれにしても、体で支えることを忘れないでください。

①マリア（ラドド）

②ひたすら（シドレレ）

③雨に恋う（ソソラーファラ）

④日の光に（ドレミシシシ）

⑤そんな気がする（ドドレミミミミ）

⑥あなたへの愛を（ミラソソミソラシ）

⑦遠く離れても（ラドシーファ♯ラドシシ）

⑧何にもみえなく（ラシドミレドシラ）

⑨二人の愛の部屋に（ソラシドードレドーシドシ）

⑩冷たいことば響いて（レミファミミレレドドシ♭シ♭）

⑪命かけていつの日も（ドレミドレミドレミミド）

⑫一言こたえてほしい（ソシラソファ♯ミファ♯ソソソソ）

⑬去り行く今こそ振り向いて（ドドレミーミレミファードレミレミ）

⑭ああ、苦しいあなたへの歌に（レーシミレレーシミレレシミレミファ♯）

⑮夏の日の青空が消えていく（シシシシドードドドドシーシシシシラー）

▨▨▨ シャウトの条件とトレーニング

　シャウトを訳すと「叫び」となります。歌の中でのシャウト唱法はとても難しいことです。せりふでは、役になり切って伝われば、どんな声でもOKでしょう。しかし、歌の中では下記の条件が必要となります。

　−1　のどに負担がかからないこと、体で支えていること
　−2　感情が伝わること
　−3　フレーズの線が出ること

　さらに音がとれていることと音楽性に反しないことも求められます。つまり、複雑なメロディやリズムにのせてシャウトできるか、シャウトしたあと、すぐに通常のヴォイスコントロールに戻れるのかということです。そういう意味では、強い声の使い方と声をコントロールする技術が必要となる高度な歌唱スタイルといえるでしょう。

▨▨▨ シャウトはのどに危険

　シャウトは基本が身に付き、ヴォイスコントロールができてから行わないと危険です。息とミックスされたその人独特の音色、共鳴となります。声楽のトレーニングには、この考えはありません。特にハイトーンでのシャウトは、強い呼気と的確なのどのコントロールを求められるため、練習では無理しない方が良いでしょう。

....

(**HINT**) シャウトを聴いてみよう

　1930〜40年代に活躍したジャズ・シンガーのキャブ・キャロウェイや、サッチモの愛称で知られるルイ・アームストロング、ロック系ではトム・ウェイツなどがシャウトの見本になるでしょう。ジャズにおいては、スキャット（器楽として音声を使うこと）が発達しました。ゴスペルの中にたくさんの優れたシャウトが見られます。ソウルやリズム＆ブルースで、モータウンの主たるヴォーカリストは、ことばだけでなく、ファルセット、息、ささやきなどとともにシャウトも音楽的に処理しています。サム・クック、アレサ・フランクリン、マーヴィン・ゲイ、ティナ・ターナー、ジェイムス・ブラウンなどです。彼らの音質をまねたくて、白人が編み出したのがシャウトという唱法です。そこからハードロックのヴォーカリストがシャウトを売りものにしていきます（ロバート・プラント、イアン・ギラン、デヴィッド・カヴァデールなど）。

....

CHAPTER 5

声量

6

声域

§1 声域をチェックする

自分の声域を知る

「声域」というのは甚だあいまいなものです。簡単に言えば「声が出せる音域」のことですが、何をもって「声が出せる」と決めるのかについて明確な基準はありません。かなり高い声や低い声でも、一瞬だけなら出せる場合もあるでしょう。また体の成長やトレーニングによっても変わっていきます。さらに、「歌える声」と範囲を絞ったとしても、高い音や低い音を単に出せるだけでは、表現していることになりません。そこで自分の声を以下の4つのポイントで確認してみましょう。

- 1 完全に声をコントロールできる、強弱、メリハリを自由に付けられる声域
- 2 何回繰り返しても疲れない、質が落ちない声域
- 3 ことばがはっきりと表現できる声域
- 4 とにかく、出せるだけの声域

▶ 〔声域のチェック〕　　　　　　　　　　　　　　DISC 2 | TRACK 12

▶ 音域 ↘ E3 ↗ B5

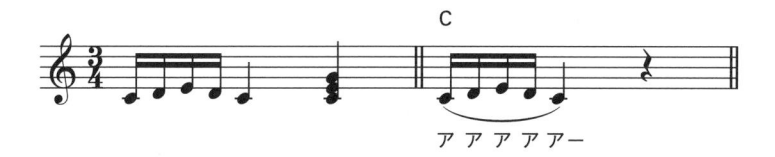

アアアアアー

音源に合わせて「ア」やハミングで歌いながら、自分の声域をチェックしてみましょう。チェックなので無理しないようにしてください。全部出せなくても何の問題もありません。

発声練習に慣れていない人は、歌うときに出せる声域さえ、発声練習で出せないこともあります。そういうときには、発声にも歌のフレーズを選んで歌の声を使うとよいでしょう。

キーの設定

本来は、歌によって伝えたいイメージや感覚が違うと、それに伴って音色や声の使い方も違ってくるものです。高音でシャウトが続く歌と、一カ所だけ最高音が出ればよい歌という場合でも、声域の取り方、つまりキーの設定は違ってくるでしょう。トレーニングにおいては、自分の声域を把握し、キー設定がうまく行えるように意識してください。

声区について

声域を声の音色の違いによって分類したものを「声区」と呼びます。しかし、声の高さによって音色が変わるのは、あまりよくありません。伝えるべき表現から音色は定まってくるものだからです。例えば、優れたヴォーカリストの声では、低声区と中声区（さらには高声区）の音色に明確な差がみえません。また声楽家は、同じ声質、幅（太さ）でベースの声を統一しています。感覚を研ぎ澄まして、深く胸に響かせたり、頭の方に響かせたりといったことを自然にできるようになりましょう。

前述した通り、ある高さの音の発声を決めるのは、表現や音楽的感覚からくる音色です。音の高さそのものにこだわり過ぎないようにしましょう。同じ音高でも表現のイメージに合わせて音色を変えることもあります。逆に、声を出すたびに音色が変わる人がいますが、これは音を点で捉えてしまっているからです。それでは、線を動かしていくような音楽の表現は難しいでしょう。

ポップスにはさまざまな表現形態がありますが、基本ができないうちに、それをまねてクセを付けてしまうと、発声だけが複雑になり、いつまでも声のヴォリューム感や表現力が伴わないという結果に陥りがちです。声はシンプルに捉え、多彩に展開してこそ表現も豊かになります。声種や声区などを気にして歌っているようでは心もとないでしょう。それよりも、同じ音（キー）での音色やパワーを研究していくようにしましょう。

発声の効率をよくしていく

ここでは、あなたがすでに持っている声域（声の出る音の範囲）を、さらに確実に扱えるためのトレーニングを行っていきます。体の使い方やお腹と息の支えを習得し、声の性能をフルに発揮させましょう。発声器官は、声の元の音をさまざまに響かせます。その共鳴の中で最大限効率の良いところを捉えて声を出していくのが、ヴォイストレーニングの第一の目的です。しっかりと声になっていれば、息の支えで、しっかりした発声となっていきます。

音域を大きく分けると、低い方から「低音域」「中音域」「高音域」となります。話している声は低音域です。歌いやすいのは、中・高音域でしょう（個人差があるので、およその区分です）。

まず本セクションでは、低音域での胸の中心の声から、高音域での頭で響かせる声へとバランスをとっていくトレーニングを行って、声が低音域から高音域へと自由に移れるようにしていきましょう。以下に基本的なイメージを記します。

－1 胸で声を捉え、声の高さのイメージを変えていきます。確実に声を捉えていれば、高音域へ入るときには自然に頭の方へと共鳴の焦点の意識が働きます

－2 低い音は自然と胸で鳴り（胸声）、高い音は頭で鳴る感じ（頭声）がします。胸声、頭声と2つに分けるのではなく、バランスの中心をどちらにとるかで使い分けていきましょう

－3 裏声（P264参照）をやや強めに出せるようにしていきます。地声（普段の声）を出すときの感じで裏声を出し、裏声を出すときの感覚で地声を出します

呼吸が声とうまく連動しないと崩れます。高音域での響きの歪み、低音域での息洩れなどで、安定した共鳴が得られなくなります。

最低音からつかむ

胸部で共鳴しているように感じるところから、より深いところに共鳴が絞り込まれていくイメージで音を下げていきます。一番、低い音高をとれる音まで出しましょう。低音部では、胸の中心に声をキープして音高をとってください。ここで、ねばりましょう。

一流の役者がドスを聞かせて語る声が、この深いポジションに近いところといえます。こうしたオリジナルの声でせりふが歌になっても変わらず、表現できるのが理想です。これが、やがて上の方の響きに移動し、声域が広がることにつながります。

　なお、のどには常に余計な負担をかけず、枯れないようにしましょう。

▶ 〔低音域のトレーニング〕　DISC 2 | TRACK 13

▶ 音域 ↘ E3

ガ　ガー　ガー　ガー

　ガ行でトレーニングします。声のポジションを深め、低音でヴォリュームを付けて、胸に声が響いているように感じるところを捉えるように意識してみてください。深く息を吐いて、深い息と声の変換をスムーズにしつつ、「息でのシャウト」で体に結びつけていきましょう。胸での声の芯作りをイメージしてください。

胸の共鳴を得る

　声の振動を胸骨や背骨で感じ取れるようにしていきましょう。まず、低い地声で「ハイ」と言います。このとき、のどには響かないようにしてください。そして少しずつ大きな声にしていきます。声が割れないように注意して、胸で響くように感じる声(胸声)を強調していきます。バランスよく、声の共鳴を整えていきましょう。

　次に、「ハイ、ララ」で、頭の共鳴と胸の共鳴とのバランスを整えましょう。日本人の女性や高い音でしゃべったり歌ったりしてきた男性にとって、こういう発声はわかりにくいものですが、トレーニング次第で出せるようになります。

　深い呼吸でのコントロールができてくると、胸声で出せる音域でしっかりと発声できるようになります。すると、声の共鳴が、自然に胸から頭に感じられてきます。完全な胸部共鳴は、鼻腔など頭部が共鳴している感じも伴うのです。共鳴が自由に移る状態となって、共鳴を意識した発声を行っていれば、頭声への移行はスムーズになります。

§3 | 中音域

中音域の難しさ

中音域は、比較的、声を出しやすいと思います。しかしながら、自然と声が出るがゆえに、しっかりした声を出すのが難しいともいえます。その点、母音の「ア」と似ています。そういうときは低音域から始めるとよいでしょう。

中音域では、低音域よりも強い息で踏み込んで、声をしっかりと捉えたのちに放さなくては、うまく共鳴する声になりません。声の出るところを意識して、しっかりとした声を十分に出すこと、声と息と体の結びつきを覚えていきましょう。

また、低音域、高音域を一通りやったあとに、再び厳しく中音域をチェックし直すようにしてください。なお、トレーニングは、ある程度できるところがあれば、そこを確実にする方向で進めてください。また、声はトレーニング次第で変わるので、高い音も将来的に出せるようになることをイメージしておきましょう。

中音域は高音域へのステップ

中音域の声は、口から広がって浅く出ていくのでなく、縦軸上に深さと響きを伴って、やわらかく送り出せるようにイメージしましょう。

また中音域は、雑にしても声になりやすいため、多くの人がのど声や無理した響きで声を作ってしまいがちです。しかし、ここで発声を得られないと、高音域へのアプローチはできません。中音域でのトレーニング不足が、高音や低音だけでなく声量など、声の問題を残します。

▶ 〔中音域のトレーニング〕　　　　　　　　　　**DISC 2 | TRACK 14**

▶ 音域 ↗ E5

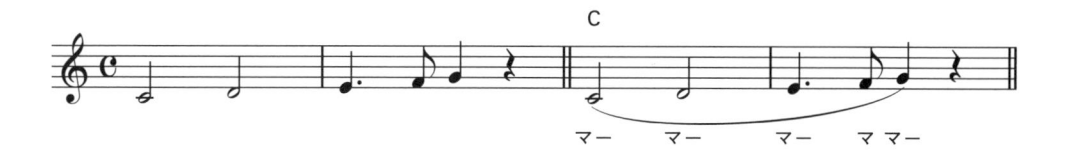

「マ」で音源に合わせて歌ってみましょう。高音になるに従って、共鳴をやわらかく上に集めていくような発声が一般的です。しかし、基本トレーニングにおいては、高くなるほどパワフルに体を強く使って、太く声を出すように考えましょう。

1オクターヴ内を同じ音質で発声できる条件を備えた上で、すべての音域にわたって共鳴を自由に使い、細くしたりやわらかくしていきます。またヴォリュームを付け、音色に色艶と厚みを加えていきましょう。

▨▨▨ トレーニングの組み立て

低音域と中音域のまとめとして、以下にトレーニングの順番を記しておきます。

- 1 息を声にする「声立て」からはじめて、低音域、中音域のフレーズを使ったトレーニングを行います
- 2 胸のポジションで共鳴を感じることからはじめ、頭のポジションまで共鳴を感じたら、その後、胸と頭を自由に共鳴させます
- 3 胸から頭までの共鳴のバランスを調整します

なお声量を出しやすい声域と、音をとりやすい声域は、一時的に分かれることもあります。
歌声を一つの感覚で自由に扱うための大切なポイントを挙げておきます。

- 1 低音を頭声の響きでとる
- 2 高音から胸声に戻せるようにしておく（次の§4参照）
- 3 中音域にヴォリュームを付ける

§4 │ 高音域／ハイトーン

▨▨ 高音域にトレーニングを移すために

これまでの声の判断と実践を確認しましょう。以下の2項目を実現できるようになってきたでしょうか？

- -1 同じことを繰り返せる
- -2 いくら長く出していても狂わない

低・中音域のトレーニングができていて、1オクターヴほどなら同じポジションで声がとれるようになると、胸声だけでは声の力をフルに発揮できなくなります。男性は「レミファ」で低音域から中音域へ、上の「ラシドレミ」くらいで高音域（頭声）の感覚に移りやすくなります。

女性は個人差が大きいのですが、大体、男性の1オクターヴ高い音より3〜4音ほど低いところになるでしょう。

そこで、頭部に共鳴を移しても、胸部の共鳴に戻って支えられる体を目指します。高音域でのトレーニングは、体作りのために胸部へ閉じ込めておいた声の可能性を、頭部へ解放していくことになります。なお、高音域では胸部の共鳴を感じなくてもよいでしょう。

これらを基本トレーニングの期間に達成するのは難しいのですが、ステップアップするためには今からイメージしてほしいことです。

▨▨ イメージを描く　〜鋭い声

鋭い声を出す際は、のどを締めて声を出すと考えるのではなく、のどをあけて（本当はそんなことはないのですが）、声が共鳴するとイメージしましょう。

鐘に例えると、声を出すことは鐘の真ん中をしっかりと突くということです。その音を大きくするためには勢いをつけて突きますが、すぐに引いて解き放ちます。ところが、何回も続けていると、大体はズレてきます。それを調整して、確実に共鳴するように導くのです。

響かせるためには、余計な力が働かないように力を抜きます。鐘というのは強く突くと大きく鳴りますが、余計な力で押さえられていると鳴りにくくなりますよね。そこを、力づくで大きく突く

と、こわれてしまいます。力よりはスピードがコツです。

　しっかりと声を使うには、このバランスを保ち、より鋭く使えるようにトレーニングするのです。自然と鋭く出せるようになることが大切です。

　高い声を出すには、強く突くのではなく、鐘の密度が高まると、高い音が鳴ると考えましょう。もちろん、のどに力が入るのは、良くありません。リラックスして緊張を解いた発声を心がけましょう。

▨▨▨ 高音域に入る準備

　まずは自分の高めでも出しやすい音を知り、そこで声をコントロールして、最も良い声の出し方を知っていくことが大切です。歪んだ声を出さないようにして声帯への負担を避けてください。

　あくびのときの感じを思い出してみましょう。舌の位置に気をつけ、舌端は下歯のつけ根につけます。鏡でチェックすると、のどちんこがみえますか。

▶ 〔高音域のトレーニング〕　　　　　　　　　DISC 2 | TRACK 15

▶ 音域 ↗ G5

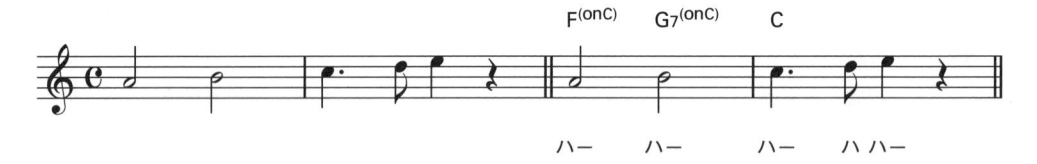

　音源に合わせて「ハ」もしくは「ホ」で歌い、自分が最も出しやすい音域を把握してください。できるだけ、良い発声のできる範囲を中心にトレーニングしましょう。

　なお、口ではなく、のどの奥を開くことが大切です。口を開きすぎたり、パクパク動かしすぎると、かえって、のどが締まるのです。すると薄っぺらく浅い声、つまると固く、がさつで冷たい声になります。以下をチェックしながらトレーニングしてみてください。

□ のどが開いているか？

□ 声に方向性があるか？

□ 声と感覚と体に一体感があるか？

□ 声の音色に質感があるか？

□ 声が体に宿っているか？

□ 声に焦点、線がみえるか？

▨▨ 高音域の発声チェック

トレーニングを続ける過程においては、ときどき以下の項目をチェックしてみてください。

良い発声

☐ 力強さとボリューム感がある

☐ 自然な感じで共鳴する

☐ 低音から高音まで音色が統一されている

☐ しなやかさがあり柔軟である

☐ ムラがない

☐ 美しさを感じる

☐ 劇的（ドラマティック）である

☐ 透明感がある

☐ 遠く聞こえる感じがする

☐ 均質で無理がない

☐ 軽快で、音感やリズムが感じられる

☐ 何度も同じように繰り返せる

☐ 疲れを感じない、感じさせない

良くない発声

☐ のどを酷使しているように感じられる

☐ 鼻声や不自然なかすれ声になる

☐ 強弱のメリハリにムラがある

☐ ボリュームが出ない

☐ キンキン響く

☐ かすれたり、のど声になったりする

☐ こもっている、後ろにまわっている

☐ 歪んでいる、ビリビリする

☐ 無理を感じる

☐ 音を低くするとボリュームダウンする

☐ 声になりにくい

☐ 長時間、同じことが繰り返せない

☐ 音色にムラがある

§5 裏声とファルセット

地声（modal register）と裏声（falsetto register）

「§2 低音域」（P165）でも少しだけ触れましたが、「地声」とは自然に出している普段の声のことです。この地声で少しずつ高く出していった声は、ある高さでひっくり返り、裏返った声になります。これを「裏声」と呼びます（地声を表声という場合もあります）。ただし、女性には普段から裏声で話す人もいます。

声帯は、その開閉によって空気を振動させて声の原音を作り出します。高くなるのは、その開閉のスピードが高まるからです。そうして振動の限度を超えたとき、声帯は完全には閉じなくなります。その一部を開いて振動が速くなると「裏声」になります。ギアの切り替えのようなものです。

なお、「声区」という考えでは、低声区(胸声区)、高声区(頭声区)と2つに分けるのが一般的です。さらに、仮声区＝ファルセットという作り声が、その上にあると言われてきました。ファルセットとはヨーデルやハワイアンでもおなじみの声です。男性の裏声のことをファルセットと呼ぶ場合もあります（P264参照）。

▶〔裏声を出すトレーニング〕

① 「ホーッホーッホータルこい」の「ホーッホーッ」で裏声を出してみましょう
② ヨーデルの声で「ラリホーラリホー」と歌ってみましょう
③ 「ルールルルー」とスキャットしてみましょう
④ 「ミャー」「ニャー」など、動物の高い声を出してみましょう

男性は、女性をものまねした声をイメージしてください。裏声を出せたら、より長く持続できるようにしてみましょう。スプーンをのどに入れたり、割箸を歯に挟んでやるとうまくいく人もいます。頭部の口腔、鼻腔、咽頭腔（P259参照）といった共鳴腔と呼ばれる箇所を意識してみましょう。そこに共鳴を集めようとイメージすることで効果が出る場合があります。

裏声の共鳴を増す方法

裏声を出すためのチェックポイントを次ページに挙げます。

□ 鼻腔へ声を集めるイメージを持つ

□ 軟口蓋を引き上げ、喉頭を下げる

□ のどの奥を広げる

□ 顎骨関節を開く（あごでのどを押さない）

□ 胸郭の下部を狭くせずに保つ

これらを意識して、以下のトレーニングを行ってみましょう。

▶ 〔共鳴、発声器官がうまく働くようにするトレーニング〕

楽な姿勢で立ち、以下の項目を「オ」と「ホ」を使って発声しましょう。

① まずは「オ」と「ホ」を交互に10回発声しましょう。「オ」と「ホ」で口の形や動きが変わらないようにします。感じとしては、「オ」の発音で「ホ」を発声し、「ホ」の口の形で「オ」を発声します。鏡を見ながらチェックしましょう。口をほとんど動かさずに同じように発声できるポイントをみつけてください

② 「アエイオウ」または「ハヘヒホフ」の順で10回発声しましょう。あごを固定するために指を2本、縦に並べて前歯で軽く噛んでやってみてください。口先を動かさなくても、のどの奥の方で声にするような感じで声を出せば、はっきりと音になるでしょう。深いところで発すると、口を動かさなくても、ほとんどの音は発音することができます

▨▨ 高音域発声時の口の開け方および軟口蓋と喉頭の位置

高音域発声時には顎関節を十分にゆるめ、あくびが出るときのように口を開けて、あごが自然に下がった状態にしましょう。これにより声帯のある喉頭は下がった位置になり、声帯は厚く振動し、下咽頭腔の共鳴が得られます。喉頭が上がるとのど声になりやすくなります。息を吸ったときの、のどの広がりをそのまま活かしてください。声を出すときも、その広がりを持続させましょう。舌根は盛り上げず平らに保ち、舌の緊張もゆるめましょう。

軟口蓋が引き上げられた感じを発声中は持続してください。強く出さなくとも、共鳴が十分、活用されるように感じられるでしょう。

▶ 〔ハイトーンのトレーニング〕 `DISC 2 | TRACK 16`

「ア」の発声でグリッサンドに挑戦してみましょう。グリッサンドとは音と音をなめらかにつなぐ演奏法です。音源を聞いて、できる範囲で構いませんので、まねしてみてください。

● ［裏声／ファルセットのトレーニング］

▶ 音域 ↗ B5

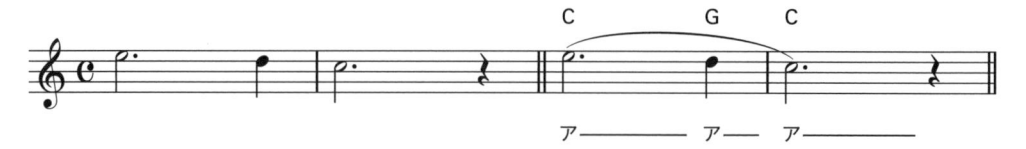

　共鳴腔に声を集めるつもりで裏声を出してみましょう。音が上がるに従って、頭の前面から頭頂の方へ、共鳴を感じるところが移動していくと思います。すでに口腔から鼻腔での共鳴が得られていると、目の下や頬、鼻の奥がむず痒くなるような感じがします。

　楽に続くようになると声の出る感じが違ってきます。強く声を出しても弱くしても、高い音が出やすくなってきます。声のパワーを声の共鳴として捉える感覚を磨いてください。共鳴を集めるとは意識を一点に向けていくことです。息や体の力をそこに集中させることではありません。声は荒く出さず、のどが痛くなったり、咳が出たり、つっかえるようなら中断しましょう。

● ［地声と裏声のトレーニング］

　同じフレーズを、地声を出すときの体の使い方で裏声を出し、裏声を出すときの体の使い方で地声を出してみましょう。これで頭声の感覚を養えます。裏声はやや強めに出しましょう。

▨▨ 裏声について知る

「裏声」といわれているものにも、いろいろとあります。以下に3種類挙げてみます。

－1　アマチュアのコーラスなどでよく使われている声で、響きを頭に逃がした高い声の出し方です。頭の一部から出ているように聞こえますが、音色がぼやけて、体で支えられている声ではありません。声の方向性も厳密にはコントロールできず、あまり大きな声にはできません。発声、呼吸、体力、集中力といった基本条件に欠けます

－2　ここまでに何度か登場している「頭声」で、高音域の理想的な発声を指します。頭声は、裏声をやや強くしたような音質で、ハイトーンでシャープな硬めの響きとなり、強く出すこともできます。高音域と中音域の境がスムーズになり、高い音域を自由にコントロール可能です

－3　「半裏声」「ミックスヴォイス」と呼ばれるもので、地声と裏声の間のような声です。自然な呼気で、さほど大きくない声を出します。息が混じって、やわらかく聞こえます。息の支えを乱さず少しずつ大きな声にしていくとよいでしょう

▨▨ 裏声トレーニングの目的

裏声のトレーニングは次のような目的に使えます。

- −1　地声が弱く、声域が狭く、音域が必要なとき
- −2　高音域でのファルセットでの音色の効果を狙うとき（オールディーズなどによくみられる）
- −3　地声を含めて、発声を柔軟に使えるようにするため
- −4　音程を良くするため

高音域の方が出やすく、低音域ではのど声になる人、地声をうまく使えない人は、裏声中心にして学んでいくのがよいでしょう。裏声は、それをメインにしない人には応用トレーニングになりますし、ステージ効果上の技として、いろんな声を出せるということでも使えたほうがよいでしょう。
中低音の地声を高いところまでもっていくと、感覚を変えないままでは限界がきます。より高い音を出すには共鳴のバランスを変える必要があるのです。そのために裏声のトレーニングは効果的に使えます。裏声を使うことで声域を伸ばすこともできますし、高音域でのピアニッシモなど、歌声の表情を変える際にも適しています。一方で、裏声そのものには次のようなデメリットもあります。

- −1　声に素質や完璧なコントロールがある人でないと、ハイレベルな基準では評価されにくい
- −2　強く太い声は使えないため、個性、オリジナリティ、ヴォリューム感や表現力が出にくい
- −3　声が細いため、音感、リズム感が少しでも悪いと目立ってしまう
- −4　呼吸と結びついた全身一体の統一感が得にくい

体や息の支えをさほど必要とせずに出せるため、これだけでは本当の基本条件が身に付きにくいともいえます。高い完成度を要求されるわりにパワー、インパクト、個性に欠けるのです。地声をフォローするように使うとよいと思います。

▨▨ 無理して使わないようにしよう

声域は、低音には生理的限界があると言われていますが、高音は努力しだいで、かなり出せるようになります。そのためにも、発声器官とその使い方をトレーニングによって、しっかりと磨いていきましょう。まずは、小さい声で慣らしてから少しずつ大きな声にしていきます。焦ってはいけません。のどが痛くなったり、かれたり潰れたりするようなら、トレーニングを中止してください。また繰り返しになりますが、共鳴を常にイメージして、出しやすい音を中心に練習しましょう。

§ 6 ｜ 声域内の声の統一

░░░ 作り声をなくす

　中音域くらいから上になると、声の共鳴が頭部への感覚中心になってきます。ハイトーンでの声のとり方は、いろいろな音色があって、その人により違います。歌い方によっても、いろいろなパターンがあります。ただし、作ったような声をまねるのは避けましょう。ヴォリューム感を出すのが困難ですし、のどに負担をかけることになります。良い発声はあくまで正しいフォームでの良い共鳴から生まれることを忘れないようにしてください。

　しかし、体も息もコントロールできないうちに頭部の響きだけに頼って高音を出そうとするのもよくありません。ピッチは正確に出せたとしても、ヴォリューム感のある声にはならないからです。これではリズムをグルーブでなく点でとるようなものです。共鳴からシャウト（響きからことば）に瞬時に移れる力強さがないと、多彩な表現を自由に展開するのは難しいでしょう。声は、声道（声帯から口、鼻まで）で共鳴します。いろんなところで混ざって響いている状態を整理してコントロールしやすくしていきましょう。

　その第一歩として、例えばハミングから「マ ― ア」へと響かせてみましょう。「ア」は平べったくならないように注意します。口の中は、お餅をほおばるような感じでよいでしょう。高いところでの共鳴は、幅狭く鋭く縦軸を通したイメージです。低いところは胸に、厚く重く暗く響くイメージです。

▶ 〔声域内の統合トレーニング〕　　　DISC 2 ｜ TRACK 18

▶ 音域 ↗ G5

　前ページの譜例は、地声と裏声を統一するためのトレーニングです。裏声は「§5 裏声とファルセット」(P172)で述べた通り、最初は不安定で弱いのが一般的です。しかし、ここではしっかりとコントロールできる裏声を目指します。

　裏声は声量がなく音色も違うので、地声から変わるところがわかります。この変わる部分を「喚声点」といいます。これをなるべく目立たせず、うまく切りかえることが歌の流れを壊さないために必要です。声量と音色の変化を最小限に抑えましょう。

　人によって喚声点は異なります。また、トレーニングなどによって変わっていく場合もあります。まずは自分の喚声点を知り、その辺りを意識してトレーニングしてください。

　そのほか、下記のようなトレーニングも効果的です。「ソ」を地声、「ラ」を裏声とした場合、地声の「ソ」の強さを裏声でもキープできるように練習しましょう。

① 「ソラソラソラー」
② 「ララソソーララソソー」
③ 「ソソソ　ラララ　ソソソ　ラララ」

共鳴をまとめる

　声のさまざまな共鳴をまとめるには、まず体を使って深い息を吐いたときの状態で声にすることからはじめます。声の出しやすい無理のない音域でトレーニングしましょう。

　そして、低い声を出したときに胸の真ん中でまとまるようにイメージしてください。胸に手を当てて振動を感じてみるのもよいでしょう。

　大きな声を出そうとすると、頭、のどで声が鳴るように感じるでしょう。そこで、のどは外し、胸の響きをそのまま保ったまま低い声から中声を出していきます。ここで頭部の共鳴のイメージ作りをすると、頭声への移行の準備となります。

▶〔共鳴のトレーニング〕　　　　　　　　　　　　　DISC 2 ｜ TRACK 19

▶ 音域 ↗ E5

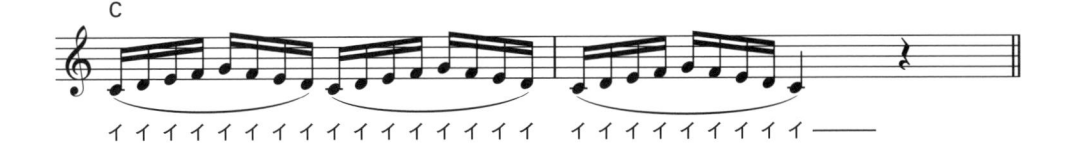

イイイイイイイイイイイイイイイ　イイイイイイイイ———

共鳴をまとめるトレーニングを「イ」で行いましょう。裏声になる部分はやや強めに発してください。このとき両眼の間の奥に声を感じるように意識してください。頬や鼻の奥のあたりがむず痒くなるように感じられるとよいでしょう。それが声が頭部でまとまっている状態です。うまくいかないときは、地声で「イ」を出してから行ってください。

▶ 〔フレーズのトレーニング〕 DISC 2 | TRACK 20

▶ 音域 ↗ E5

　ことばから共鳴をまとめるトレーニングを「マリア」ということばで行ってみましょう。

高い声がうまく出ないとき

　高い声をうまく出せないときは、裏声を支える力がないことが考えられます。裏声で少し大きな声を出すとひっくり返るのなら、地声でその前の高さの音まで確実に出せるようにすることが必要です。声量を抑え、共鳴への効率をアップさせましょう。

　声帯の筋肉は、小さく疲れやすいので、少しずつ練習を積み上げていくことです。一気にやり過ぎないようにして、調子の良くないときは、休ませるようにしましょう。

　のど声になってしまう場合は、良い声のイメージがうまくできないか、余計なところに力が入っていることが原因です。発声のときに、舌やあごなどに力が入ったり動かし過ぎていないか確認してみてください。息の支えができていないときは、のどだけが鳴って口内に響く薄っぺらい声になりがちです。これを強く出そうとすると、ビリビリと鳴って、聞く人を不快にさせてしまいます。いわゆるのど声となります。

　共鳴がまとまるのは、肉体的にも精神的にもリラックスした状態です。体を動かしながら発声するのも良い方法です。

「ことば」から「歌唱」へ つなぐトレーニング ②

「ことば」を「歌唱」へとつなぐトレーニング方法はP140でも解説しましたが、ここでは「マリア」ということばでの応用を紹介します。なお、以下で示している音階は変えてもかまいません。

①歌うというよりも、言い放つ感じで「マリア」と言ってみてください。口先ではなく、深い声で出し、そのままシャウトできるところまで繰り返します。すると、胸に響いてきて、自然に「マリーア」となります。

②「ラミーレ（A3・E4・D4）」という低いところでの音階で「マリーア」と言ってみましょう。これもお腹から大きな声で行います。さらにキーをやや高くしてもよいですが、その際、低いキーのときと同じポジションをとることを意識してください。声質が変わらないようにするのが目的です。

③「ララ・ラララ・ラララーラ（A3）」という音階（話声域）で、「ハイ、マリア、マリーア」と言ってみましょう。大きく「ハイ」と声を出したあと、その声のポジションのまま「マリア」と大きく続けてください。多くの場合は、「ハイ」「マリア」「マリーア」の順で声が小さくなってしまいます。自分では出しているつもりでも声が出ていないのです。

　トレーニングでは、「ハイ」「マリア」「マリーア」と強めていくと考えた方がよいでしょう。それによって耐える体、つまり声ができていきます。歌の声も、基本はこの線上にあるのです。

④「ララ・ラドド・ラミーレ」という音階で「ハイ、マリア、マリーア」と歌いましょう。ただし、「マリーア」の部分は歌っているように聞こえないようにします。歌うと「マ・ア・リ・イ・ア」となってしまいますが、「マ・ア」では「マ」でなくなってしまうのです。そして「ア」はたいてい浅い声となりがちです。「リ」も同様でしょう。他のトレーニングのように半音ずつ上げて繰り返すと効果的です。

⑤「ラドド・ラレレ・ラミレ」の音階で「マリア、マリア、マリーア」と言ってみましょう。これも「歌う」ようにしないで、声で「メロディ処理」します。ここで「歌う」というのは、声のポジションが音によって移行してしまい、声質が音によって変わってしまう歌い方のことを指します。声質が変わらない声でメロディを出せるようにしましょう。3つのことばの差をなくし、のどに負担をかけないでヴォリュームを上げ、「ことばを大きくして歌がその中に入った」という感覚で処理できることを目指してください。これも半音ずつ上げていきましょう。

　半オクターヴくらい上げていくと多くの場合、声が細くなってしまいますが、できるだけ同じ音質を保ってください。また、高くなるほどストレートに情感を出しましょう。最初の「マリア」は単に置くだけ、2回目の「マリア」、3回目の「マリーア」で段々と声に入り、体にも入り、表現も強くなっていくようにします。

7

音程／音感

§1 音階

音名と階名

「ドレミファソラシド」の低い「ド」から高い「ド」までを「1オクターヴ」もしくは「オクターヴ」といいます。このオクターヴの中には、「ド♯」などの半音もあるので、全部で12個の音が存在します。「音名」とは、その音の高さに付く音そのものに固定した名です。それに対し「階名」とは、「ドレミファソラシド」という音の階段＝音階（スケール）の何番目かを表す名前です。

音名と階名は一見、同じように見えます。しかし、実は「レ」から始まるスケールや、「ミ」からはじまるスケールもあり、階名ではこの最初の「レ」を「ド」と考えて「ドレミファソラシド」という名前で呼びます。つまり音名は絶対的なものですが、階名は相対的なものなのです。

なお、「ドレミファソラシ」をポップスの世界では、アルファベットで「CDEFGAB」と表すことが一般的です。ドイツでは「CDEFGAH」と表し、クラシックではこちらが一般的です。

英米 （読み）	C シー	D ディー	E イー	F エフ	G ジー	A エイ	B ビー
独 （読み）	C ツェ	D デー	E エー	F エフ	G ゲー	A アー	B ハー
伊 （読み）	Do ド	Re レ	Mi ミ	Fa ファ	Sol ソ	La ラ	Si シ
日本	ハ	ニ	ホ	ヘ	ト	イ	ロ

音階

「音階（スケール）」とは、ある音（元の音）とその倍の高さの音（1オクターヴ上）の中で、元の音を「主音（スケールの最初の音）」として、あるルールに従って順に並べたものです。曲の感じは、この音階によって決まります。

スケールのルールは「全音」と「半音」の組み合わせ方で決まります。全音とは、ピアノの鍵盤で

言えば黒鍵を挟んで隣り合う白鍵同士のことです。例えば、「ド － レ」は全音です。「半音」は白鍵と黒鍵、あるいは黒鍵を挟まないで隣り合う白鍵同士のような関係のことを指します。「ド － ド♯」は半音ですし、「ミ － ファ」も半音です。

　スケールにはさまざまな種類がありますが、最も一般的に使用される「ドレミファソラシド」は「メジャースケール」と呼ばれています。このスケールでは「全・全・半・全・全・全・半」という組み合わせで音が並んでいます。下の鍵盤図で確認してみてください。

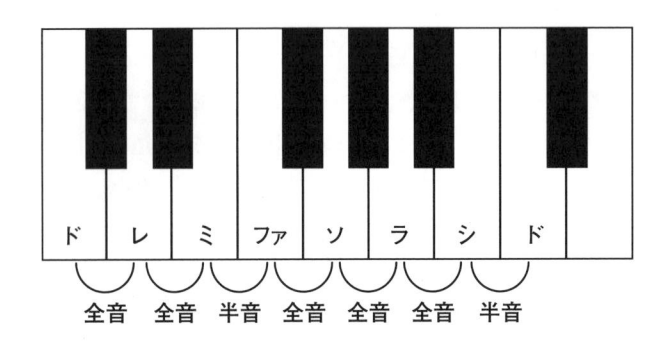

五線譜と音名

　既にここまでに掲載してきた譜面（楽譜）についても簡単に触れておきます。譜面は5本くらいの線が見やすいので、五線譜という形に統一されています。その上下と間も含めると、約1オクターヴにわたる音の高低が表示できます。はみ出た分は加線で補います。

　五線譜の音域を表すのが「音部記号」です。よく見かけるのは「ト音記号」と「ヘ音記号」でしょう。

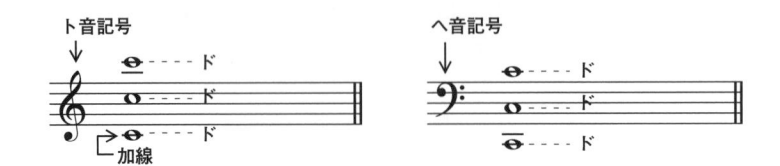

シャープとフラット

　ピアノの白鍵を幹音（自然音）といいます。そこから半音1つもしくは2つを上げたり下げたりして生まれる音を派生音といいます。

　派生音名は、「♯（シャープ）」もしくは「♭（フラット）」を付けて表します。

- 半音高い……♯（シャープ。日本語では「嬰」、ドイツ語では「is」）
- 半音低い……♭（フラット。日本では「変」、ドイツ語では「es」）

1オクターヴ内の12音に♯を付けた表記と♭を付けた表記を以下に記します。

シャープ	C	C♯	D	D♯	E	F	F♯	G	G♯	A	A♯	B
フラット	C	D♭	D	E♭	E	F	G♭	G	A♭	A	B♭	B

　シャープやフラットは、キーを表す際に楽譜の冒頭に記されるほか、ある音符だけに臨時に付けられることもあります。これを「臨時記号」といいます。臨時記号は小節内の同じ音にのみ有効です、次の小節では元の音に戻ります。ただし、タイでつながれた音は、小節線を越しても有効です。

固定ドと移動ド

　「固定ド」は音名をそのまま表記する方法です。一方の「移動ド」は主音が何であっても階名で表記する方法です。つまり、「レ」を主音とするメジャースケールであれば、「レ」を「ド」と読みます。
　声楽のソルフェージュ（読譜）では、音名の固定ド唱法で歌うことが多いのですが、ポピュラーでは移調が多いので移動ド唱法を使います。

§2 全音と半音

全音と半音の復習

「§1 音階」（P183）でも解説した通り、隣り合う白鍵と黒鍵や白鍵同士の関係を「半音」と呼び、黒鍵を挟んだ隣り合う白鍵同士の関係を「全音」といいます。白鍵を挟んだ隣り合う黒鍵同士も全音なので、「半音2つで全音」と考えるとよいでしょう。ギターのフレットはすべて半音で並んでいます。

▶〔全音と半音のトレーニング〕　　　　　　　　　　　　　**DISC 2 | TRACK 21**

▶ 音域 ↗ E5

白鍵で5つ並ぶ音を「ア」で歌いましょう。「ド」からはじまり、2回目は「レ」、3回目は「ミ」から始まります。全体の流れと感じをつかんでください。覚えにくい音は、単音で長めに出してから始めるとよいでしょう。

▶〔半音のトレーニング〕　　　　　　　　　　　　　　　**DISC 2 | TRACK 22**

半音で4音が続くフレーズを含むメロディを「エ」で丁寧に歌いましょう。

半音の音色をそろえる

　半音のフレーズを歌う場合は、同じ音色を息のコントロールの中でキープし、発声上一致させるように声を出します。隣接する音を同じ音質でそろえるのです。まずは、スタッカートで半音の差を感じず同じように出せるようにしてから、レガートでつなぐ練習に移るとよいでしょう。

　音程の正しさと音色のキープを両立させるのは難しいことです。声の質や流れよりも、ピッチだけに頭がいくと、音がとれてもうまくつながらなくなります。

　ヴォイストレーニングでは、声をそろえていくことと音を正しくとることとは、一時、分けて考えてもよいでしょう。しかし、最終的には同じ感覚で、同じ音色でつなげることができるようになりましょう。

§3 メジャースケールと マイナースケール

メジャースケール

メジャースケールについては、既にP184でも紹介しましたが、あらためて触れておきます。主音から「全音・全音・半音・全音・全音・全音・半音」の順番で並んだスケールを「メジャースケール（長音階）」といいます。

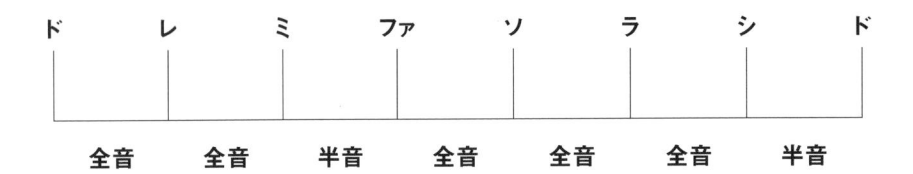

またどのスケールもそうですが、主音の音名をとって、その調（キー）の名前とします。ですので、「ド（C）」が主音のときは「Cメジャー・スケール（ハ長調）」、「ラ（A）」が主音のときは「Aメジャースケール（イ長調）」といいます。

▶ ［メジャースケールのトレーニング］　DISC 2 | TRACK 23

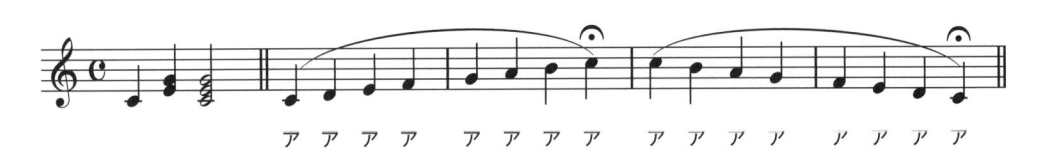

メジャースケールを「ア」で歌ってみましょう。音が高すぎる場合は1オクターヴ低くしても構いません。途中から下げてもよいでしょう。

3つのマイナースケール

「マイナースケール（短音階）」も、よく使われるスケールです。ただし、マイナースケールには3種類があります。まずメジャースケールの3番目の音（Cメジャースケールであれば「ミ」）を半音下げて、「全・半・全・全・半・全・全」という順番で並べたものを「ナチュラル・マイナースケール（自然的短音階）」といいます。♯や♭が付かないAナチュラル・マイナースケールの音を記します。

ナチュラル・マイナースケール

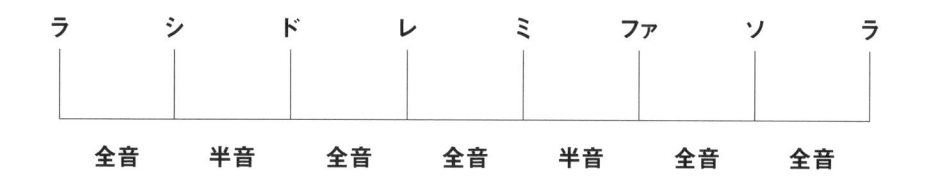

▶［ナチュラル・マイナースケールのトレーニング］　　DISC 2 │ TRACK 24

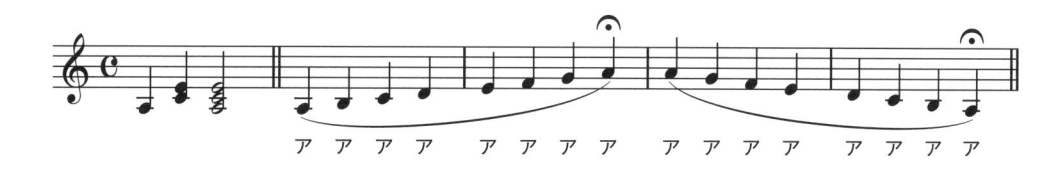

　ナチュラル・マイナースケールを基本として、より楽曲の中で使いやすいようにしたのが、「ハーモニック・マイナースケール（和声的短音階）」です。大抵の楽曲は7番目の音と8番目の主音で終わると「終わった感じ」が出せます（メジャースケールの「シ → ド」）。しかし、ナチュラル・マイナースケールの「ソ → ラ」だと終わった感が希薄で中途半端です。これはメジャースケールでは「シ → ド」が半音に対し、ナチュラル・マイナースケールの「ソ → ラ」が全音だからです。そこで、ハーモニック・マイナースケールでは7番目の音を半音上げています。

ハーモニック・マイナースケール

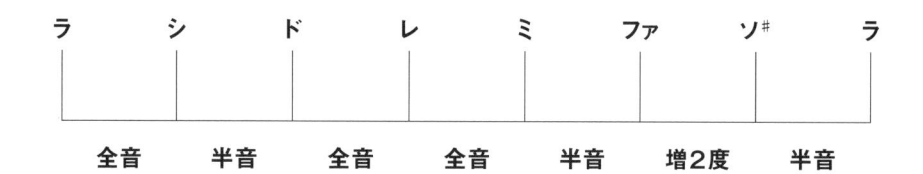

▶ 〔ハーモニック・マイナースケールのトレーニング〕

ところが、これだと6番目と7番目の音の幅が「増2度」という半音3つ分の間隔になります（「度」については次のセクションで解説します）。これでは広すぎるということで、6番目の音も半音上げた「メロディック・マイナースケール（旋律的短音階）」があります。ただし、このスケールは下行（下がっていく）するときは、ナチュラル・マイナースケールを使います。

メロディック・マイナースケール

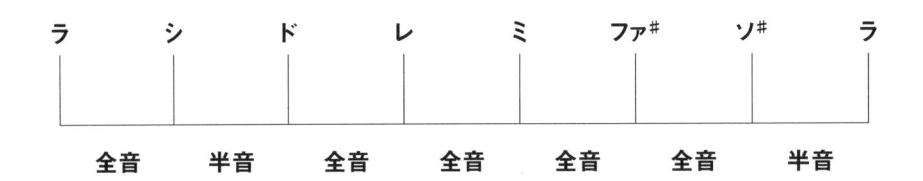

▶ 〔メロディック・マイナースケールのトレーニング〕

▦ アルペジオ

アルペジオとは、1音ずつずらして演奏する方法の総称です。そもそも「アルパ」とはハープのことで、「アルペジオ」は「ハープを弾くように少しずつずらして弾く」ということを意味しています。低いところから高いところへ弾くパターンが多いのですが、その逆もあります。ギターでもよく使われます。

●〔アルペジオのトレーニング〕　　　DISC 2 ｜ TRACK 27

音源に合わせて、上下するフレーズのアルペジオを「ア」で歌ってみましょう。また「オ」で歌ってみてもよいでしょう。

装飾的アルペジオと分散和音型アルペジオ

　1音ずつずらして演奏することを特に「装飾的アルペジオ」ということもあります。それに対し、コードの音を分散させるアプローチを「分散和音型アルペジオ」と呼び、どちらもよく使われています。アルペジオは、とても心地良いもので、これを広い音域で使うと、スケールの大きさが出てきます。歌うときには、レガートをかけずに音をうまく置いていくようにするとよいでしょう。

さまざまなスケール

　メジャーやマイナーのほかにも、楽曲ではさまざまなスケールが用いられます。その一部を簡単に紹介しておきましょう。まず、ジャズやブルースなどでは、「ブルーノートスケール」がよく用いられます。これはメジャー・スケールに、フラットした第3音、第5音、第7音を加えたもので、この3つの音を「ブルーノート」と呼ぶこともあります。

ブルーノートスケール

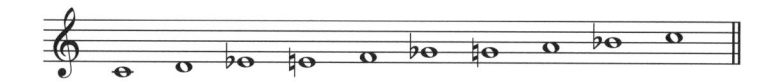

日本にもさまざまな音階があります。民謡音階や田舎節と呼ばれる「陽旋法」は民謡によく見られる音階です。また義太夫や長唄では都節と呼ばれる「陰旋法」が使われます。沖縄民謡などで聞かれる「琉球旋法」は明るい印象が特徴的です。

陽旋法

陰旋法

琉球旋法

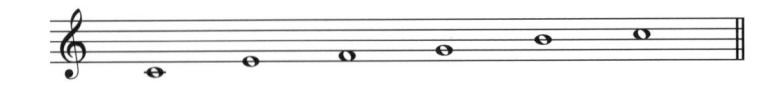

§4 | 1度と8度の音程

音程

　ある音と次の音との距離のことを「音程（musical interval）」といいます。音程は「度」という単位で表わします。例えば「ド」と「ド」などの同じ音は「1度」、「ド」と「レ」は「2度」というように距離を数字で表します（日本では「音程」という単語が音の高さ（ピッチ／pitch）の意味で使われていますが、これは「音の距離（幅）」がとれないことと、「音の高さ」がとれないことが、混同されてきたためと思われます）。音程練習は2音の距離（幅）を正確にとるトレーニングです。

　では、「ド」と「ド♯（レ♭）」はどうなるかというと、これは「短2度」と表します。これに対して「ド」と「レ」を「長2度」と呼ぶのです。例えば、メジャースケールの3番目の音は主音に対して「長3度」です。これに対してマイナースケールの3番目の音は「短3度」になります。

　以下に全音と半音の数で度数を記しておきますので、参考にしてください。

度数	全音	半音	音階名
1度	0	0	完全1度（ユニゾン）
2度	0	1	短2度
2度	1	0	長2度
3度	1	1	短3度
3度	2	0	長3度
4度	2	1	完全4度
4度	3	0	増4度
5度	2	2	減5度
5度	3	1	完全5度
6度	3	2	短6度
6度	4	1	長6度
7度	4	2	短7度
7度	5	1	長7度
8度	5	2	完全8度（オクターヴ）

▨▨ 1度と8度の音程

　耳に心地よく調和する音を「完全音程」といいます。中でも完全1度と完全8度は同じ音なので響きも揃います。両者には完全音程しかなく、短や長はありません。

　なお、1オクターヴ上がる完全8度のようなフレーズは、音感よりも発声上の問題で、うまく上がりきれない人が多いといえます。

完全1度と完全8度の例

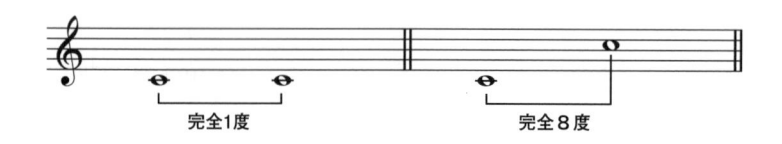

▶〔8度の音程トレーニング〕　DISC 2｜TRACK 28

　音程トレーニングはまず階名で歌いましょう。その後、好きな母音などで歌うとよいでしょう。

194

§5 ｜ 2度／3度／4度の音程

2度の音程

2度の音程には「長2度（全音）」と「短2度（半音）」があります。

長2度と短2度の例

長2度　　　　　　　　短2度

● 〔**長2度と短2度の音程トレーニング**〕　　DISC 2 ｜ TRACK 29

ドー　　レ　ミ　ファー　ソ　ラ

シー　　ド　　ド　シ　ラ　ソ　ファ　ミ　レ　ド

前セクションの「8度の音程トレーニング」と同じく、最初に階名で、その後は好きな母音で練習してください。以降の音程トレーニングも同様です。

3度の音程

3度の音程は、全音2つの「長3度」と、全音1つと半音1つの「短3度」です。

長3度と短3度の例

▶ 〔長3度と短3度の音程トレーニング〕 　　DISC 2 | TRACK 30

4度の音程

4度は調和の良い「完全4度」のほか、半音だけ幅が広い「増4度」があります。慣れないと外しやすいので注意しましょう。

完全4度と増4度の例

● 〔完全4度と増4度の音程トレーニング〕　　　DISC 2 | TRACK 31

　音源に合わせてトレーニングしたら、次は無伴奏で歌ってみましょう。これはほかの音程のトレーニングも同じです。伴奏に合わせて歌っているだけでは音感は身に付きません。最初の音だけ聞いたら、その後は伴奏なしで声を出してみてください。その際、録音して正しいかどうかチェックするとよいでしょう。

§6 5度／6度／7度の音程

5度の音程

5度には「完全5度」と、それよりも半音狭い「減5度」があります。

完全5度と減5度の例

▶〔完全5度と減5度の音程トレーニング〕　　DISC 2｜TRACK 32

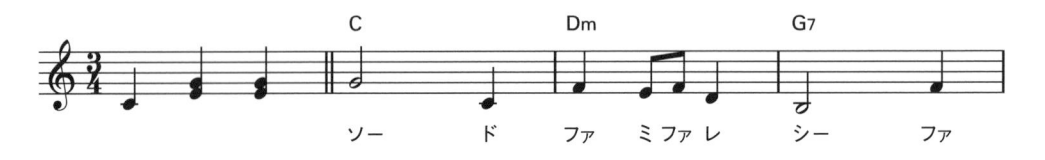

6度と7度の音程

　歌の旋律は、1度から5度くらいの音程による進行が中心で、ほぼ1オクターヴ（8度）の範囲内で動いています。しかし、6度や7度にも慣れておきましょう。

長6度と短6度の例

長7度と短7度の例

● 〔長6度と短6度の音程トレーニング〕　DISC 2 ｜ TRACK 33

● 〔長7度と短7度の音程トレーニング〕　DISC 2 ｜ TRACK 34

転調

　転調とは楽曲の途中で調（キー）が変わることです。例えば、楽曲の最後で同じサビを繰り返すときに、調を変えてより盛り上がる演出を行ったりします。またメロディの一部が転調している場合もあります。

[転調のトレーニング]

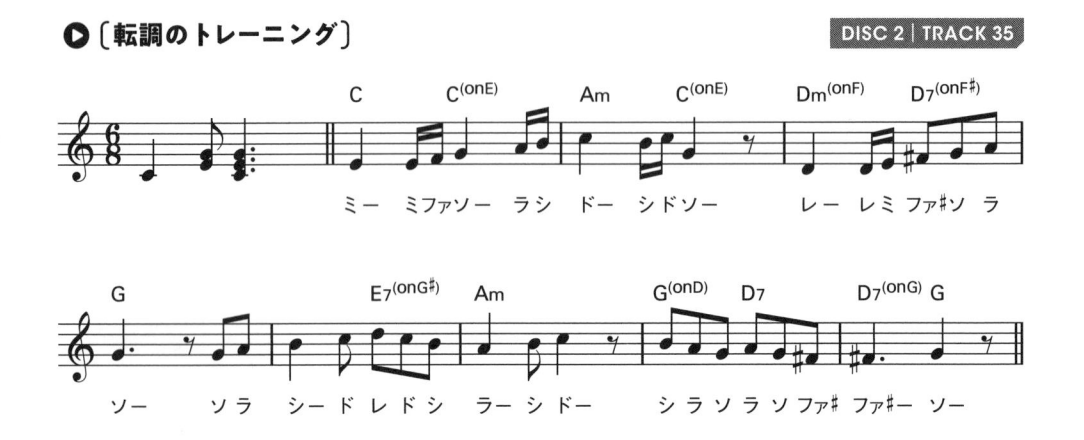

　メロディの一部が転調している例で歌ってみましょう。

§7 音感を鋭くする

音感、リズム感のバックグラウンド作り

　実際に声を出さなくても、聞くことや体を動かすことは音やリズムを正確に捉えるための基礎トレーニングになります。声を使わなければ、のどを痛める危険もありません。名曲やスタンダードナンバーをたくさん聞くことは絶対に必要なトレーニングなのです。

　こうした音楽のバックグラウンドがないままで、うまく歌えるようになることはありえません。聞くことで、歌のベースとなる音感、リズム感が体に入ります。感覚として正しい音感、リズム感、テンポ感を体に叩き込んでおきましょう。

音声のレスポンス

　聞こえた音に瞬時に反応するトレーニングを行ってみましょう。ラジオやテレビで聞こえたことばと同じ音の高さを繰り返すのです。

　何人かで練習できるなら、一方がことばや歌のフレーズを発し、もう一方がそれに反応して繰り返すという方法を採ってみるのもよいでしょう。

　「マザーリーズ」もお勧めです。これは、おかあさんが赤ちゃんに語りかけることばのことです。やや高めで、ゆっくりとイントネーションをつけてしゃべってみましょう。「いないいない　バー」「あんよが上手」「にらめっこしましょ、アップップ」など、いろいろ試してみてください。

得意なところから自分のスタイルを作る

　音感、リズム感など、何か一つ絶対的に自信が持てるものを作るとよいでしょう。その上で、自らの強みを活かしたスタイルを築いていきましょう。

　表現において重要なのは、その人独自のフレーズであり音色やリズムです。そのために自由に声を動かし、歌を自分の土俵に持ってくる力が必要になります。楽譜上に表わされている音程、リズムは必要最小限の記号にすぎません。そこから、もっと細かい音の揺れ、動き、呼吸を感じて表現に結びつけていきましょう。

音感やリズム感は単独で存在するものではありません。ことばにリズム、音感があり、それは体と心に結びついています。これらが呼吸の中で一つになって体現できてこそ伝わるということを忘れないようにしてください。

録音／再生で確認

　トレーニングはスマホのアプリやヴォイスレコーダーなどで録音して、常に自分の歌を確認するようにしましょう。音程、テンポ、リズムの狂いは許されませんから、日頃から厳しくチェックしてください。

　ピッチがズレてしまう場合は、ピアノなどの楽器の音に合わせて直していくのが一般的です。しかし、それでも直せない場合は、ほかの人に自分が出しているズレた音を出してもらい、その後、正しい音を出してもらって、それを参考にまねして直していくと効果的です。

8

リズム

§1 リズムに慣れる

リズムとは

リズムとは、時間の経過の中で、ある一定の秩序をもって動きや形態が変化し、それが繰り返して感じられること、その周期を取れることです。例えば心臓の鼓動、呼吸、ことば、歩行、体内時計などはリズムを持っています。広義には、波や鳥の声など、すべての時間のうちに生成するもの、運動するものの秩序のことです。音楽では継続的な音現象の秩序を示します。

一般的に、周期性のあるものをリズムと呼ぶことが多いのですが、リズムは単に時計の秒針のように正確にパルスを打ち続けるもの(拍)とは限りません。時間の流れを測るのではなく、そこをきっかけに打音的な意味を与えていくクリエイティヴな動きのことと考えましょう。

このリズムの感覚、リズム感こそが、ことばや音楽の生命感と躍動感の元となるものです。音の刻みとそこからの変化によって聞く人に感情を生じさせます。

音楽にはさまざまなリズムがあり、よく使われるリズムのパターンがあります。うまく使うと音楽にドラマティックな効果が出てきます。

「リズム」の定義

「リズム」ということばは、使われ方によっていろいろと意味が変わります。混乱して使われていることも多いようです。一般的な例を示します。

「リズムを正確に」…… メロディの符割
「リズムが重い」……… ノリ (が悪い)
「リズムのセンス」…… チョイス (選択)
「リズム感がない」…… 文脈次第でさまざまな意味を含む

また、「リズム」とともによく使われる用語についても、まとめておきます。それぞれの違いを覚えておきましょう。

● **リズム** (Rhythm) …律動

- **タイム**（Time）………拍子（日本古来の「間」にあたる）
- **ビート**（Beat）………拍
- **パルス**（Plus）………時計の刻みや脈など
- **グルーヴ**（Groove）…ノリ。リズム・パターンの意味合いが強いこともある

　例えば「自分のリズムで仕事をする」と使うときには、「自分のテンポで仕事をする」というように、そのペースを表わします。しかし、音楽で使われるリズムは時間の経過を感じさせる動き、変化のことです。それを「拍」という一定時間ごとに刻まれる単位で等間隔に区切ると、音の出た瞬間や長さがわかりやすくなります。大きな流れで捉えて、何拍かごとにアクセントを周期的に設け、わかりやすく働きかけるようにしているわけです。

日本人のリズム感

　リズムは、その人がもって生まれた運動感覚といえます。聞いてきた音楽だけでなく、生まれ育った土地柄の影響も強く関係してきます。民族固有のリズムもあるわけです。

　例えば、欧米人の持つリズムは、馬に乗るアップビート中心で動的運動といわれますが、私たち日本人の場合は、農作で耕すダウンビートが主の反復で、裏拍を中心とした律動はあまりないといわれています。使う筋肉も、欧米人はボクシング、フェンシング、バスケット、ゴルフなど伸筋を、日本人は柔道、剣道などの屈筋をよく使ってきたとされています。日本のスポーツの中では、相撲が伸筋、突っ張り、テッポウ（柱に突っ張りを繰り返す）と、伸筋を使うようです。

　とはいえ、こうした歴史的背景は時代ごとの文化の変化にも影響されるため、現代において必ず当てはまるとはいえないかもしれません。いずれにしても生活慣習の動きの中で、継承されてきたリズムやセンスは少なからず、個々人のリズムに反映されると考えられます。

HINT　「リズム」の語源

　リズムの語源は、「リュトモス（流れるという意味のギリシア語）」です。時間がたつとき、その時間の流れを刻み、さらにそれを区分けしてグループ化し、繰り返すことをリズム（律動）といいます。そして、その刻みの最小単位が「拍」です。クラシックは、メロディ、ハーモニー、リズムの順で成り立ち発展してきたといえます。ポップスも同様です。

▨▨ リズムを打つ

　曲を聞きながら、リズムの強弱を自分で表現してみましょう。右手と左手でひざなどを叩いてみてください。可能であれば、カウベルなどの打楽器をスティックでたたくのも効果的です。手を使うよりも正確にチェックできます。強のときにはスティックを高くしましょう。

▶〔両手でトレーニング〕

　右手と左手でひざやももをたたきながらリズムをとる練習の例です。以下の｜　｜で挟まれた4つのタイミングは1小節内の4分音符と考えてください。○で打ち、×で休みます。好きな曲を聞きながらやってみましょう。

1小節パターン

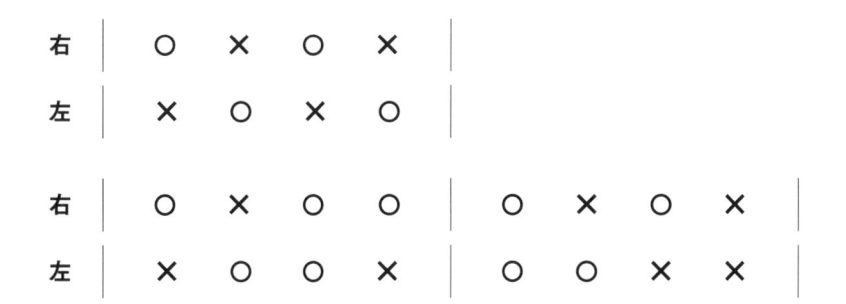

▨▨ リズムトレーニング

　それでは、歌いながらリズムトレーニングしてみましょう。譜例内の「>」は強く発音することを示しています（アクセント記号といいます）。また各解説の小節数はイントロを除いて数えたものです。

▶〔リズムトレーニング1〕　　　　　　　　　　DISC 2 | TRACK 36

　前半2小節は4分音符、後半2小節は4分音符に8分音符も加えたパターンです。

CHAPTER 8

リズム

DISC 2 | TRACK 37

▶ 〔リズムトレーニング 2 〕

前半2小節は4分音符と8分音符のパターンで、後半は16分音符と休符も入っています。

DISC 2 | TRACK 38

▶ 〔リズムトレーニング 3 〕

1小節目は付点音符が入り、2小節目は1拍目と3拍目が4分休符になっています。3小節目は16分音符のリズムが入り、4小節目は2小節目を少し複雑にしたリズムになっています。

DISC 2 | TRACK 39

▶ 〔リズムトレーニング 4 〕

1小節目では8分休符が入り、3小節目ではタイでつながった音符があることに注意しましょう。4小節目は4分休符が2拍目と4拍目に入っています。

DISC 2 | TRACK 40

▶ 〔リズムトレーニング 5 〕

6/8拍子のリズムで、付点4分音符や16分音符が入ったリズムを歌いましょう。

▶〔リズムトレーニング６〕　　　　　　　　　　　　　DISC 2｜TRACK 41

３連符のリズムが中心となっています。

▶〔リズムトレーニング７〕　　　　　　　　　　　　　DISC 2｜TRACK 42

１〜３小節目にかけて２分音符が入ったリズムです。

▶〔リズムトレーニング８〕　　　　　　　　　　　　　DISC 2｜TRACK 43

１小節目と２小節目、そして３小節目と４小節目の音符がタイでつながっています。こういうリズムを「シンコペーション」と呼びます。

▶〔リズムトレーニング９〕　　　　　　　　　　　　　DISC 2｜TRACK 44

再び6／8拍子のリズムです。

CHAPTER 8

リズム

２拍３連符と４分音符や２分音符などの長めの音符の組み合わせです。

§2 | テンポとタイム感

テンポとは

「テンポ」は音楽においては速度標語の一つとして扱われています。1拍（1ビート）が1分間に幾つか打たれるかということを表わします。

1816年、メトロノームの発明により、テンポを数字で表わせるようになりました。これにより、楽譜では♩＝60（1分間に60拍）のように表わします。またポップスでは60BPM（Beats Per Minut）という表し方も一般的です。

楽譜の速度標語には、「rit.（徐々に遅く）」「accel（徐々に速く）」をはじめとして、さまざまなものがあります。これも元の基準となるテンポがあってこそです。

歌うときは、感覚として加速したり減速したりすることはありますが、いつも元のテンポをふまえていて、そこに戻れるようでなくてはなりません。

タイム感について

テンポをキープできる感覚を「タイム感」といいます。リズムがうまくとれない要因の一つは、タイム感（時間感覚）がないことがあります。歌い手もバンドや伴奏のリズムに頼りっぱなしはよくありません。歌は間をとって成立するものです。ですから、間合いをとれないと、うまく歌えません。それは拍をカウントしていない、あるいはうまくカウントができていないということです。リズムに乗せて歌うのではなく、声のフレーズでリズムを刻んでいるような歌を目指しましょう。

拍

テンポがあるということは、一定の時間ごとに刻みがあるということです。その刻みが「拍」です。例えば4拍子（4/4拍子）では1小節に4つの拍があります。3拍子（3/4拍子）では1小節に3つです。

メトロノームなどを使って、あるテンポが実際にどれくらいの速さなのかを知っておきましょう。休符などが入ると、裏拍が遅れがちになる人が多いのですが、音楽の進行はテンポがあるのですから、休符であっても、そこに音符があるのと同じように感じて、タイム感を養いましょう。

ルバート

　楽譜に「Tempo rubato」あるいは「rubato（ルバート）」と記されていることがあります。この記号は、自由なテンポで演奏することを意味します。

カウントする

　テンポをキープする練習として、声に出して拍をカウントしてみましょう。4拍子で1小節分をカウントするとすれば、下記のような感じです。

- 「1ト2ト3ト4ト」
- 「ワン・エン・トゥ・エン・スリー・エン・フォー・エン」

3連符もやってみましょう。

- 「イチト、ニイト、サント、ヨント」
- 「1 an da、2 an da、3 an da、4 an da」（ワン・エン・ダー、トゥ・エン・ダー、スリー・エン・ダー、フォー・エン・ダー）

最後に16分音符の例です。

- 「イチトオ、ニイトオ、サントオ、ヨントオ」
- 「1e an da、2e an da、3e an da、4e an da」（ワン・イー・エン・ダー、トゥ・イー・エン・ダー、スリー・イー・エン・ダー、フォー・イー・エン・ダー）

リズムとパルス

　「パルス」とは一言でいうと時計の刻みのことです。もともとは心臓の鼓動（脈）を意味することばです。パルスを身につけるためには、テンポキープを行うメトロノーム音（クリック）を使うとよいでしょう。

　パルスを細かくすると、リズムが引き締まり正確になります。多くの場合、拍の倍のパルスで刻む感覚を持つとよいでしょう。例えば、8ビートは16、4ビートは8で刻むのです。パルスをどう刻むかで、同じリズムでもニュアンスが変化します。

　ただし歌の場合は、パルスにこだわりすぎると生き生きとした表現にならない場合もあります。

しかし、正確なパルスは持っていなくてはいけません。

　前述のカウントで「１２３４」ではなく「１ト２ト３ト４ト」とカウントするのも、パルスを意識するためです。「１ト２ト３ト４ト」はゴツゴツとロックな感じがしますが、３連符で「イチトニイトサントヨント」とカウントすると、やや丸味が出てきてスウィング、ジャズ、ブルース風になります。さらに、16分音符の「イチトオ、ニイトオ、サントオ、ヨントオ」では、「ツクチャカ」というイメージで、サンバやフュージョンのにぎやかな感じが出ます。

§3 拍子

拍子とは

楽譜の冒頭には「拍子」を表す記号が付いています。

「C」と書いてある場合は「4/4拍子」を表しています。「C」に縦棒がついている場合は2/4拍子です。

いずれも分母が1拍を受け持つ音符の種類を表しています。例えば、6/8拍子の場合、1拍は8分音符になります。

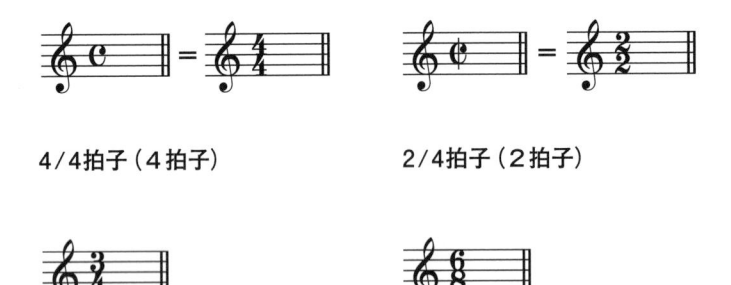

4/4拍子（4拍子）　　　　2/4拍子（2拍子）

3/4拍子（3拍子）　　　　6/8拍子

拍子は、拍の1グループのかたまりと考えるとよいでしょう。4/4拍子であれば、4分音符4つで1グループということになり、このグループの単位で音楽の時間経過が作られていきます。

ここで再度、拍に注目してみましょう。拍には音楽の動きを前に進めていく働きがあります。リズムは、音の中に「間（ま）」があってこそ、その動きがわかるものです。「ジリリリリ」と鳴りっぱなしの目覚まし時計より、「ピッピッ」というアラームのほうが気になったりした経験はないでしょうか？　つまり、音の繰り返しや音と音の間に"間"があってはじめて、人は音を感じることができるわけです。これを一定の感覚で区切ったのが拍というわけです。

しかしこれも「ズンズンズン……」と同じ長さや重さでは飽きてきます。そこに弾みや重さの違いを与えるのが拍子の役割です。

▨▨▨ 強拍／弱拍と単純拍子／複合拍子

拍の中で強く感じられるところを「強拍」、その他は「弱拍」と呼びます。英語では強拍を「ダウンビート」、弱拍を「アフタービート」と呼ぶこともあります。

これが「強・弱」の繰り返しなら2拍子、「強・弱・弱」なら3拍子となります。この2つを基本として、2拍子が2つ組み合わさると4拍子になりますが、この場合は「強・弱・強・弱」ではなく、「強・弱・中強・弱」であるとされています。

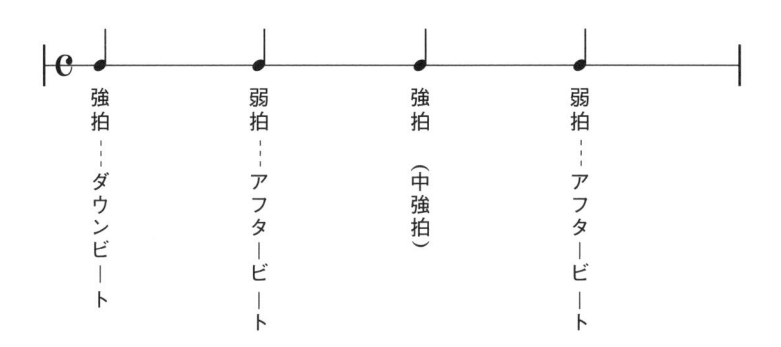

2拍子、3拍子、4拍子は「単純拍子」と呼ばれていますが、1拍を3つの小拍に分けたものを「複合拍子」と言います。また5拍子（5/4拍子）や7拍子（7/4拍子）などは「混合拍子」です。

複合拍子は、8分音符×3が2つ組み合わさって「6/8拍子」になります。また8分音符×3が3つで「9/8拍子」、4つで「12/8拍子」となります。

ちなみに、2/4拍子は、英語で「two four time」といいます。

▶ 〔リズムと拍子のトレーニング〕

拍子とリズムを同時に練習してみましょう。下の図を参考に、手拍子で「パン・パン・パン・パン」と4拍子の4拍分の拍を打ちます。そして、1拍目と3拍目で「イチ」「サン」と声を出しましょう。逆に「ニイ」「シイ」と2拍目と4拍目で声を出してみたり、そのほか自分なりにバリエーションを作ってみてください。

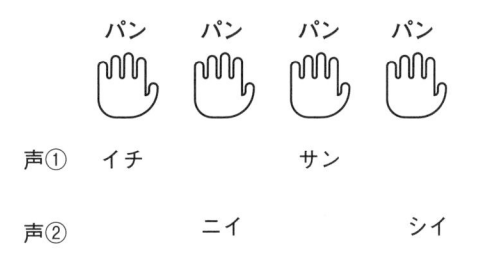

CHAPTER 8　リズム

さらに、手拍子を声や足、楽器に、声を手に入れ替えてやってみましょう。

	拍子	リズム
①	手	声（前ページの図の例）
②	声「イチ、ニイ、サン、シイ」	手
③	足	手
④	楽器	声
⑤	指揮棒	声
⑥	心の中	手

世界の音楽と拍

　日本の伝統音楽やアフリカの民族音楽などは、必ずしも均等な時間の単位（拍）で動いているわけではありません。日本の声明や追分節には拍はなく、音の持続の長短によって動いていきます。しかし、多くの曲は拍によって動いているので、リズムに強くなるためにも、拍をしっかりと捉えるようにしてください。

3/4拍子と6/8拍子

　3/4拍子は4分音符の拍が3つで1小節、6/8拍子は8分音符の拍が6つで1小節です。それぞれの1小節では、4分音符3つ分の長さと、8分音符6つ分の長さは同じです。しかし、3/4拍子と6/8拍子はそれぞれに異なるリズムのフィーリングを持っています。

　3/4拍子は、ゆったりしたテンポの場合が多く「1、2、3、1、2、3……」とカウントします。6/8拍子は独特で「1、2、3、2、2、3……」とカウントするのが普通です。かなりゆっくりしたテンポの場合は「1、2、3、4、5、6……」と6拍子に数えますが、1と4を強拍とします。次ページのトレーニングで違いを感じてみましょう。

▶〔**3/4拍子のトレーニング**〕 DISC 2 │ TRACK 46

▶〔**6/8拍子のトレーニング**〕 DISC 2 │ TRACK 47

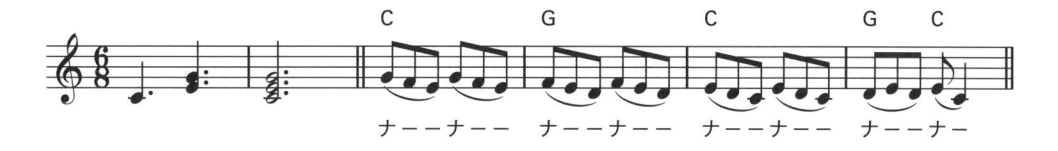

▶〔**拍子と拍をとるトレーニング**〕

　手でひざなどをたたいて拍子と拍をとる練習をしましょう。1小節の中に8分音符が8個並んでいるという想定で、これを2つずつ、3つずつ、4つずつと区切り、それぞれの頭を強くしてたたいてください（太字部分）。

① **2つ区切り：タ** タ **タ** タ **タ** タ **タ** タ
② **3つ区切り：タ** タ タ **タ** タ タ **タ** タ
③ **4つ区切り：タ** タ タ タ **タ** タ タ タ

§ 4 | 強拍と弱拍／表拍と裏拍／強起と弱起

強拍と弱拍

「強拍」と「弱拍」について、より詳しく考えてみましょう。「§3」（P214）では「強・弱」の2拍子を2つつなげたものが4拍子であると説明しました。これはわかりやすく説明するためで、一般的に4拍子は「強・弱・中強・弱」であるとされています。

しかし、これはあくまで拍の成り立ちからくる定義であり、実際にどの部分を「強く感じる」かはまた別の問題です。日本人は小節頭の1拍目を強く感じますが、欧米では2拍目を強く感じるといわれています。

例えば、救急車のサイレンを日本では「ピーポー」と表現しますが、欧米人には同じサイレンが「ポピー」と聞こえるそうです。「ピーポー」はサイレンを「高低」でとらえていますが、「ポピー」は「弱強」という音の強さでとらえたものと考えられるでしょう。

「ダーンタダーンタ」という音の繰り返しがあり、「ダーン」が強、「タ」が弱とした場合、1拍目を強でとらえる感覚では「ダーンタ ダーンタ」と聞こえるわけですが、2拍目を強ととらえる感覚では「タダーン タダーン」と聞こえることになります。

そのほか、「Baby」を日本人は「ベービー」と発音しがちですが、英語では「ベエイビィ」と「エイ」や「ィ」の感覚が存在します。このように、日本人と欧米人のリズムの捉え方は、言語感覚から違っているのです。

表拍と裏拍

「ABABABAB」の「B」を強調して言ってみましょう。これはなわとびで飛ぶとき、「ピョンピョンピョンピョン」ではなく、「ピョン（トン）ピョン（トン）ピョン（トン）ピョン（トン）」と着地したときの「トン」を感じることに似ています。このときの「B」や「トン」が「裏拍」です。4拍子でいえば、1小節に8分音符を8個並べたときの偶数番目のタイミングになります。

これに対して奇数番目のタイミングを「表拍」と言います。

また、強拍を表す「ダウンビート」ということばは、場合によって表拍を表す場合もあり、その場合の裏拍は「アップビート」とも呼ばれます。

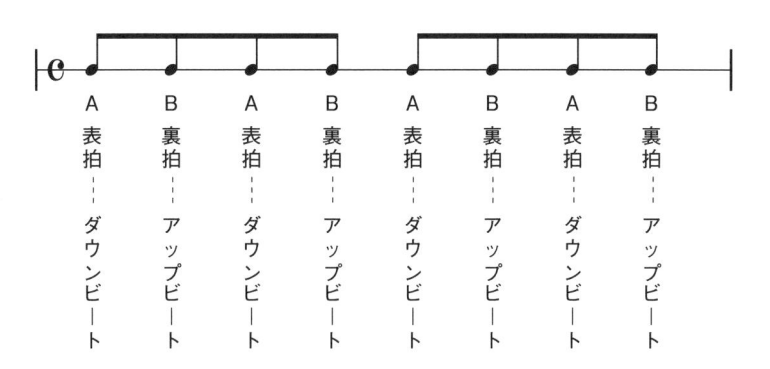

　メトロノームの4拍を、4分音符の音で等しく聞くのではなく、「弱強」での4回の8分音符で聞こえるようにしてみてください。「1（4分音符）」の長さの感覚があって、はじめて裏があるのです。

強起と弱起（アウフタクト）

　1拍目からはじまる曲は強拍から始まるので「強起」といいます。これに対して2拍目などの弱拍から始まる曲を「弱起（アウフタクト）」といいます。前述した通り4拍子は「強拍・弱拍・中強拍・弱拍」という構成なので、1拍目の強拍以外から始まる場合を弱起と呼ぶのです。

　ちなみに、指揮（タクト）をするときには、第1拍目は上から真下に振り下ろします。そのために、その前の最後の拍（弱拍）では上に振り上げる動作になります。アウフ（auf）はドイツ後で「上」という意味なので、アウフタクトが弱起を意味するようになったそうです。

▶［アウフタクトのトレーニング］　DISC 2 ｜ TRACK 48

　アウフタクトではじまるフレーズを歌ってみましょう。ポップスにもアウフタクトの曲はたくさんあります。

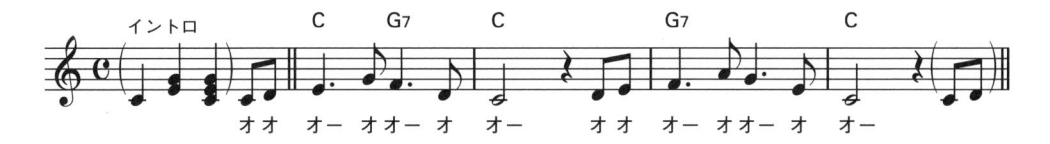

§5 ビートとグルーヴ

ビートとは

　「ビート（beat）」とは、英語で「拍」のことですが、概念的にとらえるならば「動きの中核を捉えること」と言えるでしょう。実際、「ビートに欠ける」とか「強烈なビートで」などという表現を見たことがあるのではないでしょうか。

　こうした用法の「ビート」は、拍そのものだけでなく、拍と拍の間にある細分化されたリズムをも表していると考えてもよいと思います。1拍の中にも起点となるポイントが細分化されて存在し、そうしたポイントの連なりがしなやかでスピード感のあるリズム、パワーのあるリズムを生み出すのです。

ビートとリズムとグルーヴの関係

　それでは、「ビート」と「リズム」と「グルーヴ」は、どういう関係にあるのでしょうか？　まずビートそのものにグルーヴは存在しません。ビートにグルーヴというニュアンスを付けたものがリズムといえます。そこで生まれたのが「8ビート」に代表されるリズムを表すことばです。以下にそれらをまとめました。なお「8ビート」は和製英語で、英語では「Eighth Note Rhythm」といいます。

- ●8ビート……1拍の間に起点が2つある8分音符で構成されているリズム
  「いち」「とお」「にい」「とお」「さん」「とお」「よん」「とお」

- ●16ビート……1拍の間に起点が4つある16分音符で構成されているリズム
  「いちとお」「にいとお」「さんとお」「よんとお」

- ●4ビート……1拍の間に起点が1つある4分音符で構成されているリズム
  「い」「ち」「と」「お」「に」「い」「と」「お」「さ」「ん」「と」「お」「よ」「ん」「と」「お」

- ●3連系………1拍の間に起点が3つある3連音符で構成されているリズム
  「いちと」「にいと」「さんと」「よんと」

●**シャッフル**……３連符の真ん中の音を抜いて跳ねさせたリズム。グルーヴのポイントは３連の３つ目の音のタイミングにある。

▶ 〔シンプルなビートを感じるトレーニング〕

メトロノームを任意のテンポで鳴らし、次のことばを各音符で刻むように言ってみましょう。

① ４分音符で「ハイ」を４回、続けて言ってみましょう
② ８分音符で「ハイ」を８回、続けて言ってみましょう
③ 16分音符で「ハイ」を16回、続けて言ってみましょう
④ ３連符で「ハイク」を４回、続けていってみましょう

それぞれのことばを言いながら、音の動きを感じてみてください。また慣れてきたらメトロノームを使わず、自分のリズムで言ってみてください。たまにチェンジアップして、加速と減速を感じましょう。さらに音のはずみと抑えもコントロールしてみましょう。次にメトロノームのテンポを２倍や、１／２などに変えてみましょう。

▨▨ ８ビートで歌う

８ビートは４つでカウントするのではなく、４つの拍の表裏で数えてみましょう。そのリズムを体でとれるようになってください。

▶ 〔８ビートにのって歌うトレーニング〕

メトロノームを任意のテンポで鳴らし、８ビートの４つの表と裏を「ダ」「バ」「トゥ」「ラ」といったことばを使って、自由に歌ってみましょう。手や足でリズムをとり、音符と音符の間が短くなったり長くなったりしないように気をつけてください。また声の力と張りを十分に保ち、心身からリズムにのることも大切です。①から⑥はことばの例です。
①「ダダダダダダダダ」
②「ババババババババ」
③「ダバダバダバダバ」
④「トゥトゥトゥトゥトゥトゥトゥトゥ」
⑤「ラララララララ」
⑥「トゥラトゥラトゥラトゥラ」

グルーヴとは

「グルーヴ」とは「ノリ」のことです。体の動きにつれてビートに生じる「一定の歪み」と言っても いいかもしれません。「歪み」といっても悪い意味ではなく、これが効いていると心が踊り、グイ グイ引っ張られるなど勢いがつきます。体に感じるように働いて、ダイナミクスの効果も高まりま す。ステージでは、それが表情や振り付けにまで反映されます。ですから、歌でどのようにグルー ヴを生み出していくかが重要となります。

グルーヴを体得するのは簡単ではありませんが、まずは楽器の演奏からグルーヴを感じ取ってみ ましょう。一緒に演奏した気持ちになるまで、その曲のビートを感じてみたり、演奏者の感覚を理 解しようと努めるなど、感覚的に同じものが得られるようになることを目標にしましょう。例えば 多くの曲で、ドラムは1拍目の頭にバスドラを、2拍目と4拍目でスネアを鳴らします。そのグルー ヴを意識してみてください。

またグルーヴを理解するには、リズムに乗って体を動かすことも大切です。「膝の裏」「足の重み」 「腰」「肩や首の動き」など、体のさまざまな部分でグルーヴを感じとりましょう。

▶〔グルーヴの感覚を得るトレーニング〕

「ハイラー」ということばを繰り返してグルーヴを感じてみましょう。これは音符で書くと下 記のようになります。

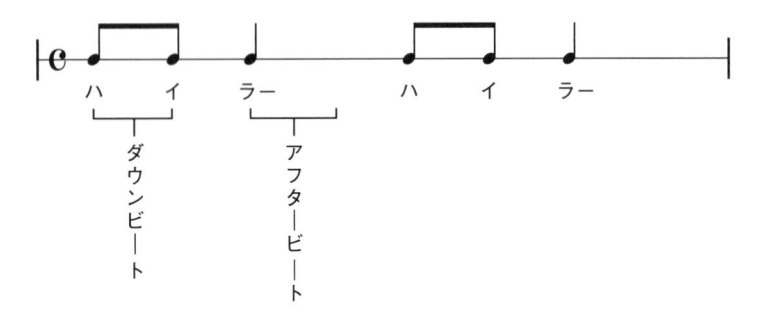

「ハイ」を1拍目のダウンビート、「ラー」を2拍目のアフタービートの伸びと捉えてください。 そして「ハイ」を強く言ってみると弾んだ感じになり、「ラー」が抜けたり、響いたりする感じ がすると思います。その感覚のまま、次に「ラーハイ」と2拍目のアフタービートから始めて みましょう。繰り返していくうちにグルーヴにおける躍動感の基本がつかめてくるでしょう。
①「ハイラー」を繰り返す
②「ラーハイ」を繰り返す

▶ 〔アップビートを感じるトレーニング〕

　次はアップビート（裏拍）を感じるトレーニングです。「タンタカタンタカ」と繰り返してみてください。これは音符では下のようになります。これを「タカタン」の繰り返しと感じられるように繰り返してみましょう。

タン　タ　カ　タン　タ　カ　タン　タ　カ　タン　タ　カ

▶ 〔中抜きリズムを感じるトレーニング〕

　「ラーハ」ということばを繰り返してみましょう。これは音符で表すと下記のようになります。3連符の真ん中の音符を休符にしたシャッフルの跳ねたリズムです。これを「中抜き」と呼びます。ここでは「ラーハ」を繰り返して、「ハラー」と感じてみましょう。さらに、「ハラーハ」でも感じられるように繰り返してください。

ラ　ー　ハ　ラ　ー　ハ　ラ　ー　ハ　ラ　ー　ハ

CHAPTER 8
リズム

▨ ウェーヴの感覚をつかむ

　音楽はフレーズの反復がよく用いられ、盛り上がりを演出します。この反復をウェーヴ（波）としてとらえる感覚を持ちましょう。ウェーヴは以下のように分類できます。

- 1　語のウェーヴ …… ことばの重なり
- 2　構成のウェーヴ … メロディの繰り返し
- 3　形式のウェーヴ … 「Aメロ」「Bメロ」などのセクションの繰り返し

● 〔伴奏を聞くトレーニング〕

　好きな音楽を繰り返し聞いてウェーヴの感覚をつかみましょう。

①2小節を1ブロックのリズム・パターンで捉えましょう。2小節ごとに1拍目で手を打ちながら、メロディに合わせて歌ってください

②伴奏を注意深く聞きながら歌いましょう。間奏のところなども好きなメロディを歌い続けながら、伴奏を聞いて、うまく入れてみてください

③伴奏の幾つかの流れを同時に聞いてみましょう。例えば、メロディとベース、さらにルートの音をそれぞれ聞き分けて、それから同時に聞いてみてください

音色とリズムが原点

　音色やグルーヴ感を作り出す歌のリズムは、個性、色、センス、音楽観の根本となるものです。フレーズは気分で変わることもありますが、こういう要素はスタイルとして固有のものといえるでしょう。

§ 6 シンコペーション

シンコペーション

　拍子は基本的に「強拍 — 弱拍」の順に配列されています。また表拍と裏拍の関係も「強 — 弱」になっています。しかし、表現上の理由から「強」や「弱」の位置をずらすことがあります。この逆転現象を「シンコペーション（切分音）」といいます。これはリズムを引き締めて表現の緊張感を高めたり、ノリを面白くするために欠かせません。

　シンコペーションは「弱」とその次の「強」をタイでつなげたときに生まれます。下の譜例はシンコペーションの有無の比較例です。

シンコペーションしていない場合

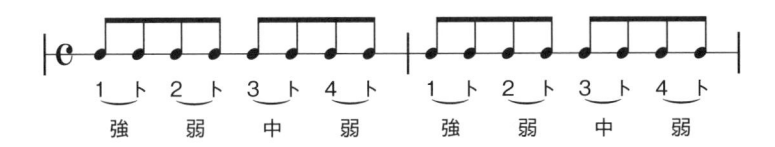

シンコペーションしている場合

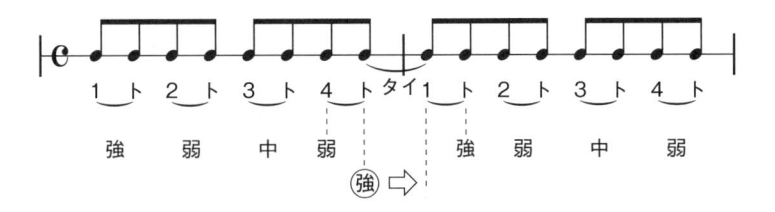

　4拍子を「1ト2ト3ト4ト」とカウントした場合、4拍目裏の「ト」が次の小節の「1」がタイでつながると、2小節目の強拍である「1」が発音されないため、「4」の裏拍の「ト」に、アクセントがついて強拍になるのです。これがシンコペーションの代表的な例です。

　これは、「2」の裏拍が「3」の表拍にタイでつながっても同じで、この場合は「2」の裏拍が「強」になります。

　なお、「タイ」は同じ高さの音同士を結んで、後ろの音符の長さまで伸ばすという記号です。

● ［シンコペーションのトレーニング］　DISC 2 | TRACK 49

　シンコペーションを含んだメロディを歌ってみましょう。すべて2拍目裏と3拍目をタイで結んでいます。

● ［休符のシンコペーションのトレーニング］　DISC 2 | TRACK 50

　シンコペーションは休符でも起こります。下の楽譜で1小節目と4小節目は3拍目の「中強拍」に当たる音が休符になっています。この場合は弱拍である2拍目裏の音に「強」のアクセントが移動します。

音符別のリズムの注意

各音符を歌うときの注意点を記します。

- 1　全音符 …… 出だし（アタック）が強く入りすぎないようにする
- 2　2分音符 … 2、4拍目を十分に保つ
- 3　4分音符 … 4つの音が同じ長さ、強さ、美しさ（音色）を保つようにする
- 4　8分音符 … 短く切りすぎてスタッカートぎみにならないこと
- 5　16分音符 … 動きを出すこと。均等に4つ×4のまとまりにならないように
- 6　3連符 …… 「タタータ」とならないように、3つ×4で均等に。「タタータ」となってしまう場合は、2拍目を遅らせ気味にするとよいでしょう

NOTE

〔 CHAPTER 〕

9

歌唱技術

§1 | 音の感覚を磨く

オリジナルの表現を目指すには

　歌唱編のまとめとして、ここからはさまざまな表現技術について考えていきましょう。まず表現するにあたって必要なものは何かを以下にまとめてみました。

　－1　新鮮さ …… 時代性、斬新さ、将来性（可能性）
　－2　パワー …… 力強さ、インパクト、勢い
　－3　安定度 …… 技術的完成度、基礎の力、落ち着き、奥深さ
　－4　冒険心 …… 面白さ、新奇さ、挑戦

　これらを身に付けるためには、「感覚」を磨くことが大切です。リズム、ピッチ、発音、そして高音の共鳴や母音のスケール練習といったヴォイストレーニングは、もちろん声の基礎作りとしては大変重要です。しかし、これらの練習を次々にこなしていくだけでは、感覚は深まらず、本当の意味での基本は身に付きません。

　トレーニングのレパートリーを増やすことよりも、1つのメニューを繰り返して、そこから多くの気づきを得て、感覚を深め、次のトレーニングへと進める「基本」を体得しましょう。

　そのためには一流の歌を多く聞き、そこから学ぶ術も模索してください。例えば、同じ歌を異なるヴォーカリストで比べて聞くのはとても効果的です。そうすれば本物の歌が持つ共通要素を知ることができます。

　また、自分が上達するのにふさわしいプロの見本を選ぶことも意識しましょう。その際、好き嫌いではなく、声やその使い方で選ぶことが最も大切です。

　次ページに挙げたトレーニングを続けていけば、自他の作品について厳しく評価できるようになっていきます。素晴らしい作品を理解するためにも、あなたの好きな作品をこれからもずっと心で温めていきましょう。いつも最高の音楽があなたに聞こえているようにしておいてください。

　著名なアーティストの本を読んだり、音楽を聞いたり、動画をみたりすることを日課とするのもよいでしょう。

▶ [曲を聞いて感受性を高めるトレーニング1]

　好きな曲（アーティスト名）を次のジャンルから挙げてください。[　]内に曲名（アーティスト名）を入れましょう。書き込めない項目があるとすれば、ぜひそのジャンルを聞くようにしてください。

① ロック、ポップス、フォーク、カントリー [　　　　　　　　　　　　　]

② ジャズ、ゴスペル [　　　　　　　　　　]

③ 日本の歌、演歌、J-POP、歌謡曲、唱歌、アニメソング [　　　　　　　　　]

④ カンツォーネ、シャンソン、ラテン、ファド [　　　　　　　　]

⑤ エスニック [　　　　　　　　　　]

⑥ クラシック、オペラ [　　　　　　　　　]

▶ [曲を聞いて感受性を高めるトレーニング2]

① さまざまな作品を聞いて感じたことを、できるだけ多く書き出しましょう

② 作品を聞いて人の心を動かす要素はどこにあるのかを書き出しましょう。それを踏まえて、その作品に対して自分ならどういう歌唱をするか、どこを変えたいかを書いてみてください

③ プロの作品とあなたの歌を照らし合わせ、表現の未熟な点や発声の弱点を書き出しましょう。そこから声やことば、歌を直していくようにしましょう

▶ [発声のトレーニング]　　　　DISC 2 | TRACK 51

▶ 音域 ↗ E5

ラーララーラ　ラーララーラ　ラー

　ここで再び歌う前に行う発声トレーニングを行いましょう。毎日のトレーニングメニューに加えるよいでしょう。

§2 | 声に気持ちを込める

気持ちと音色

　私たちの声色（音色）は感情によって変わります。例えば、笑うときは笑うときの声になりますし、悲しく感じると悲しい声になります。心の動きが体の状態を変えるのです。それが発声器官にも伝わり、姿勢や顔の表情なども変わり、それに応じた声の表情が出てきます。

　アーティストは、それを半ば意識的に引き起こさなくてはなりません。自分で感情を切りかえ、声に表情を付けていきます。心と体を結ぶ力を感じながらやってみてください。

　ただし、過剰に意識して感情に集中しすぎないことです。心身は楽にして無理に感情的にならないようにしましょう。

▶〔音色のトレーニング1〕　DISC 2 | TRACK 52

▶ 音域 ↗ C5

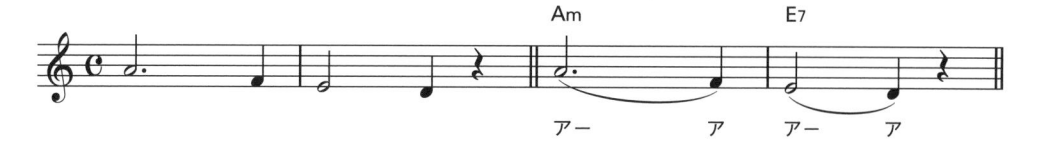

　気持ちを込めて歌ってみましょう。心を込めて音声にすると、音色（声色、声の表情）が宿ってきます。そのための基本トレーニングです。感情を声で表現し、その声の動きで聞く人を感じさせるのが目標です。

▶〔音色のトレーニング2〕

　「アーーーーー」と、お腹から大きな声を出して伸ばしてみてください。そして、そこに以下に挙げる感情を入れていきましょう。

①普通に（無表情に）	⑤怒って	⑨静かな気持ちで	⑬毅然として
②楽しそうに	⑥狂ったように	⑩バカみたいに	⑭眠そうに
③悲しそうに	⑦冷めたように	⑪憂鬱に	
④威厳をもって	⑧すすり泣いて	⑫驚いて	

▶〔音色のトレーニング 3〕

好きな歌詞をささやき声で表現してみましょう。抑えた声でもしっかりと伝わるところまで完成させてください。もちろん、のどに負担をかけないように注意しましょう。

▶〔音色のトレーニング 4〕

好きな歌詞を自分流にアレンジして語ってみましょう。自分の心にしっくりとくるまで、繰り返し言い換えてみてください。

さらに自分で他のいろいろなことばに置き換えていきましょう。

そのほかのバリエーションとしては、自問自答するような歌詞にフレーズを付けてみるのも良いトレーニングです。方言でも良いでしょう。できるかぎり歌詞からイメージをふくらませて、大胆に自分流の語り口、自分の世界にしてください。自分の魅力を声の表情に出せることを目標にしましょう。

▶〔音色のトレーニング 5〕

気に入っている歌詞を何度も読み込んでから歌いましょう。特に共感できるフレーズについては繰り返し歌いましょう。

▨▨ 感情を音声の中に表現する

いろいろな心の動きや情感をそのまま、音の動きに反映させるためのトレーニングを以下に記します。

▶〔感嘆詞と擬音のトレーニング〕

次のことばを、いろいろな感情を込めて言ってみましょう。

① 「Ah-（アー）」　　⑤ 「Uun-（ウン）」　　⑨ 「Few（フュー）」

② 「U-（ウー）」　　⑥ 「Eei（エエイ）」　　⑩ 「Hi（ヒー）」

③ 「Oh-（オー）」　　⑦ 「Aan（アアン）」　　⑪ 「Pipi（ピーピー）」

④ 「Yeah（イエー）」　　⑧ 「Wow（ウォウォー）」　　⑫ 「Pewpew（ピューピュー）」

▶ 〔母音を強調するトレーニング〕

　母音をわざと浮き彫りにして発音してみてください。例えば「さよなら」を「サア」と大きく出し、続いて「サ」と「ア」とを同時に発音する感じで、音を太くします。「さあよおなあらあ」と音がはっきりとします。次に、強めるところを変えてやってみましょう。「さよおなら」「さよなあら」「さよならあ」といった具合です。

▶ 〔ことばに感情、メロディを入れていくトレーニング〕

　自分の呼吸を感じ、それでコントロールすることを忘れないようにしましょう。

①好きな歌詞を大きな声で感情を入れて読んでください

②それにメロディを付けて、やや速めに歌ってください

③今度は、ゆっくりと思い入れたっぷりに歌ってください

▶ 〔感情表現のトレーニング〕

　次のような表現について、皆さんなりに考えてみましょう。また、そのように感じられる作品やフレーズを見つけて学んでみてください。

①泣きのピーク、切なさの強烈さ

②喜びと快感でのクライマックス

③シメとエンディングの心地よさ

CHAPTER 9

歌唱技術

────────────────────────────────

（ HINT ） レッスンは本番の意識で

　ここで紹介したトレーニングは、常に本番の意識でやりましょう。曲と出会って、親しみが深まってくると、歌の大きさと自分とがピッタリ合う瞬間があります。そこに焦点を当てられればなお効果的です。逆に、自分勝手にくせを付けたり、歌を感情任せに動かしすぎると、作品の良さをつぶしてしまいます。歌を自分の中で小さくまとめてしまわないように気をつけましょう。

────────────────────────────────

§3 | フレーズ

フレージング

　P151でも触れましたが、「フレーズ」とは旋律のあるまとまりのことを指し、音楽的にまとまった1つの旋律、歌では特にブレスとブレスとの間の旋律のことを示します（とはいえ、一息で歌える長さとは限りません）。ですから、フレーズのつながりによって音にさまざまな表情が出てくることになります。また本書での「フレージング」とは、音楽的に聞かせられる音の流れを作ることです。歌の節や節まわしと思っていただければよいでしょう。

フレーズの終止

　フレーズの終止、つまりフレーズの最後は声がふるえたり、揺れたりしないように声を消し込んでいくのが基本です。すべての息を使い切るように歌ってしてしまうと、息の支えがなくなって声がふらつくので注意しましょう。

　なお、場合によって急に歌を止める（カットアウト）こともあります。これも口先でなく、体で切るようにしましょう。

フレーズで高揚感をもたらす

　歌では楽譜が台本、メロディ、リズムを伴った歌詞がセリフです。ステージで歌うことは、一つのドラマを演じることと同じです。その人の持つ世界を見せて、聞いている人に何かを感じさせる場と言えるでしょう。

　そのためには周到な準備が必要です。特にイメージの持ち方が大きなポイントになります。このイメージには、大きく分けて2つあります。

- 1　作品の持つイメージ（音楽、曲、詞、演奏）
　　この場合は曲の持つイメージから入るアプローチと、歌詞の持つイメージから入る場合の2通りがあります。前者では歌詞の世界で語られていることを音で支え、後者では音の世界が語っていることをことばで支えます。

- **2** あなたの持つイメージ（個性、雰囲気、メッセージ）

あなたがその歌に感じたこと、あなたがその歌を通して伝えたいことをイメージとして持ちます。

いずれにしても、あなた自身の表現として、いかに個性や持ち味を声で音楽的にとり出すかが問われます。そのためには、イメージをどうリアライズする（現実に表わす）かを考えましょう。つまり、聞く人の心に伝わるように音で表現し、ステージであれば視覚的な演出も含めて、生命感を与え立体化するのです。声は、それを強力に伝えるためのツールです。

▨▨▨ モチーフとフレーズ

音楽では、2〜3くらいの音の連なりをモチーフ（動機）と呼びます。モチーフが連続して節となったときに「フレーズ」と呼ばれるのです。

長いフレーズをよりよく聞かせるためには、呼吸の流れに声をうまく乗せることが大切です。トレーニングでは、ブレス（息つぎ）を少なくして、なるべく大きなフレーズ感を捉えましょう。実際に歌われたフレーズよりも、スピードを落とさずに大きめに読み込んでいくとよいでしょう。

フレーズの中では、出だしから次の音へのつなぎは、そのあとの方向性を決める大きなポイントです。もちろん、そのフレーズの前の息（ブレス）もこれに深く関わってきます。

フレーズの間では、曲想によって微妙に変わるテンポの揺れ（＝アゴーギク）なども大切です。しかし、歌の場合は、あまり細かく考えず、大きな流れの中にきめ細やかに心を乗せていきましょう。その感覚の中で音の動きを作り出すのです。

CHAPTER 9

歌唱技術

・・・

（ **HINT** ） **デッサンの研究**

歌の世界では、自分の声を使って進行し、展開や構成を声の線で表わしていくといえます。これを私は、絵画に例えて「デッサン」と言っています。

①唱歌、童謡は、歌唱の基本デッサンとしてのトレーニングに向いています。ゆっくりとていねいに歌い上げましょう。

②演歌、歌謡曲は日本人の感情表現のデッサンの研究に良いでしょう。「泣き」や「こぶし」についても学びましょう。

③カンツォーネ、シャンソンなどは、声で音のデッサンをどうしているかがわかりやすいため、基本の教材としては最適です。原語での歌唱に挑戦してみてください。そのあとで日本語版で歌いましょう。

・・・

出だしの切り出し

　声を出すときには、勢いと慎重さが必要です。吸気した状態で止め、出だしの一瞬で息と声を合わせてスムーズに出します。そのときに、体の状態が十分な呼気が使えるだけの準備ができているようにしましょう。

二番の出だしで練習する

　歌い出しが難しいのは、イメージがすぐにつかめないのと、声が出にくく、乗りにくいからです。そこで、１番の終わりを歌って、２番の出だしを歌うトレーニングを行ってみてください。これで出だしの問題を解決しやすくなります。

エンディング

　3つのパターンで歌のエンディングの効果を学びましょう。

- －1　言い切る（伸ばす場合も含む）
- －2　弱く抑える（情感、余韻を残す）
- －3　派手に切る（音を上げる、重ねる、テンポを速めるなどの併用もある）

▶〔エンディングのトレーニング〕

　既存の曲で以下を練習してみましょう。

① ディミニュエンドする（小さくしていく）……音を小さくするときにフラットしないように、きちんとキープする。そのためにはフレーズ、息の線と声の芯が必要

② カットする（急に切る）

§4 | アーティキュレーションと ダイナミクス

アーティキュレーションとは

　曲の中で使われる「アーティキュレーション」とは、曲と歌が一体となり、素晴らしい演奏になったときに生じる、「音楽を音楽たらしめる唱法やその効果」のことです。具体的には、音楽を性格づけるために、音の世界で各音やフォーム（ここでは音型）の出し方をどうするのかということになります。

　つまり、アーティキュレーションは、表現に直結する重要な役割を果たすわけです。これは、作品の表現内容との関わりの中で決まってきます。

　楽譜にはスラー、スタッカート、テヌート、アクセントなどの記号や、演奏表現を表わすための発想標語が使われています。これによって、各部分のモチーフやフレーズが指定されています。しかし、歌の中において強弱や長短、息の使い方などは、かなり自由なものです。そうした記号がついていても、厳密な指定はありません。歌の表現は、相対的に音の流れの中で決まってくる曲に対して、自分がどう伝えたいかという思いで作っていくものだからです。

　歌は、その人の体が楽器であり、表現方法もそれぞれ違うため、簡単には規定できません。俳優があるセリフをどう演じるのかということと同様に、歌には大きな自由度と、それゆえに音の世界を踏まえて伝えなくてはいけない厳しさがあります。曲の変化の中で音色を捉え、最高のフレーズに展開していくために豊かな音楽性と表情や振りといった演出力も必要です。

　そこで、次の要素に注意して、作品を聞いたり歌ったりしましょう。

- −1　テンポ、リズム、アクセント
- −2　発声、発音
- −3　表情、パフォーマンス（フリ）
- −4　フレーズ（スピードの変化、音の強弱変化、メリハリ）
- −5　音色、表現

CHAPTER 9

歌唱技術

ダイナミクス

「ダイナミクス」とは音の強弱のことです。楽譜では、強く演奏する順に「f（フォルテ）」「mf（メゾフォルテ）」「mp（メゾピアノ）」「p（ピアノ）」といった記号が使われます。また音の強さの変化としては「cresc.（クレッシェンド）」「dim.（ディミニュエンド）」などが代表的なものです。

発声の基準の強さは「mf」です。リラックスした感じで、ここから強くしても弱くしても、音楽的緊張は高まります。よく強くするときだけ高め、弱くするときに抜く人がいますが、弱いところこそ、きちんとテンションを高めてキープしておかなくてはなりません。ダイナミクスとは、単に強くすれば良いというものではないのです。

いくら豊かな感情を持っていても、それを声で表せないと人に伝えることはできません。そのために、ヴォイストレーニングで声量やメリハリを有効に活かすベースを学ぶ必要があります。

声がうまく出ない理由はさまざまです。特に多いのは、出そうとしている高さでの自然な声質と共鳴をイメージできていないのに、無理に声を出そうとしてしまうことです。

こういうときは呼吸を大きく作り直し、息をていねいに声にしていくのが根本的な解決方法です。ぜひ本書の歌唱編を最初から再読してみてください。小さい声からでもよいので、毎日、声を出し、声を育てていきましょう。

メッサ・ディ・ヴォーチェ

「メッサ・ディ・ヴォーチェ（messa di voce）」とは、クレッシェンド（徐々に大きく）したのち、デクレッシェンド（徐々に小さく）することです。これは発声の基本トレーニングの一つです。最初は、ソフトに歌って耐久力がついたら少しずつ強くしていきます。

▶［メッサ・ディ・ヴォーチェのトレーニング］　　DISC 2 | TRACK 53

「ア」で声を少しずつ大きくしていき、それから小さくしていきます。「ア」でやりにくいときは、ハミングで行ってみましょう。口先でなく体からの息でコントロールするのが大事です。

▨▨▨ テヌート／アクセント／ポルタメント

　ここでは既出のものも含めて、歌によく使われている効果の記号を紹介します。まず「テヌート」は、その音の長さを最大限に保って歌うことです。音符に横棒を付けて表します。声をしっかりと大きく出したいときに、その音を最後まで同じ音質、音量をキープしたまま声を出します。次に紹介するアクセントの一つと考えてもよいでしょう。

テヌート

　「アクセント」はその名の通り、記号がついた音符を強く発してアクセントを付けます。

アクセント

ポルタメント

　「ポルタメント」はゆっくりと滑らかに音程を変化させるテクニックです。下の「アーティキュレーションのトレーニング（TRACK 54）」では、最後の「ソ」から「ド」へ移るときに、ポルタメントが使われています。

▶〔アーティキュレーションのトレーニング〕　DISC 2 ｜ TRACK 54

▶ 音域 ↘ A3

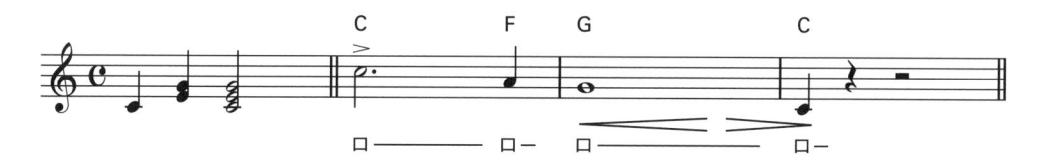

　アクセントとクレッシェンド、デクレッシェンドの記号が付いたフレーズを歌ってみましょう。

CHAPTER 9

歌唱技術

感嘆詞

　「あー」「あああ～」などの感嘆詞が入っている歌は、その部分を大切に歌わなくてはなりません。感嘆詞を発するときは、ことばにならないことばで歌うわけですから難しいものです。感情を表現する歌においては、しばしば、この感嘆詞の使い方が決め手になります。

　まず、曲の中での感嘆詞の意味をつかみます。この「ことばにならないことば」は、ことばにすると、どのような意味を持つのか考えてみます。

　呼びかけ、悲しみ、嗚咽、切なさ、侘しさ、ため息といろいろな表現があるでしょう。強さや長さもそれによって決まります。ことばに感情を込めるには、息をためて声にしていきましょう。

「ん」を響かせる

　「ん」は口を大きく開けられないので、最初は詰まった音になりやすいのですが、きれいに響かせることができれば、歌全体がやわらかくなります。鼻母音もうまく処理できるようになるでしょう。鼻濁音は「ガギグゲゴ」の前に「ん」を付けると出せます。「ん」で声の出るところは、大体、他の音でも問題なく発声できるはずなので、自分の声域の基準にしてみるとよいでしょう。

　P145の「ハミング」の項も参照してください。

§5 ヴィブラート／パッセージ

ヴィブラートとは

　歌声では、音の高さに規則的な変動を与えることを「ヴィブラート」といいます。およそ１秒に５〜６回の揺れになります。

　ヴァイオリンなどのヴィブラートは、ピッチ（音の高さ）を高低に細かく変化させますが、このときの揺れ幅は、半音までの半分くらいの高さでの変化に収めています。ところが、声の場合は半音近くずれることもあります。つまり、あるピッチでヴィブラートをかけると、そのシャープとフラットの２音間を揺らぐこともあるのです。揺らぎの中心が合っていれば、ピッチが狂ったようには聞こえませんが、高低のどちらかにずれてしまうとよくありません。

　もう一つ、音の大きさの強弱を変えるヴィブラートもあります。

ヴィブラートトレーニングについて

　歌でヴィブラートを付けるためのトレーニングは数多くありますが、あまり勧めていません。トレーニングでフォームができ、力が抜けてくると声が安定して自然に響き、音の揺らぎが聞こえてきます。この状態が既にヴィブラートですから、作為的に付けなくてもよいと思うのです。

　つまり、ロングトーンもレガートも歌唱のほとんどは、声の心地良い揺らぎとして、自然とそうなります。あえて、揺れを意識的に付けない方がよいのです。付けてしまうと、揺れ声となりかねません。

　ただ、トレーニングでレガートやロングトーンで母音をそろえる、高音へ持っていくなどといったときに、声が動きにくいのなら、ヴィブラートを補助手段として使えます。もちろん、これは必要最小限にすべきです。

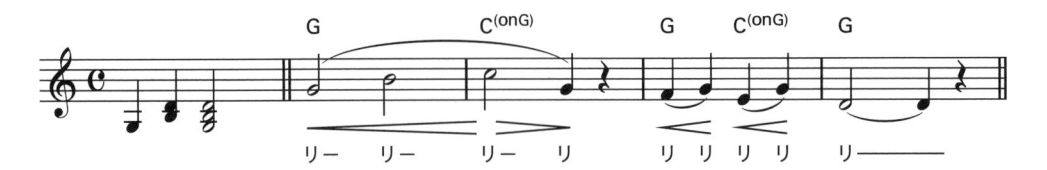

リー　リー　　リー　リ　　リ　リ　リ　リ　　リ――――

　ここではヴィブラートを、音の流れを感じて声を統一して伸ばすためのトレーニングとします。「リ」で歌ってみましょう。

パッセージとは

　「パッセージ」とは、メインとなるメロディラインを結びつける経過的なフレーズ、あるいはそうした箇所のある曲の一部分を指します。急速な上行／下行の動きを伴うため、「走句（ラン）」ともいわれます。以下にパッセージのトレーニングを掲載します。他には声楽の教本を参考にしてみてください。クラシック・ピアノの演奏を部分的に抜いて、コピーして歌ってみるのもよいでしょう。

▶ 〔速いパッセージのトレーニング〕　DISC 2 | TRACK 56

▶ 音域 ↗ F5

ヤ　ヤ　ヤ　ヤ　ヤ　ヤ　ヤ　ヤ　　ヤ　ヤ　ヤ　ヤ　ヤ　ヤ　ヤ　ヤ　　ヤ―

§6 | スキャット／フェイク／アドリブ

スキャットとは

「スキャット」とは歌詞を音に置き換えて歌うところです。擬音のようなもので、その多くは軽やかにリズミカルに歌われます。ジャズやロック、ボサノバなどでもよく使われます。

母音の響きをやわらかく使い、アタック音である子音でのひっかかりを組み合わせるのがコツです。休んで入ったり、1〜2小節目でシンコペーションしたりして、早めに動きを作っていくとよいでしょう。

次のような音で歌われることが多いので、好きな曲の歌詞を置き換えて挑戦してみてください。また本書のさまざまなトレーニングでもぜひ使ってみましょう。

「Da（ダ）」「Du（ドゥ）」「Tu（トゥ）」「Pa（パ）」
「Lu（ル）」「Ya（ヤ）」「Te（テ）」「Li（リ）」「De（デ）」

フェイクとは

メロディラインに装飾的変化を付けることで、メロディを自分なりに崩すことを「フェイク」と呼びます。注意点は、最終的に曲の流れを壊さないように収めることです。装飾音的に入れたり、ある音を下降（フォールダウン）させたり、連符を使ったりします。基本を踏まえて、より良くするために、はみ出すのですから、きちんと歌えることが基本となっていなくてはなりません。

アドリブとは

「アドリブ」とは、コード進行を守りながら、元のメロディから離れて即興演奏（インプロビゼーション）することです。異なるメロディにして歌詞を乗せるため、コードやその進行についても、踏まえておかなくてはなりません。曲を正しく捉えた上で、自分のオリジナリティや呼吸を十分に踏まえ、よりセンスよく変えなくては歌が台無しとなるので、かなり高度なテクニックと言えます。

▶ 〔音だけで歌を表現するトレーニング〕

その1 自分の好きな歌を「アー」で歌ってみましょう（他の母音でも構いません）。

その2 母音の組み合わせで歌を表現しましょう。

その3 歌詞の子音をすべてなくして母音化したり、「アオイ」「アエアオ」など好きな音の組み合わせで繰り返してみましょう。「バベビボブ」とか「ガゲギゴグ」などを、繰り返しを付けて歌ってみるのもよいでしょう。

その4 自分の好きな音で歌を表現しましょう。「タァ」「ナァ」「ノ」「ヤ」「マ」「ラ」「ドゥ」「ダァ」など、どんな音でも構いません。気分に合わせて、自由に変えながら歌ってみてください。

その5 トランペットを吹くつもりで、「プワァー」「パ アー」「ポー」「バァー」「ホォー」などで、歌を表現してみましょう。

　上記の練習のポイントは、最初はとにかくフレーズをよく聞き取ることです。正しい解釈を心がけてください。またリズムはジャストのタイミングで練習しますが、実際の歌手の多くは、そうではないこともあるので、たくさんの作品を聴いて、崩しのタイミングをつかんで応用してみてください。どうすればスムーズに、それらしく聴こえるかを研究するつもりで、何度も歌い込みましょう。

§7 ｜ コーラス／デュエット

コーラスとは

　コーラスは、声のコントロールに加え、伴奏と歌唱を一つにするために重要なものです。歌はコーラスを入れることで、ヴォーカリストがのりやすくなり、メロディにパワー、エネルギーを加えることができます。

　また、声と楽器の両方のニュアンスを持つコーラスを入れると、人の声であるヴォーカルと他のパートの器楽音との間にある音色などのギャップを埋めて、調和できます。その結果、歌の音楽性がうまく引き出されることになります。

　つまりコーラスは、人間味のあるヴォーカルと、器楽音のサウンドを調和させ、サウンドの中にヴォーカルをうまく溶け合うようにする効果があるのです。もちろん、本来はその上でヴォーカリストの歌が際立ってくることが求められます。

　なお、「コーラス」ということばは、楽曲の構成を指す場合も使われます。例えば歌の1番のことを「1コーラス目」などと言うのです。これを区別する場合は「ハーモニー」と言ったほうがよいでしょう。

倍音とハーモニー

　音声には、いろんな音が含まれています。ある音を基音としたときに、その上にそれを豊かに彩る他の音が乗っているわけです。この基音に、他の音がのらない状態の音のことを「純音」といいます。時報の「ピ、ピ、ピ、ピーン」のような音です。

　それに対して、楽音や声には「倍音」がのっています。ピアノで「ド」を基音とすると、その2倍の音はオクターヴ上の「ド」、3倍がその上の「ソ」、4倍がさらに上の「ド」、5倍が「ミ」、6倍が「ソ」となります。これら3和音「ドミソ」が、最も基本的な音の重なりで、ハーモニーの基本です。

　発声トレーニングで正しく声が出ているときには、自分1人の声でも倍音が聞こえるものです。また男性何人かで同じ音でハモってみると、1オクターヴ高い女性の域の声が聞こえるでしょう。

ハーモニーの種類

ハーモニーの付け方には幾つかの種類があります。

- 1　ドゥー・ワップ　…「アー」「ウー」「テュッテュッ」など楽器のような声を使う
- 2　かけあい …………　交代演奏のことで、フレーズを交互に歌う
- 3　裏メロ …………… メインヴォーカルと違うメロディをバックで歌う
- 4　ユニゾン ………… メインメロディと同じメロディを歌う
- 5　字ハモ ………… 同じ歌詞をメインメロディと調和する音程で歌う

3度と4度のハーモニー

ハーモニーの音の高さの付け方には、いろいろあります。以下に例を挙げてみます。

- 1　メインヴォーカルの上に付ける
- 2　メインヴォーカルの下に付ける
- 3　メインヴォーカルの上下に付ける
- 4　メインヴォーカルのオクターヴ上（もしくは下）に付ける

メロディが沈んでいてメリハリのないところなどは、オクターヴ上に付けると生き返ります。男女でのデュエットは、おのずと1オクターヴ差になります。

▶[3度上のハーモニーのトレーニング]　DISC 2｜TRACK 57

　ポップスでもよく使われるメインヴォーカルに対して、３度上のハーモニーを付ける練習です。譜例の上側がハーモニー、下がメインヴォーカルのメロディです。音源ではピアノでメインヴォーカルと３度上のメロディを演奏し、サンプル歌唱は３度上のメロディのみとなっています。

▶ 〔４度上のハーモニーのトレーニング〕　　　DISC 2 ｜ TRACK 58

　メインヴォーカルのメロディに対し、４度上のハーモニーを付ける練習です。譜例の上側がハーモニー、下がメインヴォーカルのメロディです。こちらも音源ではピアノでメインヴォーカルと４度上のメロディを演奏し、サンプル歌唱は４度上のメロディのみとなっています。

CHAPTER 9

歌唱技術

§8 オリジナルフレーズを作る

発声の応用トレーニング

ここまでのトレーニングのまとめとして、発声の応用練習を2つ紹介します。

▶ 〔パッセージの応用トレーニング1〕　　DISC 2 | TRACK 59

▶ 音域 ↗ E5

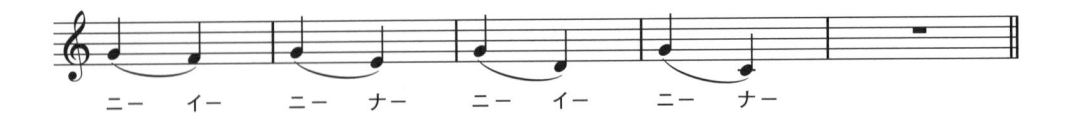

ニー　イー　ニー　ナー　ニー　イー　ニー　ナー

▶ 〔パッセージの応用トレーニング2〕　　DISC 2 | TRACK 60

▶ 音域 ↗ E5

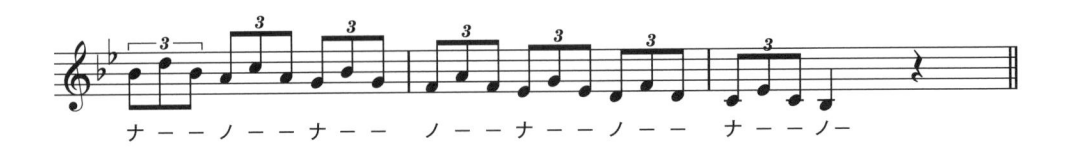

ナー　ノー　ナー　ノー　ナー　ノー　ナー　ノー

▨▨▨ フレーズのコピーからはじめよう

あなたならではの歌を作り上げるには、まず有名曲などをフレーズ単位でコピーすることからはじめましょう。そのコピーの過程で、オリジナルへの糸口をつかんでください。そのためのトレーニング方法をご紹介しましょう。

▶〔音楽とのセッション感を養う〕

古今東西の有名曲を聞いて音楽とのセッション感を養いましょう。各楽器の演奏はどのくらいのスピードで立ち上がっているのか、加速度、ドライブ感はどうか、どこまで伴奏のラインに合わせて歌い、どこまで離れて歌っているのか、その掛け合いを聞いてみてください。それがそのアーティストのセンスです。

また良い歌唱を聞いて、音楽から自由になるためには楽器の演奏力に対抗する声のパワー、インパクトが必要であることを実感してください。本書のトレーニングでぜひそれを身に付けましょう。さらに歌詞に安易に逃げないことも学びましょう。歌は演奏＋ことば（歌詞）なのです。

▶〔インプロビゼーションでフレーズをコピーする〕

インプロビゼーション（即興）でフレーズをコピーしてみましょう。まずは「３回聞いて、１回歌う」から始めましょう。何度も繰り返して聞くと創造性が発揮されません。次に「１回だけ聞いて、３回歌ってみる」にも挑戦してください。

▶〔テンポとキーを変えてコピーする〕

そのフレーズを自分が歌うとしたら、どんなテンポとキーがベストなのかを考えてみましょう。その際「音の高さ」「音域の広さ」「声量」「リズム」「音程（メロディ）」「音色」を考慮してください。テンポとキーを何通りも変えて、自分の表現を最も生かせる設定を見つけましょう。

このフレーズコピーのトレーニングでは、どれだけ間違えても問題ありません。作品が持っている良さと、自分がコピーする過程で創作したものが混ざって成立すれば、レベルアップしていると考えてよいのです。また、その作品を自らに引き寄せるのではなく、一流の優れた作品に引っぱられるように試行錯誤を繰り返すとよいでしょう。そこから新たな表現を作り上げて、自分の歌唱を確立していきましょう。次ページにそのためのポイントを挙げておきます。

CHAPTER 9

歌唱技術

－1 少ないヒントで無理にでも歌ってフレーズを成立させることが力を付ける

－2 イマジネーションを豊かにしよう

－3 優れたパターンをたくさん学ぼう

－4 感覚と実際のズレを把握して修正していく力を付けよう

－5 わずかなところで「察すること」を学ぼう

フレーズコピーのさまざまな方法

　フレーズコピーでは、自分の好きな曲だけでなく、あらゆる楽曲にトライしてください。例えば、「外国人による日本語の歌」や「日本人による外国曲の歌（外国語、日本語）」を比較するという方法は効果的です。日本人の感覚を一時、切ることで、感覚、発声、歌唱をシンプルにできます。適当な外国語を付けて歌ってから、日本語に戻して歌って、その違いをみるのもよいでしょう。

　コピーするフレーズは5秒、10秒、15秒と少しずつ長くしていきましょう。30秒くらいまでコピーできることを目標にしてください。長いフレーズをコピーする、自分の弱いところが如実に出てきます。メロディ、リズム、ことばのどれか、もしくは複数にズレが生じるでしょう。そういうところは、自分の頭に入っているパターンで補完していきましょう。その補完したフレーズが元の作品を超えてこそ、真のオリジナリティ、プロレベルといえます。

1コーラスをコピーする

　フレーズコピーと同時に、1コーラスをコピーするトレーニングも行いましょう。以下にその方法のアイディアをご紹介します。

　①外国人の日本語歌唱を聞いてコピーする

　②日本の曲を外国人ヴォーカリストがカバーした歌唱を聞く

　③同じ歌を同じ人が、日本語と外国語両方で歌っている曲を聞いてコピーする

　④同じ歌を違う人が歌っている曲を聞いてからコピーする

　⑤原語の歌に、訳詞をストレートに入れてことばを適当にアレンジする

　⑥スキャット部分のコピーをする

　⑦コーラス部分のコピーをする

　⑧同じ曲で10人ほどのアーティストの歌っているものを比べて聞き、1フレーズずつ10人のコピーをしたあと、自分の歌い方を作る。仲間内でコピーをして、比べあうとさらによいでしょう

外国語と日本語で歌う

　外国語が不得手な方は、意味のわからない外国語だからこそ楽音として聞こえ、それゆえに音楽性を損なわずに、さまざまなことを学べます。1回目は10〜15秒くらいのフレーズずつ、2回目はその2倍くらいの長さでコピーして、3回目に1曲通して歌ってみましょう。これは、構成や展開をつかむのにとても有効な方法です。完全に丸ごと覚えるまで聞いてから繰り返すよりも、良い意味で大ざっぱに曲がつかめ、全体の構成をさっとつかみ、そのコピーから自分の中に入っているもの、クセや入っていないもの、不慣れなものなどがわかります。

　コピーの次は、自分なりのフレーズを再構築してみましょう。以下のそのプロセスを記します。

　　①一流歌手の歌からその歌手の「オリジナリティ」を抜いて捉えてみる
　　②その1の状態で曲の骨組みを捉え歌ってみる
　　③その2に自分のオリジナリティを加え歌ってみる

　また、メロディや歌詞を自分なりにアレンジしてみるのも良いトレーニングになります。例えば以下のような手順です。

　　①原曲通りにコピーする
　　②原曲での難しいところを捨てる（高いところなら、1オクターヴ下げるか編曲する）
　　③メロディのアレンジをする
　　④歌詞を自分のことばで書きあらためる
　　⑤メロディ、歌詞ともアレンジする

CHAPTER 9

歌唱技術

§9 コンコーネ50番 Op.1を使った練習

まとめの総合練習

最後に、総合練習として、「コンコーネ50番 Op.1」を使います。

この中のフレーズは、歌唱編で掲載したトレーニングの中で部分的にほぼ取り上げてきました。使い方は違いますが、楽譜が読めない人でも取りかかりやすいでしょう。

順にTRACK 14／15／17／52／53／55、そして冒頭4小節の繰り返しが入って、TRACK 17／54となります（ただし、6小節目の「シ」はなく、22小節目の「ド」はダブっています）。

「コンコーネ50番」について

「コンコーネ50番」は最もスタンダードな声楽の練習曲です。作曲者のジュゼッペ・コンコーネは、1810年にイタリアのトリノ市に生まれました。27歳でパリに移り、作曲家／ピアニスト／声楽教師／歌手として活躍した後、故郷に戻ってからはトリノ王室教会のオルガン奏者、声楽指導者として、声楽練習曲コンコーネ50番、25番、15番、40番、ミサ曲、ピアノ曲、オペラなどを作りました。

音源には「コンコーネ50番 Op.1」の「中声用」「高声用」「低声用」をピアノのメロディと伴奏で収録しました。「中声用」を中心に練習してください。

楽譜はCメジャー・キー(ハ長調)の「中声用」のみをP253に掲載しています。「高声用」と「低声用」は調(キー)が異なるだけですので、楽譜が必要な場合は各自で移調してお使いください。

なお、解説は「中声用」についてです。

> **DISC 2 | TRACK 61** 「コンコーネ50番 Op.1　中声用」 ▶ 音域 C4 ↗ E5
> **DISC 2 | TRACK 62** 「コンコーネ50番 Op.1　高声用」 ▶ 音域 E4 ↗ G♯5
> **DISC 2 | TRACK 63** 「コンコーネ50番 Op.1　低声用」 ▶ 音域 G♯3 ↗ C5

構成

この曲は「A・B・A'」の3部形式で、各部分は8小節で構成されています。3部形式の中間部は通常少し高いテンションで演奏します。

　　曲初めの6小節まではハーモニーにほとんど変化がありません。7小節目で広がりながら、8小節目を目標としてテンションを上げるのがポイントです。そのテンションを保ちながら9小節目に入ります。16小節目で収めて、「A'」に戻ります。

▨▨▨ コンコーネ50番 Op.1（中声用）

※音源のイントロは冒頭2小節を1回繰り返しています

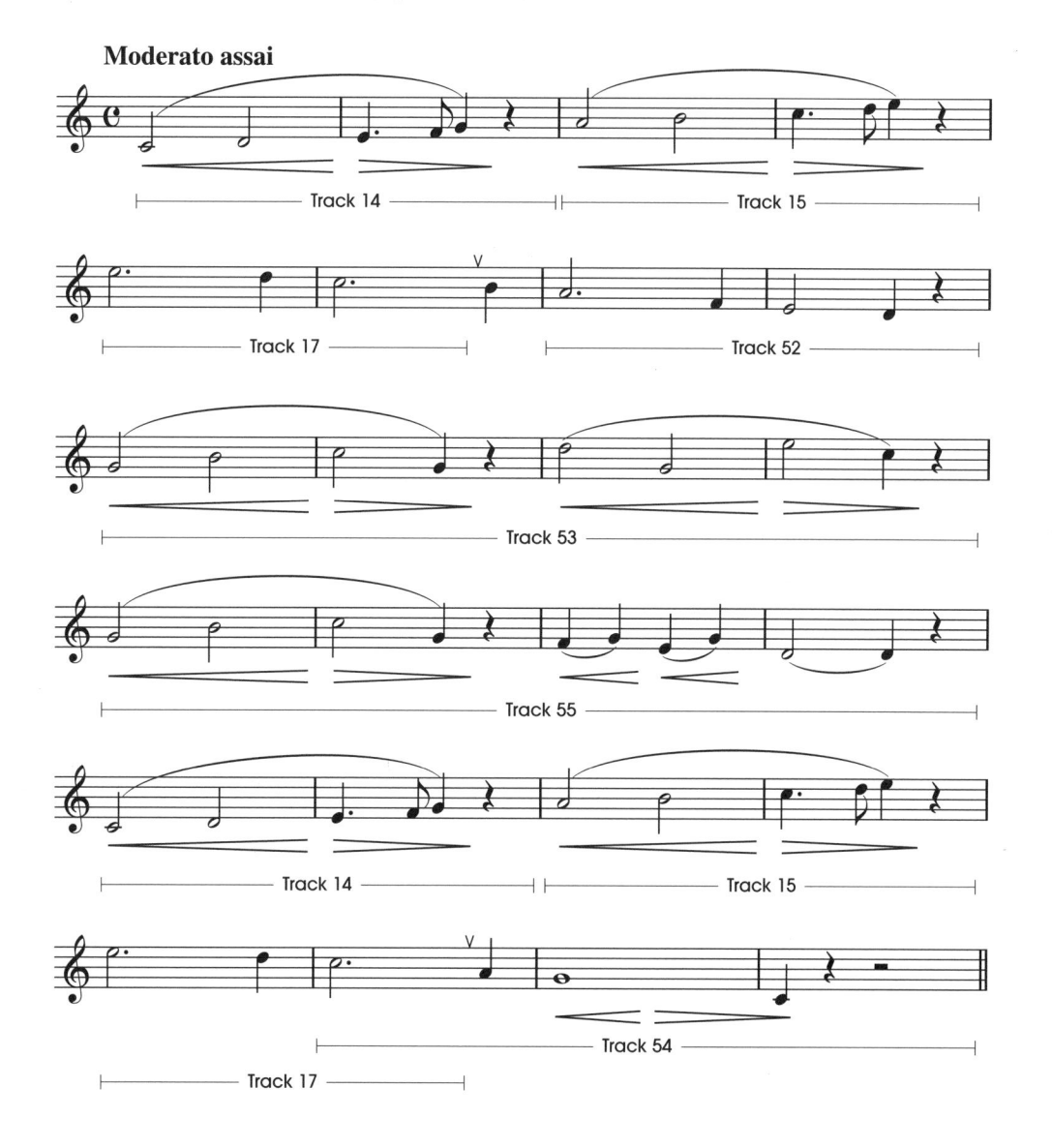

準備と全体的な注意

　最初の8小節を完ぺきに歌おうとするだけでも、とても勉強になります。音が上がっていき（ドから始まって1オクターヴ進み高い「ミ」まで）、その後、下行していきます。共鳴を統一させて歌うことはとても難しいことです。無理なときは感覚だけでさらりと逃がすか、飛ばすか、高い「ドレミ」を「ドドド」に変えてもかまいません。あるいは、キーを下げてはじめましょう。

　この部分を同じ共鳴のレガートで歌うには、体による支えと、それに応じた息が必要になります。スムーズにいかないときはハミングで練習するとよいでしょう。

　最高音の「ミ」は、声のチェンジもしくはチェンジする前後の音にあたります。前述した通り、最初の1～2小節目でいきなり1オクターヴ以上続く上行形を歌うことになるので、歌う前の発声練習では、「ミ」まで声を出しておくとよいでしょう。「ミ」の前後の音をしっかりのどを開けて歌えることを目指してください。のどをあけて歌ったときの感覚、体のポジションや高音を歌うときのテンションをイメージしてから取り掛かるとよいでしょう。

　この最初の部分のメロディは緩やかで、音が跳躍せずに、音階をたどるため、メロディをなめらかに歌うことを意識するのも大切です。すべての音が一直線上に並ぶように、どの音も、粒をそろえて歌うようにイメージします。自然とクレッシェンドになるように上行し、下行する部分ではディミヌエンドになるように歌えば、おのずと音楽的な構成がみえてくると思います。声区の転換部分に休符や息つぎが入れてあり、合理的に動かせるようになっています。

　正確な音を歌うことはとても重要なことなのですが、音を狙いすぎてしまうと歌いにくくなってしまいます。高音域を狙いすぎないことも重要です。楽譜に頼るのではなく、まずはメロディラインを覚えてしまいましょう。自分の歌を録音して繰り返し聞き、直していきましょう。

　さらに、フレーズの終わりにも気を配ってください。最後まで、きちんと支えた声で、声の行き先を見届けるような感じで歌えれば、なめらかなフレーズになり、仕上がりも良くなります。　全体として、最初は細かいアーティキュレーションにとらわれず、優しい感じで歌えれば良いと思います。極めていくにつれ、曲想に気をつけて歌いましょう。Bの部分を張って歌ってみるのもよいでしょう。

発音、その他

　歌うときは、階名（ドレミ……）でも、「ア」や「オ」などの母音でも構いません。得意な母音で歌いましょう。慣れてきたら他の母音でも歌ってみましょう。ヴォカリーズは、歌詞がないからこそ自由に歌えるという良い点もあります。

　また2つの母音を組み合わせて歌う（例えば「ア」と「エ」、「ア」と「オ」など）のも、良い練習になります。

　階名で歌うことは、母音で歌うよりも少し難しいのですが、音階で歌うことで音感も正しく身についてきます。最終的には、どんな子音を使っても歌えるようにしていきましょう。

　音程や音域によって口の形が変化しすぎないようにしましょう。特に、口の奥が狭くならないことが大事です。4分休符では少しゆったりしたイメージでブレスをとることを心がけると、余裕が出てくると思います。ブレスの印がある部分では、焦らずブレスをとるように心がけてください。

　クレッシェンド、デクレッシェンドは、できるだけ意識してかけるようにしましょう。スラーでつながっているところはレガートに、スラーがついていないところはマルカート気味にリズム感を引き出すように歌ってください。

　初心者の方は、歌う際に支えや意識が体の上のほうに上がってこないように気をつけてください。歌に慣れていないと、支えることを忘れて、のど、首、肩で歌いがちです。歌声は体で支えられ、最終的には、体の外に空気の振動として響いていくことを忘れないようにしましょう。

　女性は地声から頭声へのチェンジがあるので難しいと思います。最初の低音を押さないようにしましょう。全体的にゆっくりなので歌いにくいと思いますが、次の音、次の音を意識し、音楽が停滞しないようにしましょう。

IV

知識編

自分の体を知ることが
上達への近道

ここでは声を出すにあたって知っておきたい「のど」や「声帯」の仕組み、「声区」の知識、そしてトレーニングを続けていく上で大切な「のど」の管理方法などを紹介しています。正しい知識を習得することは、トラブルを回避して、より良い声を得るため必要不可欠です。トレーニングの休憩時間などにお読みいただければと思います。

10

声と体

§1 のどと声帯

咽頭と喉頭

「咽頭 (いんとう)」は、鼻や口につながる首の辺りの管状の部分で、長さは12〜15㎝程度です。その下が、空気の通る気管と食物の通る食道への分岐点で、気管の入口あたりに喉頭があります。「喉頭 (こうとう)」は、つばを飲むと何か固いものが上がり下がりするところです。男性ではその外側をとり囲む軟骨部分が首の前面に隆起しています。これは、「のどぼとけ」ともいわれます。男性では4センチ、女性が3センチぐらいです。喉頭の中に「声帯 (せいたい)」があります。

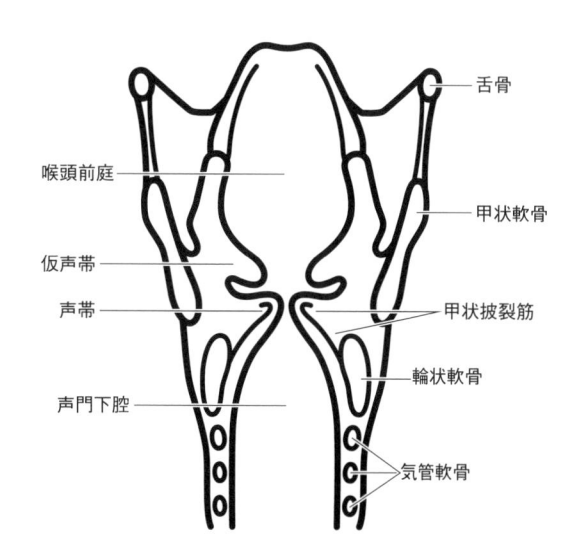

- 喉頭前庭
- 仮声帯
- 声帯
- 声門下腔
- 舌骨
- 甲状軟骨
- 甲状披裂筋
- 輪状軟骨
- 気管軟骨

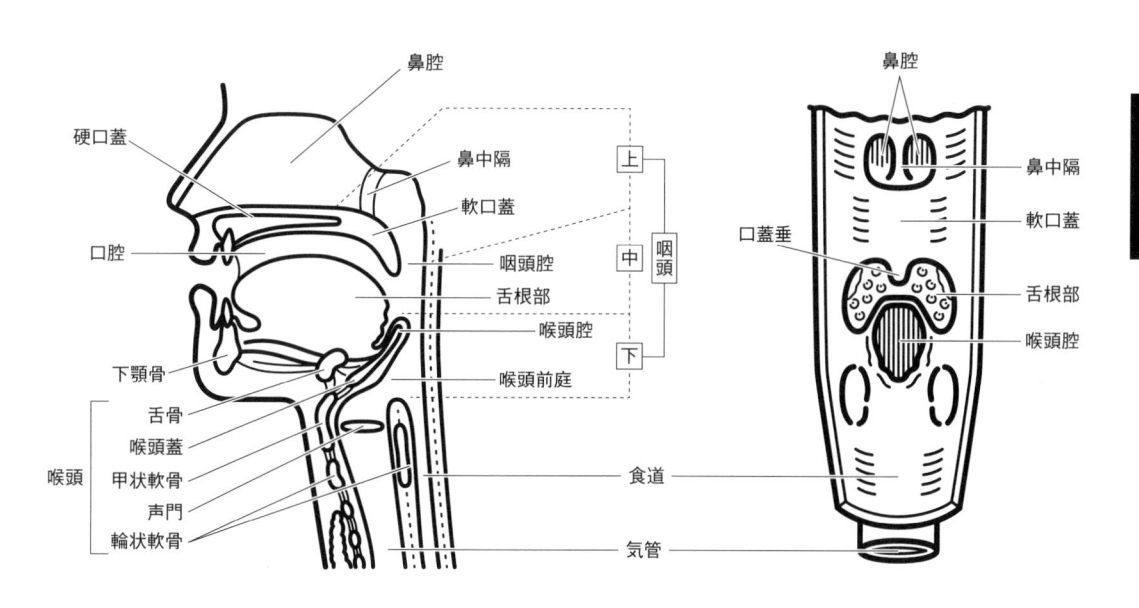

- 鼻腔
- 硬口蓋
- 口腔
- 下顎骨
- 舌骨
- 喉頭蓋
- 甲状軟骨
- 声門
- 輪状軟骨
- 喉頭
- 鼻中隔
- 軟口蓋
- 咽頭腔
- 舌根部
- 喉頭腔
- 喉頭前庭
- 上 / 中 / 下 咽頭
- 食道
- 気管

- 鼻腔
- 口蓋垂
- 鼻中隔
- 軟口蓋
- 舌根部
- 喉頭腔
- 食道

CHAPTER 10

声と体

▨▨ 声の原音を作る声帯

　肺からの空気（呼気）は、直径2cmぐらいの気管を通って上昇してきます。その気管の上端にあたるところに、喉頭があり、その中に空気の流れを調節する弁があります。これが「声帯」です。

　声帯は、Vの字の尖った方を体の前にする形で唇のような厚いものです。前端はくっついていて後方は扇状に開きます。通常は、白い象牙色をしていて、炎症時には赤く充血します。長さは男性で15〜25ミリ、女性で10〜20ミリくらいです。

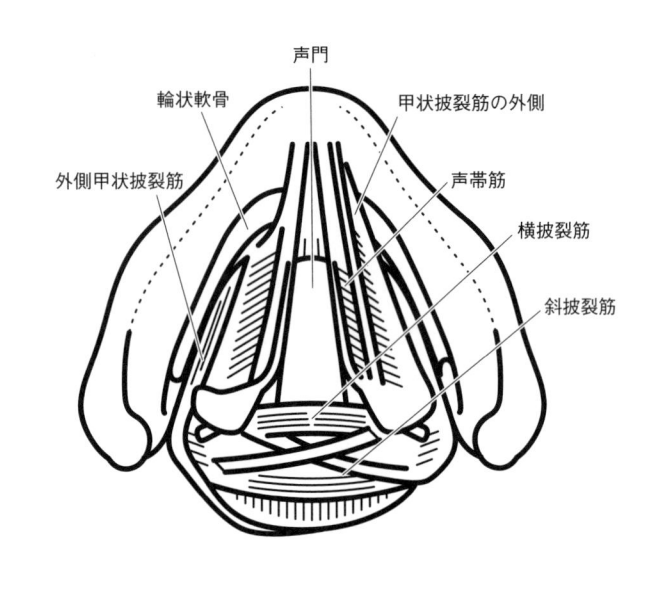

　呼吸をしているとき、声帯は開いています。しかし、しゃべり続けているとき、声帯はほとんど閉じて、その間を呼気が無理に通っているのです。

　つまり、声を出すときは声帯が密着しているのですが、呼気の圧力が高まると、押し広げられ気流が流れます。そして圧力が下がると閉じます。1秒間に数百回という、この繰り返しで気流に音が生じるのです。

　このときに出る音を「喉頭原音」と呼びます。これは「ブー」という鈍い音にすぎません（声帯の振動がなく発される音もあり、それを無声音といいます）。

　口の中は「口腔」、鼻の中は「鼻腔」と呼ばれますが、口腔には舌、歯、唇があります。喉頭原音は声帯から口腔、鼻腔までの声道で共鳴を起こします。それが体の外には音色を伴った声となって出るのです。

　人の発声器官を楽器として考えると、2つのリードを持つオーボエが近いといえるでしょう。例えば、2枚の紙の間を口で吹くと、紙がくっつき、空気の摩擦音で音が出ます。あるいはドアのすき間から風が出ると、ドアはガタガタしますが、その音でなく風の「ヒュー」というような音が出ますね。これが声の元なのです。つまり、声帯それ自体の振動で音を出しているのではなく、息の流れる音です（ですから、声帯の振動は高速の開閉運動なのです）。

　声帯を完全に閉じることができない（声門閉鎖不全）と、乱流となり、かすれ声になります。こういうときは蒸気などを吸入して潤いを持たせ、のどを休めることが大切です。のどを乾燥させると声によくありません。

§ 2 | 呼吸器官

発声は特別な呼吸運動

普段、私たちは延髄にある呼吸中枢により、呼吸を無意識下でコントロールしています。しかし、発声時は声の長さ、高さ、大きさ、音色などをコントロールする必要があります。これは、大脳皮質などからの指令が、呼吸中枢を経て、呼吸筋、喉頭筋、顔面筋などに働くのです。

声の長さとは、声を出している息（呼気）の持続時間です。声のエネルギーは肺から吐く息ですから、それをどのくらい効率よく声にするのかでも変わります。声を伸ばすのに必要な呼気量がどのくらいかということを意識してみましょう。

後述しますが、呼吸には「横隔膜（おうかくまく）」の働きが欠かせません。生命維持だけの呼吸なら、横隔膜は1.5〜3cmほど上下します。運動中などは5〜7cmも動くようです。横隔膜1cmの動きで、300mlくらいの空気が入るので、横隔膜を十分に使うと多量の空気を動かすことができます。

胸式呼吸と腹式呼吸

主に「胸郭（きょうかく）」を使う呼吸を「胸式呼吸」、「横隔膜」をよく使う呼吸を「腹式呼吸」といいます。胸郭とは肋骨をはじめとする胸の周りにある骨の総称です。

横隔膜は、胸腔（肺など）と腹腔（胃腸など）の境にある筋肉で、しゃっくりのときに動くところです。お椀をふせたような形、つまり、ドーム状になっている筋肉ですが、収縮すると平らになって下がり、胸郭の中が広がることになります。

胸式呼吸と腹式呼吸は切り替えるものではなく、両方が併用されています。

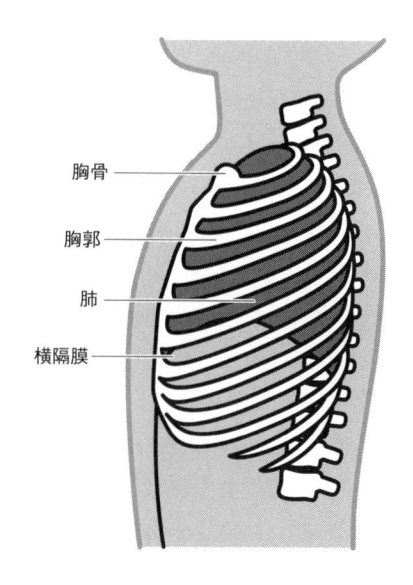

胸骨
胸郭
肺
横隔膜

では、呼吸のメカニズムを下に掲載したゴム風船の図を使って説明しましょう。この図では、ビンを胸郭に、底に張ったゴム膜を横隔膜に見立てています。そして気管に見立てた二股のガラス管の先に、肺の役割を果たすゴム風船を付けています。

　底のゴム膜（横隔膜）を下に引っ張ると、ビン（胸郭）の中の気圧が外の圧力よりも下がり、ゴム風船（肺）には自然に空気が入って膨らみます。そして、底のゴム膜を引っ張っていた指を離すと、びんの中の気圧が上がり、ゴム風船は縮み、空気は外へ流出します。これが吸気と呼気にあたります。

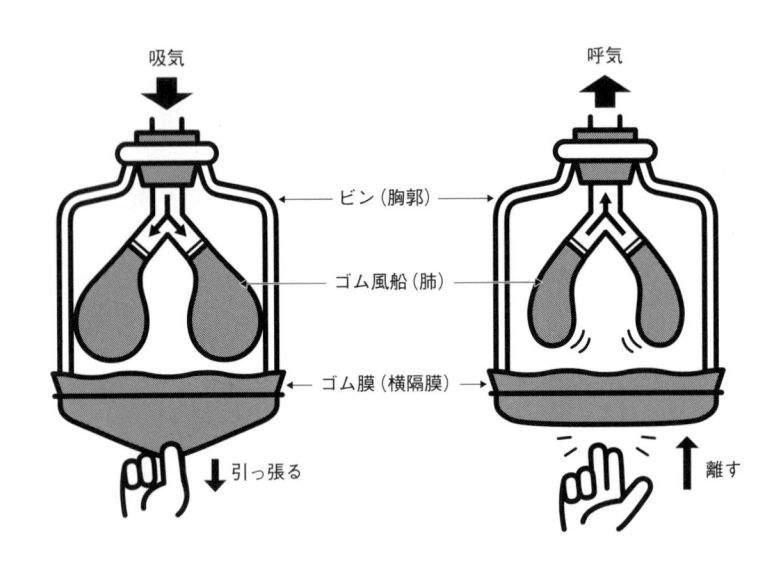

　声は吐く息とともに出ます。息は肺から気管を通って吐き出されます。

　息を吸うときは、胸郭を広げる動きと、横隔膜を収縮させて引き下げる動きで行われます。吸気（ブレス）は吸うのではなく、体全体（胸郭、腹部周辺、背面、その他四肢も含め）を広げることによって空気が入り込むようにイメージしましょう。

　胸式呼吸では、上下の肋骨をつなぐ肋間筋という二層の筋肉の動きが重要です。肋間筋のうち、外肋間筋は肋骨を持ち上げて胸郭全体を膨らませます。内肋間筋は、肋骨を引き下げて胸郭全体を縮めます。

　腹式呼吸では、横隔膜は下がり、胸郭の下方が広がり、口から空気が肺に入ってきます。肋骨の下に手をあて、息を吐いたり吸ったりしてみてください。本格的な"腹式呼吸"を身に付けた人は、腰のまわりが空気が入るかのようにふくらむものです。

　吸気で広がった胸郭と肺に復元力が働き元に戻ろうとします。風船の栓をとると、ゴムの弾性で、しぼみながら空気を出していくのに似ています。このとき横隔膜は弛緩、伸長します。

　このように、普段、息を吐くときには自然に任せておけばよいのですが、息をコントロールして声を出すときには、呼吸に関するさまざまな筋を使う必要があるのです。

腹式呼吸のメリット

　腹式呼吸には以下のようなメリットがあります。

- 1　運動量が多く、呼吸量の半分以上がまかなえる
- 2　呼気を支えられる。胸式呼吸より腹式呼吸の方が横隔膜周辺の筋肉群（腹筋、背筋、臂筋、骨盤筋、その他）の調節を意識的にできる。つまり、トレーニングで使いやすくできる
- 3　胸式呼吸による肺の拡大収縮の運動は不安定なのに対し、腹式呼吸の筋群調節による呼吸時の横隔膜は、吸気時は敏速に、呼気時はゆっくり、スムーズに動かせる
- 4　発声器官である喉頭の部分、共鳴器官である咽頭腔、口腔、鼻腔などに無駄な緊張や動揺を与えず、首から頭部を安定した位置に保てる

§3 | 声区

声区とは

声区（レジスター）とは同じ音色の音域を示します。ところが、同一の音色というのは、主観的な判断で変わりやすいものです。そのため、声区の分け方も2つに分ける場合もあれば、3つに分ける場合もあります。本書では主として、頭声（ヘッドヴォイス）と胸声（チェストヴォイス）の2つに分けています。これらは主に頭や胸に響くように感じられますが、そこで共鳴しているわけではありません。声帯は人によってそれぞれ決まっていますが、声帯の形（厚みや長さ、固さ）や共鳴は変えられます。それによって音色は違ってくるため、同じ声の高さでも、違う音色になります。

地声と裏声

声区に対して、声帯振動の仕方で分けたものが「地声」と「裏声」の2つです。しかし、この用語も混同されて使われているのが現状です。

> 裏声……声帯：薄い、輪状甲状筋（前筋）が主
> 地声……声帯：厚い、甲状披裂筋（内筋）が主

地声では声帯の振動部分が分厚く、全体として振動し、一振動周期における閉鎖期が長くなります。裏声では、声帯が前後方向に引き伸ばされ、振動は声帯の中央部（声帯粘膜）に限られていきます。振幅は小さく、閉鎖期は短くなり、ほとんど閉鎖期がなくなります。甲状披裂筋（内筋）が弛緩して、輪状甲状筋（前筋）が緊張するのです。

実際には、この両方が混ざった状態で歌っていると考えてよいでしょう。声が低いときは、輪状甲状筋と甲状披裂筋（声帯筋）が働いていますが、声を高くすると声帯は緊張が増していき、輪状甲状筋が強く働きます。同時に甲状披裂筋は弛緩して働かなくなります。すると、男性ではファルセットとなり、ここからは輪状甲状筋だけで調節されます。つまり、異なる声区になるのです。

まとめると、声帯の開け閉めがしっかりと行われるのが地声、声帯がくっつくかくっつかないかのギリギリのところで生じているのがファルセット、裏声ということになります。

§4 ｜ 音痴／年齢による変化／性差

音痴とは

　音痴ではないかと悩み、音程やリズム感の悪さを気にしている人は少なくありません。しかし、歌に差し支えるほどの音痴というのは、大脳の先天的音楽機能不全のことで、ほんの少数です。あなたが「ひどい音痴」といわれていても、これには当てはまらないないはずです。

　音痴とは聴覚、音声障害（者）のことを示すのですが、一般的には、聴覚音声の障害がないのに、歌うときに調子はずれになることを意味して使われているわけです。

　つまり、生理的な欠陥としての音痴の人は、ほとんどいないのです。このことは、話してみればわかります。耳が悪いとアクセント、イントネーションを正しく話すことはとても難しいからです。話していることばが、おかしくなければ素質には問題ありません。

　音を聞く力は楽器などをやっていると磨かれます。音感があっていても、出した声で外れることもあります。現に音楽家や指揮者にも音痴と言っている人はいます。つまり、こうした音痴とは、歌うときに外れる人のことをいうのです。

　聞いた音を正しく声に出すには、音感があるだけでなく、その音を発した声に結びつけていく経験、つまり反復トレーニングが必要です。音感が悪いことで音が外れる人は指導を受けた方が良いでしょう。

声の成長と声変わり

　小学校に入学するころには、子供の声としては完成し、2オクターヴくらいの声域を持つようになります。男子で小学校6年生から中学校1年生、女子はそれよりやや早い小学校5年生くらいになると、第二次性徴期で声変わりが始まります。男子は1オクターヴくらい、女子は2〜3度低い声になります。最終的には2〜3オクターヴくらいの声域に落ちつきます。

　このとき、男性はそれまでのボーイソプラノの声がしゃがれだし、数カ月もすると大人の声になります。この声変わりでは、男性ホルモンの分泌が活発になり、のどぼとけの突起（喉頭の甲状軟骨）が前に出てきます。それに伴って声帯が前後に長くなります。そのために声が低くなり、男性特有の太い声に変わるのです。

　女性の場合は、もともと声帯の長さが男性より短く、声帯の伸び方も男性ほどでないので、変化

が目立ちません。のどぼとけとも前後ではなく上下方向への発育のため、のどぼとけが出るような目立った変化はありません。

甲状軟骨は、男性は前後左右に大きくなり、女性は上下に長く伸びます。その後、少し遅れて声帯も成長します。

声帯以上に男女の違いとなっているのが筋肉です。のどぼとけには七対の筋肉が付いているのですが、そのうちの１つ、輪状甲状筋という筋肉が働いて縮まると、声帯が強くひっぱられ、声帯の開閉が多くなり、振動数が増え、高い声が出ます。男女の声の違いは、高さだけでなく音色にもあります。男性は声道が大きいので、共鳴周波数が低いのです。

声変わりのときには、歌ってはいけないと言う人もいますが、無理な歌い方をしなければ歌ってもかまいません。音声障害と同じで、声を出さないと、そのまま声が出ないようになりかねません。ある程度、休めたら、狭い声域内で発声練習を始めることです。無茶な歌い方や合唱練習などは避け、短い時間での正しい発声練習をしましょう。変声期のトレーニングは注意して行わなくてはなりません。

声変わりを周りからも冷やかされるため、恥ずかしがって、無理に以前の高い声を出そうとして声を損なってしまう子もいます。

加齢による変化

歳をとるにつれ、男性は喉頭や声帯が委縮して声が硬く高く力のない声になります。声帯全体が振動しなくなるのは、声帯が固くなるからです。

女性は更年期を過ぎ女性ホルモンの分泌などが変わると、声帯浮腫（水ぶくれ状態のこと。むくみ、リンパ液などがたまります）が起こりやすくなります。その影響で少しずつ声が低く太く響かなくなります。

おじいさんとおばあさんの声はしわがれて、男女どちらの声かわからないほど、声の高さも音色も同じようになっていくのです。

ヴォイストレーニングは、アンチエイジングに効果的です。歌い手や俳優、声優には80代以上でも若々しい声の人が少なくありません。

§ 5 声の管理と注意

のどを守るために気をつけること

日常生活の中における声の管理で気をつけたいことをまとめておきます。

− 1 疲れているときはのどを休ませる

疲れているときは極力、のどに負担をかけないようにしましょう。長話や長電話は禁物です。用件は短く、必要以外の声をセーブしましょう。疲れているときには、体も声帯も良い状態にありません。そんな状態で、声を出したりヴォイストレーニングをすることは、効率が悪いものです。肉体的な疲労も精神的な悩みも、持ち込まないことです。

− 2 不自然な声は避ける

大声を出したり、叫んだり、怒鳴ったりするのは良くありません。長時間の高い声や大声でのしゃべりすぎ、自分に合わないモノマネの声などは、声をこわす原因となります。

− 3 寝不足をしない

肌に悪いことは声にも良くありません。寝不足の日には、普段の声でも出しにくくなります。十分な睡眠をとることこそ、良い声づくりの第一条件です。

− 4 のどを清潔に保つ

声帯は、敏感なもので、声を出したり歌ったりして、充血すると、バイ菌やウイルスがつきやすくなります。ですから、外から帰ったときや声を過度に使った後には、ぬるいお湯でうがいをするとよいでしょう。

− 5 乾燥させない

声を使う仕事をしている人の中には、寒い日や人ごみの中に出るときは、マスクして風邪が移らないようにしている人もいます。ホテルなどの乾いた部屋では、ぬれたタオルを干して、のどの乾燥を避けている人もいます。

－6　体を冷やさない

　寒いところで声を出すのも避けた方が無難です。体を冷やすのもよくありません。特に冷暖房による温度差は、咳き込むことでわかるように、のどの粘膜にも悪い影響を与えます。

－7　ねぼけ声で使わない

　起きたときには、頭は目覚めても体が半分、寝ています。そんなときは声帯はまだ、うまく使える状態からはほど遠いのです。声帯が十分に機能するのは起きてから数時間経ったときです。早朝から声を使わなくてはいけないときには、先に軽い運動をしてみるとよいでしょう。何かを食べて、体を動かすだけでも大分違います。表情筋を動かし、呼吸の運動から始めましょう。

▰▰▰ 喫煙とアルコール

　タバコを吸うとタールやニコチンが煙となって体の中に入ります。声帯は、肺と口の間に突き出た形になっているために直接、影響を被ります。事実、タバコを吸いつづけると声帯がブヨブヨになって声がかすれていきます。周囲の人のタバコの煙もよくありません。

　お酒は「百薬の長」ですが、のどにはあまり良くありません。個人差が大きいとはいえ、飲んだときには大声を出さないようにしましょう。アルコール類は血行を良くすると同時に神経を鈍くします。声帯は充血し、一時、調子が良くなるだけなのです。これは風邪のひきはじめにも似ています。その分、疲れも早く出ます。のどは水分が奪われ渇きます。酔って耳が聞こえにくくなり、疲れた声帯で声を張り上げがちになります。

▰▰▰ 食べもの

　声に良い食物、悪い食物は、よく話題になりますが、あまり根拠はありません。スポーツ選手のメニューと同じで、栄養価の高いものや消化の良いものが好ましいです。

　冷たいものや辛いものといった、のどを直接刺激するものを避けましょう。氷水を飲みながら、大声を出すようなことも避けたほうがよいでしょう。発声時に冷やすことは、よくありません。

　カラオケボックスで、飲食しながら歌いまくったりしゃべり過ぎて、翌朝、声が出なくなったことはありませんか？　声帯の状態は、すぐに元には戻らないし治ってもクセになってしまうことが多いので、無理は禁物です。

飲みもの

　水分をとらずに長く練習するのは、良くありません。適当に休みを入れて水分補給し、のどを回復させる必要があります。そのときに、のどを湿らせる程度に温かいものを飲むとよいでしょう。疲れをとる意味で糖分をとる、という程度にします。コーヒーも飲みすぎなければよいでしょう。

　ミルクは痰になりやすく、炭酸はげっぷが出やすくなります。こういったものは、相性もあるので、経験を元に考えることです。

　唾液は1日に約2L出るといわれています。口内の乾燥を防ぐために水を飲むと、20〜30分で全身に回り、ようやく声帯も潤います。のどを湿らせても、すぐに声帯の状態に効くのではないようです。少し発声してはすぐ水を飲むのは、必ずしも、のどに良いとはいえません。

のどアメ／漢方薬

　のどアメやトローチもいろいろ出ていますが、薬用効果を謳っているものに頼る必要はありません。ただのアメやガムでも唾液が分泌されるということでは、同じくらいの効果があります。トローチ類も、のどが痛むとき以外は不要でしょう。

空腹時と満腹時

　満腹時は集中力がなくなり眠くなります。血がお腹へまわると、横隔膜が圧迫され、腹式呼吸がしにくくなります（これは、便秘時も同じ）。

　空腹時には体力、集中力がなくなります。のども、やや疲れやすくなります（下痢時も同じ）。

　落ち着くのは腹6分目で、食後90分くらい経った頃でしょう。空腹でめまいがするほどなら別ですが、初心者なら無理に急いで食べるより、空腹のままのほうが無難です。ベテランなら直前にでも少し食べる方が良いといえます。胃にもたれないように、バナナなど消化しやすいものやゼリー飲料などで栄養補給するとよいでしょう。

声と体調

　風邪をひいただけで、すぐに声が出にくくなるとは限りません。一時的には響きやすく調子が良くなることもあります。これは、のどや鼻に炎症が起こり、痰がからむなど、共鳴体も微妙に変わってくるからです。風邪のときの判断も個人差が大きいので自分自身で学んでいきましょう。

　体調が悪いと体力も失われます。すると、呼吸のコントロールもできなくなります。のどに炎症を起こした場合は、声帯や声道の状態も変わります。声が枯れる状態となり、かすれた声を発する

こともあります。気管支炎になると、呼吸が気管支を通るたびにゼーゼーといった音が鳴るようになります。咽喉、鼻、声帯が充血して緊張が弱まっているときに、無理に声を使うと症状が長引いてしまうことも多いです。

　風邪のための声の障害は、風邪が治りさえすれば、2～3週間くらいで治ります。それ以上、長引くようなときは、他の病気も疑ってみることです。

　こういうときのトレーニングは、体の柔軟や呼吸を中心にしましょう。ただし、咳き込むときは無理をしないようにしてください。十分に睡眠をとることと、栄養のあるものをとり、早く回復させることが先決です。

　キャリアやレベルとともに、のどの強さとも関わってくるので、最終的には自分で判断していくしかありません。トレーニングの目安としては、のどが痛くなる前にやめましょう。トレーニングした次の日にのどが痛くなるのは、トレーニングの方法を間違っているか、長く続けてやりすぎていると考えてください。トレーニングでは十分な休みを入れましょう。

生理

　生理の前後は、ホルモンの調整の変動が自律神経の調整を変えるので、血液の循環に影響します。風邪をひいたときのように声が低くかすれがちです。声帯やのどが充血し、むくんだりします。声は重く暗く、音もかすれたりフラットしやすくなります。中には、声帯が充血して声になりやすいので、調子が良いと感じる人もいます。気分を沈めないように、精神的なコントロールをすることと、練習量を減らしたメニューに変えるなどの配慮をしましょう。

ダイエット

　ステージを考えて、ダイエットに励んでいる人が多いようです。それによって体を壊すようなことがあってはならないのは言うまでもありませんが、そこまでいかなくても、健康に影響するようであれば、声作りにとっては大敵です。

　便秘で下腹部が張るのも良くありません。規則正しい生活習慣を身に付けましょう。

過換気症候群

　コンサートで「キャーキャー」と叫び、そのあげく失神するのは、かつてのロックコンサートでは定番でした。これは息の吐く吸うという、換気が過ぎて（過度の換気亢進）、手足のしびれや動悸、息切れ、失神などに結びつくのです。女性に多くみられます。自律神経の過剰反応、呼吸中枢の異

常などが原因と思われます。対処法は手を口に当てて、呼気をセーブすることです。

呼吸トレーニングでも、急に強く長く吐くと、こうなりかねないので注意しましょう。

▨▨▨ のどの病気

代表的なのどの病気を紹介しておきます。

● 過緊張性音声障害

のどを詰めた発声で声帯を損ねます。喉頭や咽頭の締め付けや強い吸気が原因です。

● 急性喉頭炎

咳が出て嗄声（させい：声がれ）になります。声帯を中心に赤く腫れ、高い声が出なくなり、しわがれた声となります。ひどくなると声そのものが出なくなり、分泌物が出るときもあります。それが透明のものから粘液性のものとなり、ウミのようなものになると重症です。のどが乾燥したようになったり、熱が出たりします。飲み込むときに痛みを感じることもあります。急性咽頭炎が治らないうちに、無理な声の出し方を続けると慢性になってしまいます。軽いうちはのどが疲れやすい程度ですが、しわがれた声になったり、声が出なくなることもあるので気をつけましょう。

● 急性喉頭蓋炎

喉頭蓋の炎症です。嚥下時痛、発熱、喘鳴（ぜいめい：ゼーゼーいうこと）が生じ、こもった声（含み声）になります。

● 声帯みぞ（溝）症

声帯に前後に走る溝が生まれつきある場合や、慢性の炎症のために生じる場合がある病気です。声門の閉鎖不全が起き、声が出にくくなります。

●声帯結節

声帯結節は、タコのように固いものが両側の声帯にできます。声門の閉鎖が不完全になり、声がしわがれ声になります。ポリープと違い、声を過度に使う職業の人に多くみられます。高い声、特に裏声が出にくくなることが多く、これが左右の声帯の間にはさまって、発声したときにすき間ができると息もれがして、一息で発声できる時間が短くなります。

● 声帯ポリープ

声帯ポリープは、小さな突起のようなものが声帯の片側にでき、結節と同じように声帯が閉じにくくなります。声帯の粘膜に血管の破れたところができ、血豆のようになるのです。声がかすれます。ポリープは腫瘍ではなく炎症です。丸みを帯び、不透明になって柔らかくてプヨプヨしています。ポリープそのものは、神経が通っていないので、痛みは感じません。声を酷使したり、喫煙などでできやすくなります。

● ポリープ様声帯

声帯全体が水ぶくれのようになった状態で、喫煙者に多く、慢性化します。ステロイドなどの注射が声帯の肥大や浮腫を抑えるのに効きます。

● 声帯粘膜下出血

声帯の粘膜の中に出血するので声帯の一部が真っ赤になります。片方の声帯に起こることが多く、女性では特に生理の際に無理して声を出すとなりやすいようです。乱暴な声を出してもなりますし、咳や咳払い、くしゃみでもなることがあります。出血がひどいと、1〜2週間は高い声から低い声まですべての声が出ないことが多く、くしゃみを1回しただけで一瞬にして起こることもあります。

● 喉頭ガン

声帯やその周囲にできるガンで、声帯にできたときは声がしわがれますが、声帯の周囲にできた場合は、のどに固まりのあるような感じや、声を出すときに異物感を感じることが多いようです。かすれ声が数カ月続いたり、血痰が出たり、食物が通りにくいときは専門医に診てもらいましょう。

● 声帯麻痺

声帯を動かす神経である反回神経（下喉頭神経）や、他に輪状甲状筋を支配する上喉頭神経外枝や、喉頭の内側の粘膜で知覚する上喉頭神経内枝で起きます。

● のど荒れ

「のど荒れ」とは、のどの粘膜が炎症を起こした状態です。のどは唾液などの水分で覆われ、ばい菌や刺激物から守られていますが、過度に汚れると荒れてしまいます。原因は、タバコの煙、汚れた空気、花粉、乾燥、冷えなどです。

● **声帯の疲れ**

声帯の一部がたわんで声帯に力が入っていない場合があります。練習のしすぎで中音域から低音域が出にくくなったときなどです。発声したときに左右の声帯の合わさったところにすき間ができるので、息もれがすることもあります。声帯を休めないと、声はうまく出てきません。

● **咳**

あらたまって話すときなどに、くせで咳払いをする人がいますが、のどにはよくありません。くしゃみ、咳は、声帯に良くないものと思ってください。咳が出そうなときは仕方ありませんが、本番中なら水を飲むとか、うがいをするとよいでしょう。のどがカサつくときは、あめ（トローチやのどあめでなく糖分を抑えたもの）を口の中に含んでおきましょう。咳をしている人に近寄らないことです。咳の出るときは、その必要があるので、無理に抑えるのもよくありません。

● **痰**

咳はのどの異物を体外に出しますが、痰は気管、気管支の内壁の繊毛の間から出る粘膜が、異物をつつんで出します。

● **噛み合わせや食いしばり**

口を閉じないでポカーンと開けている人や歯を食いしばる人が増えているようです。スマホを見ながら歩いても食いしばり状態になりやすいです。それは頭痛、肩こり、耳鳴りを引き起こします。頸椎がずれ、胸椎、腰椎がゆがみ、腰痛になることもあります。そこから、消化器官や仙腸関節に影響して生理痛、便通、膝の痛みでの歩行困難まで、全体に影響が及ぶのです。これは、噛み合わせについても、同じことです。歩きスマホはやめ、姿勢を正しましょう。

　こめかみの側頭筋とほっぺたの咬筋が閉口筋、これは、口を閉じる筋肉です。食いしばると側頭筋の筋肉痛で頭痛が起きます。この頭痛は風邪のときにも起きます。

CHAPTER 10

声と体

あとがき

　私は、音声、表現、舞台のための声の専門の研究所を作り、長年にわたって研鑽してきました。声、歌、芸能の世界について業界を客観視し得る立場にいるように努め、声について知るために文化、風土、歴史、そして国際社会や日本のビジネス社会についても学んできました。「声」を生涯賭けてのライフワークにしてきたともいえます。

　プロへのヴォイストレーニングを経て、一般向けの養成所を作り、その後、声楽家のトレーナーを中心とした体制にしていきました。

　ヴォイストレーニングの対象は歌手や役者だけでなく、声優、ミュージカル俳優、邦楽家、噺家、お笑い芸人、そして講師、各界のリーダー、一般のビジネスマンへと広がり、その過程で、研究所では医師や外国人のトレーナー、プロデューサー、師匠など、さまざまな分野の専門家の方々にもフォローしていただきました。業界の内外を問わず、さまざまな分野の方々に、多くのご指摘をいただき、学ばせてもらってきました。こうしたさまざまな経験と多くの皆さまのご尽力によって生まれたのが本書です。これまで関わったすべての方に厚く感謝を申し上げる次第です。

　執筆において念頭に置いたのは、冒頭でも述べましたが、「基礎トレーニングの徹底」です。毎日1時間、声を出していない人が、1時間にわたってせりふを演じたり歌えるわけはないでしょう。もちろん、のどを酷使しない、十分休める、声を無理に使わない、不調のときは声を出さないといったことは、当然踏まえておくべきことです。本書でも随所で無理なトレーニングに関して注意を促しています。そうした観点から、本書では徹底して合理的な鍛錬が行えるようにまとめました。本書が皆様の一助となれば幸いです。

　最後に、業界の関係者には、アーティストののどへの手厚い配慮をお願いしたく存じます。楽器のように弦を張り替えたら済むものではない、本当に貴重なものなのですから。

福島 英
（ブレスヴォイストレーニング研究所所長）

参考文献

『美しい声の出し方、つくり方』塩原慎次郎 著（音楽之友社）

『やさしい日本語指導5』池田悠子 著（国際日本語研修協会）

『日本語アクセント教室』小森法孝 著（新水社）

『NHK アナウンス・セミナー』日本放送協会 編（日本放送出版協会）

『言語聴覚士の音響学入門』吉田友敬 著（海文堂出版）

『音声治療学－音声障害の診断と治療』小池靖夫 著（金原出版）

『声の検査法 基礎編』日本音声言語医学会 編（医歯薬出版）

『ヴォイス・ケア・ブック』ガーフィールド・デイヴィス 著、アンソニー・ヤーン 著（音楽之友社）

『「医師」と「声楽家」が解き明かす発声のメカニズム』萩野 仁 著、後野信彦 著（音楽之友社）

『新・発声入門』森 明彦 著（芸術現代社）

『日本語オノマトペ辞典』小野正弘 編（小学館）

『新耳鼻咽喉科学』切替一郎 原著、野村恭也 監修、加我君孝 編集（南山堂）

『上手に歌うためのQ＆A』リチャード・ミラー 著（音楽之友社）

『すごい謝罪！』ビジネスコミュニケーション・コンサルティング 編著（西東社）

『失敗しない司会進行実例百科』三遊亭楽太郎 著（池田書店）

『きれいに話すための発声・発音トレーニング』福島 英 著（ベレ出版）

『いい声になるトレーニング』鈴木松美 著、福島 英 著（かんき出版）

『声のしくみ「人を惹きつける声」のメカニズム』福島 英 著（ヤマハミュージックメディア）

『英語耳ボイトレ』松澤喜好 著、クレア・オコナー 著、福島 英 著（アスキー・メディアワークス）

『ボーカル上達100の裏ワザ』福島 英 著（リットーミュージック）

『ヴォイス・トレーニングの全知識』福島 英 著（リットーミュージック）

『ヴォーカルの達人 歌唱・カラオケ＆総合トレーニング編』福島 英 著（シンコーミュージック）

『ヴォーカルの達人 基本ヴォイストレーニング編』福島 英 著（シンコーミュージック）

『ヴォーカルの達人 リズム＆音感トレーニング編』福島 英 著（シンコーミュージック）

『声優・朗読入門トレーニング』福島 英 著（新水社）

『声とことばのレッスン』福島 英 著（新水社）

著者プロフィール

福島 英
ブレスヴォイストレーニング研究所所長

　国内外の多くの先達に声の基礎づくりを学んだ後、日本の大手プロダクション設立時より、プロへのヴォイストレーニングを始める。日本人の声をパワフルにするブレスヴォイストレーニングを考案、その研究、普及の場として、"日本初の声の専門研究所"を設け、多くのプロダクション、レコード会社、スクール、劇団などと関わる。

　歌手、俳優、声優、噺家、ミュージカル俳優、お笑い芸人、アナウンサー、放送関係者から、ビジネスマンや一般の人にまで知られるほどに"ヴォイトレ"を普及した第一人者である。特に基礎ヴォイス作りと歌唱フレーズの判断に定評がある。

　最近は、邦楽、詩吟、歌舞伎、能楽界や医療現場にも関わる。業界内にとどまらず、社会に声の重要性を精力的に説いている"声の伝道師（ヴォイスコンダクター）"である。

　日本で最も多くのヴォイストレーニング関連の書籍を出版。実践と研究をまとめた世界最大のヴォイトレQ＆Aサイトを運営する。

　専門学校、劇団、音楽学校、大学（オープンカレッジ含む）、スクールへの出張指導・顧問、企業、各界への講演、研修のほか、音声の舞台づくりまで、活動は多岐にわたる。

　俳優座、音響技術専門学校に日本ヴォイス研究所設立（顧問：桜林仁東京芸術大学名誉教授）の後、東京コンセルヴァトワール尚美、桜美林大学、六本木学園ほか講師（日本語教師養成学校、コールセンター、声優役者養成所、語学研究所等）、指導者、トレーナーの養成にも実績がある。

　プロの歌手、俳優、声優、劇団四季、宝塚歌劇団、吉本興業、落語協会、日本放送協会などに所属の演劇、ミュージカル、放送、落語、お笑い芸人関係者などの指導を行っている。

　研究所運営のため、多くのプロジェクトやブレーンも兼任し、今もアーティスト、プロデューサー、起業家養成のほか、各種勉強会、委員会、NPO、学校教育関係などで、さまざまな活動や提言を行い、創造性開発、表現力の基礎を身につける術を各地で指導している。

　「教育音楽」（音楽之友社）ほかに執筆連載多数。TV、ラジオ番組、雑誌の監修、アドバイザー。日本デザイン会議、Method Exhibition（日本劇団協議会主催）、朝日カルチャーセンター、経済界セミナー、経営合理化協会社長演出塾などに出講。現、国立障害者リハビリテーションセンター学院講師。

　「発声と音声表現のQ＆A」、「ヴォイストレーナーの選び方」、「ヴォイトレの論点」ブログほかを連載中。ヴォイトレ関連著書は、『人は「のど」から老いる「のど」から若返る』（講談社）、『声がみるみるよくなる本』（中経出版）、『読むだけで声と歌が見違えるほどよくなる本』（音楽之友社）、『声のしくみ「人を惹きつける声」のメカニズム』（ヤマハミュージックエンタテイメントホールディングス）、『声のトレーニング』（岩波書店）ほか50冊を超える。

ブレスヴォイストレーニング研究所

　1993年、代々木に設立。独自の運営方式により、あらゆる分野の声の問題に取り組んでいる。また声に関心のある人、声を使うプロ、各分野の専門家からヴォイストレーナー、演出家、プロデューサー、音声医などと共に、多くの研究と実践活動を行っている。

　レッスンに関しては、福島英が 十数名のトレーナー、声楽家、邦楽家とともに、歌手、俳優、声優、アナウンサー、タレント、ナレーター、インストラクター、経営者、ビジネスマンなどを、指導育成している。

　声に関心のある人なら、プロも初心者も問わず門戸を開き、複数のトレーナーをつける独自方式を採っている。噺家、邦楽、詩吟、のどに支障のある人、フィジカル、メンタル面での問題のある人など、他では解決できない人の"声の駆け込み寺"的存在になっている。

　ヴォイス診断や発声、歌のチェック、セカンドオピニオン、スカイプでの指導も行っており、これまで多数の著名人、プロ、芸人、タレント、アーティスト、ビジネスマンが利用してきた"声の養成ジム"でもある。

ヴォイストレーニング大全

「声」を仕事にする人のための実践と知識の本

福島 英 著
2019年12月12日　第1版1刷 発行
2024年 4月21日　第2版3刷 発行

定価2,970円(本体2,700円+税10%)
ISBN978-4-8456-3437-8

発行所	株式会社リットーミュージック
	〒101-0051　東京都千代田区神田神保町一丁目105番地
	https://www.rittor-music.co.jp/
編集・発行人	松本大輔

[本書の内容に関するお問い合わせ先]
info@rittor-music.co.jp
本書の内容に関するご質問は、Eメールのみでお受けしております。お送りいただくメールの件名に「ヴォイストレーニング大全」と記載してお送りください。ご質問の内容によりましては、しばらく時間をいただくことがございます。なお、電話やFAX、郵便でのご質問、本書記載内容の範囲を超えるご質問につきましてはお答えできませんので、あらかじめご了承ください。

[乱丁・落丁などのお問い合わせ]
service@rittor-music.co.jp

編集担当	永島聡一郎、熊谷和樹
デザイン／DTP	waonica
図版／譜例浄書	株式会社クラフトーン
制作協力	ブレスヴォイストレーニング研究所
	[Special Thanks]
	チーム竹下:最上、蘇芳、高篠
	チーム河野:堤、飯島、宮崎
	チーム松本:肥後、佐藤、小林、畠山
印刷所	中央精版印刷株式会社
CDプレス	株式会社JVCケンウッド・クリエイティブメディア

CD INDEX

DISC 2　歌唱編